共富视域下
中国社会企业研究

魏朝阳　贺培育◇主　编
陈　军　段振夫◇副主编

湘潭大学出版社

图书在版编目（CIP）数据

共富视域下中国社会企业研究 / 魏朝阳，贺培育主编. -- 湘潭 : 湘潭大学出版社，2022.7
ISBN 978-7-5687-0828-9

Ⅰ. ①共… Ⅱ. ①魏… ②贺… Ⅲ. ①企业发展－研究－中国 Ⅳ. ①F279.23

中国版本图书馆 CIP 数据核字（2022）第 133630 号

共富视域下中国社会企业研究
GONGFU SHIYUXIA ZHONGGUO SHEHUI QIYE YANJIU
魏朝阳 贺培育 主编

责任编辑：谭 慧
封面设计：李 平
出版发行：湘潭大学出版社
社 址：湖南省湘潭大学工程训练大楼
电 话：0731-58298960 0731-58298966（传真）
邮 编：411105
网 址：http://press.xtu.edu.cn/
印 刷：长沙创峰印务有限公司
经 销：湖南省新华书店
开 本：787 mm×1092 mm 1/16
印 张：14.25
字 数：365 千字
版 次：2022 年 7 月第 1 版
印 次：2023 年 1 月第 1 次印刷
书 号：ISBN 978-7-5687-0828-9
定 价：88.00 元

目 录

社会企业理论与社会治理

Ⅰ 社会企业理论内涵与功能定位

Ⅱ 社会企业的社会特色与治理导向

社会企业发展与共同富裕

Ⅰ 社会企业对推进第三次分配的作用

Ⅱ 社会企业助推共同富裕的有效机制

社会企业法律形态与制度创新

社会企业模式与城乡实践

社会企业理论与社会治理

中国特色社会企业的理论内涵

陈红羽　张序铭

摘　要： 中国特色社会企业是马克思主义基本原理同中国具体实际相结合的本土化产物，是适合中国国情的社会组织培育模式，对商业企业的和公益组织起到了良好的结合和补充作用。社会企业的理论内涵符合社会主义市场经济发展规律，其财产及利益归属于社会，剩余价值的生产和创造流向公共利益，是对马克思剩余价值理论的应用和发展。研究并丰富中国特色社会企业的理论内涵，为打造共建共治共享的社会治理格局，促使资源和财富在不同社会群体间趋于均衡，实现新时代“共同富裕”的奋斗目标起到助力作用。

关键词： 社会企业；中国特色；剩余价值

社会企业起源于19世纪西方发达国家对福利体制危机与全球金融危机的反思与自救探索。随着全球性经济危机的日益频繁和深化，旧有的以追求利润最大化为首要目标定位的资本主义经济模式，受到了诸多批判与反思，人们急切呼唤着新的社会组织生产方式和企业经营方式到来。不以营利为主要目标，以商业运作模式解决社会问题的社会企业应运而生，为帮助弱势群体、缩小贫富差距、提供社会服务、吸纳就业与实现个人价值等社会任务提供了新的管理逻辑和方式。在中国，社会企业仍然处于起步阶段，理论、法制和实践都不够健全，社会企业家也是在近几年才开始被关注和了解，但其依然在缩小贫富差距、解决社会问题、推动可持续发展等方面取得了令人瞩目的成就。随着成都、北京、深圳等城市社会企业政策的正式出台，社会企业在我国经历了十多年的发展正式获得了官方的认可，中国特色的本土化社会企业模式正在逐步形成。

一、社会企业是商业与公益事业博弈的必然结果

社会组织的演化与经济发展密切相关，组织多样性为解决群体性产出的难题提供了可选方案。在资本过度逐利和无序扩张侵蚀社会道德和企业责任的背景下，提升道德水准和社会服务参与度，为社会服务提供多元有效的送达通道和组织载体愈发重要。社会组织的多元化发展，包括社会企业的出现是对不确定性的未来变化做出的反应，体现了人们对解决社会问题的期许。社会企业的萌芽和发展为人类社会面临的困境提供了选择：回应弱势群体的迫切需求，倒推政府角色转型和变革，弘扬社会公德和社会责任，推动社会管理体制创新。

（一）商业企业社会责任承担有限

商业企业作为最普遍的企业类型，以个人利润而非社会价值最大化作为唯一的、传统的目标。企业家精神包括认同、评估和机遇开发。[①] 在企业新机遇的开发过程中，他们捕捉那些能以高出成本的价格卖出的新产品或者服务。符合企业家精神的活动以利润为中心，包括利润产出和帮助企业家们建立起个人财富，通常采用金融绩效来进行测量，如利润回报率、销售额增长等。[②] 在商业企业迅速发展后，人们也逐步呼吁建立企业社会责任（CSR），基于商业运作必须符合可持续发展的想法，企业除了考虑自身的财政和经营状况外，也要加入其对社会和自然环境所造成的影响的考量，即企业的每项活动、产品和服务，都必须在考虑经济效益的同时，考虑社会成本和效益。鉴于全球化的脆弱性和国际间差距，以及国家内部财富分配不公和不平等现象，特别是某些企业不合理的发展对世界安全和生态环境带来巨大威胁，联合国也向国际商界领袖呼吁企业约束自己自私的牟利行为，并担负起更多的社会责任。

现今的商业企业在很大程度上已具备了承担社会责任的意识，但商业企业“逐利”的根本目标并无动摇，资本的过度逐利和无序扩张带来诸多社会负面效应与影响。首先，我国的商业企业大多处于起步阶段且中小规模居多，有志愿和能力去承担企业社会责任、积极投身各种公益事业的企业占总体的少数。其次，加之新冠疫情等重大公共卫生危机的冲击，许多民营企业自身存活发展受到巨大威胁，更加难以负担起企业的社会责任。企业在经营管理中把承担社会责任当做一种改善公司治理的权宜之计和维护政企与公众关系的基础无形资产，通过企业的社会责任投资，吸引责任感强的消费者，并且从社会责任感强的投资者手中获取财务资源，提高融资的便利性，避免财务风险和危机[③]。我国的大型民营企业、部分国企和央企虽成立了社会责任委员会，但现有的公司治理所做的改进并不彻底，从事某一具体公益事业的持续性不强，往往导致投入资源实现的社会价值的效率很低。自愿发布社会责任报告的公司数量明显偏低，且自愿性披露的动机不强，发布出来的报告治理水平也参差不齐。在实践层面上，我国现有的企业社会责任虽然已经起步，但并不系统和完善，显得盲目而混乱，甚至还有“诈捐”等以公益为名实则损害社会利益的行为。对于商业企业而言，大多数的通过承担企业社会责任行为实则是“长期的无形投资”，保护和提高公司声誉，提升公司业绩的长期业绩，难以持续性根本性地解决社会问题。

（二）社会组织等公益事业发展困难

解决社会问题、服务弱势群体是公益组织的主要追求目标，早先的公益组织主要从事人道主义救援和平民救济活动，很多公益组织起源于慈善机构。儿童、青少年、女性、贫困群体、老年人以及残疾人和特殊群体是公益组织服务的主要人群。然而传统公益组织的

① Shane, S., Venkataraman, S. The Promise of Entrepreneurship as a Field of Research [J]. Journal of Management, 2000, 25 (01): 217-226.

② S. Trevis Certo, Toyah Miller. Social Entrepreneurship: Key Issues and Concepts [J]. Business Horizons, 2008, 51: 267-271.

③ 权小锋，吴世农，尹洪英．企业社会责任与股价崩盘风险：“价值利器”或“自利工具”？［J］．经济研究，2015，50（11）：49-64.

运作模式存在的问题和弊端日益凸显，致使公益事业发展迟缓，难以创造真正的社会价值。

传统意义上公益事业的资金通常来源于企业或个人的捐赠、政府的拨款支持或购买服务以及基金会的支持，缺乏可持续的“自我造血”能力。在“供血”链条上，公益组织来源渠道单一，无法保证其定期足量的供给和循环回血。表面上，公益组织与政府企业等保持着良好的合作关系，但是在实际合作的过程中会出现断层的现象，受到各方行为边界的影响，合作难以持续性地进行。由于传统公益组织的非营利性，无偿服务的志愿者本身流动性强，难以留住有利于组织发展的人才；对弱势群体的帮扶和解决社会问题会消耗组织大部分资金，但是日常的项目运行和人员费用也需要基本的保障。一旦资金链条出现紧张或断裂，公益事业项目就被迫暂停或者放弃，我国目前绝大多数公益组织存活艰难，规模受限，难以持续稳定发展。

传统公益组织规模较小，参与主体范围局限，运作效率低下，难以“扩大再生产”。在传统的运作模式下，社会问题的解决只涉及捐助方和受助方，且来源和渠道都很单一，资金和人员都受到很大的限制，公益组织的力量薄弱，仅能解一时之困，难以从根本上实质性的解决受助者的问题。此外，受助方通常免费获得公益项目的帮扶和资助，不排除“有胜于无”的思想观念存在，公益组织所提供的产品和服务是否能够真正满足受助者的需求是有待评估的。“授人以鱼不如授人以渔”，传统普遍的公益捐赠等方式不能解决受助者的实际生活问题，无法有针对性地为所需者提供帮助，造就了传统公益项目的低效率问题，同时也在事实上浪费了社会资源。

（三）政府职能转变和“放管服”改革

在现阶段，我国社会的主要矛盾是人民日益增长的美好生活需要和不平衡不充分的发展之间的矛盾，国家、市场和社会面临着集中发展社会生产力、深入发掘社会力量、培育社会组织解决社会问题等紧迫任务。当前，众多社会问题依然严峻，社会弱势群体依然存在被社会排斥和边缘化的风险，其生存状况和生活能力急需通过社会支持和社会服务来优化和提升。

政府是提供公共服务和解决问题的重要主体，但在实践中政府行为的局限性导致政府失灵并引发社会问题的现象依然常见。党的十九届五中全会通过的《中共中央关于制定国民经济和社会发展第十四个五年规划和二〇三五年远景目标的建议》①，对加快转变政府职能做出重要部署，为全面加强政府建设、完善国家行政体系指明了方向、提供了行动指南。随着政府变革治道的宏观进程，政府逐渐从社会领域中从管理式的“家长”变为服务式的“守夜人”，政府只能解决一部分的社会问题，发挥“托底”的作用。有限的公共服务覆盖面使社会管理创新成为众望所归，提升社会的自我管理和创新能力、培育社会资本、发展社会组织是政策宗旨，也是现实需求和大势所趋。

二、中国特色社会企业的本质要义是让剩余价值流向公共利益

中国特色社会企业是在马克思主义基本原理和中华优秀传统文化指导下的本土化产

---

① http：//www. gov. cn/zhengce/2020 - 11/03/content_ 5556991. htm 中共中央关于制定国民经济和社会发展第十四个五年规划和二〇三五年远景目标的建议［2021 - 07 - 01］.

物，是适合中国国情的社会组织培育模式，对于促进社会公平正义和人的全面发展具有重要意义。在社会主义理论体系中，马克思的剩余价值论和唯物史观是“空想社会主义”转型“科学社会主义”的重要理论突破。马克思站在无产阶级的立场上分析了剩余价值的生产和分配，指出剩余价值是雇佣工人在生产过程中所创造的被资本家无偿占有的超过劳动价值的价值。资本主义经济认为，剩余价值全部属于生产资料所有人，即由资本家无偿占有。① 马克思的剩余价值理论让人类第一次清晰地看明财富如何分化、资本如何剥削，为全人类争取平等和自由提供理论基础。将剩余价值理论应用于中国社会实践，对指导新时代我国社会主义市场经济发展具有重要意义。

（一）社会企业剩余价值的源泉

马克思指出，工人的劳动可以分为必要劳动和剩余劳动。必要劳动是工人为获取自身及其家人所需要的生活资料的劳动，剩余劳动却没有为工人自身带来任何价值，其生产出来的价值被资本家无偿占有，剩余价值来源于工人的剩余劳动。马克思根据“资本的不同组成部分在资本本身的价值增殖过程中所执行的不同职能”② 区分了可变资本和不变资本。可变资本是指购买劳动力的那部分资本，而不变资本是资本家购买的在生产过程中不改变自己价值量的那部分资本。马克思指出，剩余价值主要是可变资本创造的，揭示了剩余价值的真正来源。

社会企业在服务弱势群体解决社会问题的同时，也在积累公益资产，创造社会公益资本。社会企业属于慈善财产，其财产性质的问题属于具体归属和所有制的问题。赵廉慧指出，从法律技术上讲，慈善财产分别归属于慈善组织和慈善信托受托人。慈善组织的财产归属于慈善组织本身，对于营利法人而言，股东等剩余索取权人是法人财产利益的最终享有者；对于非营利法人而言，由于它欠缺作为剩余索取权人的股东或者成员，所以这些财产的利益最终归属于社会。③ 社会企业的工作人员是社会价值的创造者，由于社会企业的根本的公益属性和商业化运作，除了满足自身的必要劳动外，工作人员所创造的剩余价值来源于增加社会价值的社会劳动。社会企业的可变资本是用于工作人员报酬的价值资源，是创造剩余价值的资本，而社会企业的不变资本是满足社会企业的正常运作提供公共服务、解决社会问题的资源成本。

（二）社会企业剩余价值的生产

资本主义的生产主要是一个价值增殖的过程，同时也是剩余价值的生产过程。资本家进行生产的最根本目的就是也要实现价值增殖，生产出更多的剩余价值，这和商业企业的以利润最大化的目标是一致的。随着资本主义的发展，资本家开始通过改进生产技术，提高劳动生产率来增加剩余价值的生产，这样的生产方法就是相对剩余价值的生产。然而中国特色社会企业以解决社会问题和提供公共产品或服务为主要目的，充分协调政府、企业、高校、公众等多方资源，以可持续的商业运作模式高效满足社会需求。

社会企业的工作人员的生产过程除了满足自身的必要劳动外本身也是社会价值的创造过程。在很大程度上，社会企业的工作人员自身也是社会企业的价值共享者，其避免了资

---

① 李楠．马克思剩余价值理论与当代社会［J］．马克思主义研究，2003（02）：75－82.

② 马克思恩格斯全集：第23卷［M］．北京：人民出版社，1972：235.

③ 赵廉慧．慈善财产的性质和社会法法理［J］．国家行政学院学报，2016（06）：94－98、127－128.

本主义生产过程中主要通过对工人的压迫和剥削来提升剩余价值和财富创造。例如，一家服务于病患儿童的社会企业，其致力于为儿童患者提供健康餐食，为病患家属提供了就业机会，若形成雇佣关系，工作人员在完成自己必要劳动获得劳动报酬的同时，自己所进行的生产工作也服务于自己患病的孩童，使得自身的剩余价值流向公共利益的同时也直接服务于自身。

（三）社会企业剩余价值的分配

在生产过程中，资本家关心的只是投入和产出之间的比例问题，资本家把自己获得的盈利称作为利润而非剩余价值。实则当剩余价值生产出来汇集后，各个资本家就按照其所占的资本比例进行分配，最直接的榨取了工人生产的剩余价值，获得产业利润，是对工人创造的剩余价值的瓜分。当资本家获得剩余价值后，并不仅仅是用于自身的占有和生活消费，即满足资本家以及其家人所需要的生活资料，还主要是为了将无偿占有剩余价值作为资本再次投入企业的扩大再生产，生产出更多的剩余价值。

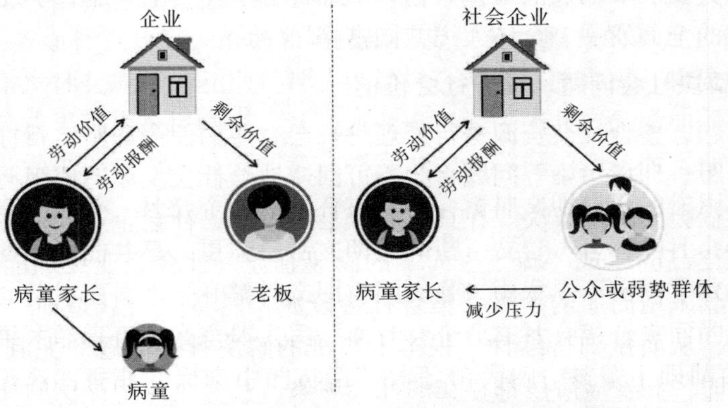

图 1－1　剩余价值理论在商业企业和社会企业运用的示意图

如图 1－1 所示，若病童家长在商业企业工作，用自己的劳动换取劳动报酬，用作于自身生存和病童恢复，而企业的老板赚取病童家长所创造的剩余价值，在满足自身及其家人所需要的生活资料后继续投入使得企业得到扩大再生产。若病童家长在服务于患病儿童的社会企业就职，在用劳动价值换取劳动报酬的同时，也享受着自身劳动所创造出来的社会价值。而社会企业解决问题供给公共产品或服务的公益性使得病童家长创造出来的剩余价值流向了公共利益，被用于帮助社会公众和弱势群体，从而减轻了病患家庭的压力，符合社会主义的发展以及和谐社会的建设。

三、中国特色社会企业是新时代“共同富裕”奋斗目标的有效助力

党的十九大报告提出的“加强和创新社会治理，维护社会和谐和稳定”“保证全体人民在共建共享发展中有更多获得感”“打造共建共治共享的社会治理格局”是我党在社会治理领域最重要的指导原则和创新方向。当前，我国步入新时代下，经济迅速发展，社会环境日新月异，人民的生活水平得到了极大的改善，社会组织也得到了一定程度上的孕育孵化。但伴随而来的是社会事务数量大幅增加、社会问题涌现并趋于复杂、社会横向及纵向结构不断调整变化、社会矛盾发生的频率和影响程度明显加快加重。社会稳定日益受到

了社会不稳定因素的影响和威胁。传统的社会管理模式和方法已不能满足日渐发展的社会需要。因此，社会管理迫切需要创新，坚持以人为本、服务为先，关注社会的公平正义，尊重和保障人民群众的合法权益，促进多元管理主体的和合作，形成国家、市场、社会组织和公民的有效合作机制。[①] 由于政府责任的有限和职能的转变，不能再依靠其单一地对社会问题进行干预，中国特色社会企业正应运而生，其以解决社会问题为目标导向，采用商业的手段，搭建了市场、国家和公民有效的合作桥梁。在体制机制改革以建设服务型政府、服务型社会的背景下，中国特色社会企业良好回应了新时代的发展要求，调动多元主体的积极性，强调主动积极的谋求公共福祉，处理好公平与效率的关系，从而达到良善治理的效果。

习近平“共建共治共享”的治理理念是对现代治理理念精华思想的吸纳以及对马克思主义社会治理理论的继承，其包括了实体上的共同建设、行动上的共同治理以及成果的共同享有[②]。我国经历了改革开放时期的“先富带后富”，现今日益兴起的中国特色社会企业更符合新时代发展下的发展成果共享，“保证全体人民在共建共享发展中有更多获得感，不断促进人的全面发展、全体人民共同富裕”。

（一）有效解决社会问题，提升社会价值

聚焦社会问题，整合社会资源进行处理是社会企业的使命和坚定目标。当下出现的阶层分化、贫富差距、环境污染等问题将会不可回避地给社会发展造成阻碍，而社会企业的兴起将推动诸多社会问题的解决。在具体的社会问题前，社会企业会更加专业化的聚焦矛盾，相较于“束之高阁”或“流于表面”的商业企业，社会企业更加能够做到具体问题具体分析，加之其采用商业的手段，整合社会资源，具备“自我造血”的能力，使得具体问题得以追踪，从而做到持续性、根本上精准的解决社会问题。尤其针对社会弱势群体，这是在任何时代和发展阶段都存在的社会现象，社会企业所提供的社会产品可改善他们的生活状态，提升他们的生存能力。在扩大就业、减少贫困人口、保护环境和消除社会歧视等服务方面，社会企业具备先天的优势，其坚定的社会公益性使得受助者的信任感提升，有利于修复公共信任和缓解社会排斥，同时也便于获取和整合各方的优势和资源，促进了社会的公平与包容。此外，其灵活的市场商业手段使得公益项目不会受到资源的限制而暂停或者终止，在社会问题解决的基础上，社会企业还可以最大程度上传递和强化公益精神，培育社会资本，提升社会价值，使得社会发展成果能更大程度上被人们共享。

（二）提升公共服务质量，优化供给结构

社会企业的特殊性质使得其可以同时运用社会和商业手段，提供高效、优质、专业和快捷的服务。传统的公共产品或服务由政府单一提供，存在效率低下、资源浪费等问题。回应社会的需求，提供公共服务亦是社会企业的责任和使命。社会企业在其所覆盖的公共服务领域，如社会福利、就业帮扶、乡村振兴、社区发展、教育培训、环境保护等发展迅速，取得了良好的效果。[③] 社会企业可以整合市场、政府和社会的各方资源，利用其低成

① 蓝煜昕．社会共治的话语与理论脉络［J］．中国行政管理，2017（07）：105－110.

② 江国华，刘文君．习近平“共建共治共享”治理理念的理论释读［J］．求索，2018（01）：32－38.

③ 魏来，涂一荣．论社会企业的特征及本土价值［J］．太原理工大学学报（社会科学版），2014，32（05）：54－58、68.

本、高效率及创新性等优势，灵活供给，满足社会需求。社会企业的下沉和落地属性使得其能够更精准的识别社会需求，把握发展动态，在产品和服务的供给上更加灵活和便捷，规避了资源大量囤积和浪费的风险。在资源整合的过程中，社会企业可以最大程度上调动多元主体的积极性，主动地参与到公共产品或服务供给的各个环节，建立起政府和社会主体之间的伙伴关系，有利于公共服务质量的提升，也使得公共服务的获取方更加满意。社会企业的公共服务供给在一定程度上缓解了公共财政的困境，跨越了传统非营利组织发展的障碍，在促进公益事业转型、治理结构优化和福利供给转换方面发挥了巨大的作用。

（三）助力第三次分配，实现共同富裕

党的十九届五中全会提出要发挥第三次分配作用，发展慈善事业，改善收入和财富分配格局。要坚持以人民为中心的发展思想，在高质量发展中促进共同富裕，正确处理效率和公平的关系，构建初次分配、再分配、三次分配协调配套的基础性制度安排。第三次分配与“市场主导”的第一次分配和“政府主导”的第二次分配不同，其强调“社会道德”引导“富裕阶层自觉行善”，调节过高收入者，让过高收入者的收入通过“善行”为底层人士托底，形成消弭社会矛盾的和谐力量。2021 年 8 月 17 日，中央财经委员会第十次会议将第三次分配纳入基础性制度安排，提出在高质量发展中促进共同富裕，鼓励高收入人群和企业回报社会，对其重视提升至新高度。邓国胜指出，企业除了通过捐款和志愿服务外，在回报社会的过程中不应只有单向流动，而应创造一种共享价值。① 企业在回报社会需要时，应提高分配的精准性和提升资源的使用效率。因此，在新时代的背景下，设立社会企业是可持续的方式，可以更好地分配慈善资源。社会企业的创新会更可持续，更有助于扩大社会企业规模，使得更多的群体能够从中受益。尤其是由企业发起的社会企业更具有先天优势，它可以参考原企业的管理理念、管理方式等，甚至利用原企业的销售渠道帮助社会企业快速发展，甚至是跨越式发展。在未来共同富裕的背景下，社会企业将会是企业回报社会的创新方式，通过其更可持续地参与第三次分配，更好地促进共同富裕目标的实现。

四、结语

社会企业以提供社会价值为主要目标，从成长之初就带着人们对解决社会问题的显性期许。其独特的角色在协调政府、企业、高校、公众等多方资源实现联动方面具有天然优势，在提供社会价值的过程中较少甚至不需要公共财政投入，有效缓解国家和政府等公共部门的压力。同时，社会企业在扩大就业、减少贫困、改善社会公共服务等方面比企业社会责任部更具精准性和稳定性，能够可持续地从事某一公益事业。从企业职能的范围而言，社会企业有效存在于以政府为首的公共部门和以商业企业为代表的私人部门所不能顾及的“真空”地带——被主流大众和商业企业所忽略的边缘人群的福利水平与生活质量。

中国特色社会企业是马克思主义基本原理指导和可持续发展目标下本土化的产物，是社会主体自主自愿参与社会治理和三次分配下“共同富裕”道路的有效探索。在社会经济日新月异的发展下，其为社会建设提供了新型载体。社会企业符合马克思主义剩余价值

---

① 邓国胜．第三次分配的价值与政策选择［J］．人民论坛，2021（24）：42－45.

理论对构建和谐社会的使命愿景，渗透了以人为本的思想观念，让劳动剩余价值流向公共利益，推动全社会共享经济发展。慈善创新、商业创新、治理创新正在不约而同地快速扩大它们的边界，在相互交织的多重场景下，带有鲜明中国特色的社会企业正在积极扮演一个跨界的艺术梦想家角色，为社会的治理创新提供专业化的项目设计和可持续的管理智慧。

（作者简介：陈红羽、张序铭，安徽省中国科学技术大学公共事务学院硕士研究生）

社会企业在创新社会治理中的定位

常宇豪　郭子寒

摘　要：社会企业就是用商业的手段来解决社会问题。将社会企业的法律属性却定为营利法人在我国有充分的理论依据和现实可行性。社会企业是创新社会治理的积极参与者。社会企业在创新社会治理中有利于促进社会公平、提升公共物品供给效率。

关键词：社会企业；社会治理；治理创新；功能定位

一、社会企业涵义阐释

（一）社会企业的基本内涵

把解决社会痛点、满足人民对美好生活的需求作为使命的商业，就是我们心中的社会企业。[①] 用更简单的语言概括社会企业就是"用商业手段来解决社会问题"。[②] 这一定义在把握社会企业基本特征的同时赋予了其一个尽可能宽泛的外延，因此得到了各国政府、专家和社会企业家们的广泛认可——然而这可能也是关于社会企业概念唯一的共识。由于"商业手段"和"社会目的"含义过于宽泛和模糊，这一定义显然在用于识别和界定哪些企业属于社会企业时却力有不逮。因此，学者们开始从不同角度出发，试图更加精确地界定社会企业。

1. 官方对社会企业的界定

一般认为社会企业的概念出现于20世纪80年代的意大利，但这一概念在全欧洲被广泛运用则是在20世纪90年代中期，通过欧洲社会企业研究网络（EMES）的系列工作变得广为人知。[③] 经济合作与发展组织（OECD）在2003年出版的《变革经济中的非营利部门》一书中将社会企业界定为介于公私部门之间的一类组织，其主要形态为利用交易活动以达成目标及财政自主的非营利组织[④]。欧洲委员会认为，社会企业是合作社与非营利组织的交叉组织，其中合作社包含劳动者合作社及使用者合作社，非营利组织包含生产型

---

① 徐永光．社会企业政策：国际比较与中国选择［M］．北京：社会科学文献出版社，2018：5.

② 毛基业，赵萌．社会企业家精神：创造性地破解社会难题［M］．北京：中国人民大学出版社，2018：3.

③ J. Defourny，M. Nyssens. Social Enterprise in Europe：At the Crossroads of Market，Public Policies and Third Sector［J］. Policy and Society，2010.

④ OECD. The Non －profit Sector in a Changing Economy. OECD，2003：299.

非营利组织及倡议型非营利组织，而社会企业是偏向劳动者合作社与生产型非营利组织的混合体。①

目前仅有少数国家在法律或官方文件中明确定义社会企业，其中包括英国、比利时、芬兰、拉脱维亚、立陶宛、韩国等，欧盟和美国至今还没有公布其对社会企业的官方定义。其中使用最广泛的官方定义是由英国贸工部（DTI）于2004年提出的：社会企业是具有某些社会目标的企业，盈利主要按照它们的社会目标再投放于其业务本身或所在社区，而非为企业股东和所有人赚取最大利润。② 除英国外，匈牙利和罗马尼亚也使用了这一定义。值得注意的是，相当多国家对社会企业的定义中仅涵盖了某一类或几类社会企业（通常为工作整合型社会企业），如芬兰对社会企业的定义是：以商业原则生产商品或服务，以获取利润为目的的公司，至少30%的雇员是劳动力市场中的弱势群体和长期失业者；立陶宛对社会企业的定义是：独立的小型或中型企业，目标群体员工至少占总数的40%，至少有4名员工，致力于促进员工工作、社会技能和社会融合的发展③；韩国在《社会企业育成法》中将社会企业定义为：为弱势群体提供社会服务或就业岗位，以为地区社会做出贡献并提升当地居民的生活质量与生命质量为目的，从事商品及服务的生产销售等营业活动，取得该法律第7条认证的企业。④

国际组织和各国政府对于社会企业的定义差别巨大，甚至连是否需要对社会企业进行定义、需要一个什么样的定义都无法形成一致。这启示我们：对种类如此繁多、构成如此复杂的社会企业做统一定义且兼顾精确性与包容性确实存在困难，而且对于社会企业做出界定仅仅出于对其进行认识和研究的需要，在立法或官方文件中做此定义并非必须。无论官方是否对社会企业做定义、做出精确定义还是只对某一类社会企业做出定义，均不会对当地社会企业发展产生实质性影响。由此认识，我们试图将目光由社会企业的规范性定义转向描述性定义，尝试通过学者们对于社会企业的认识勾勒出社会企业的大致样貌，以期为研究者提供一个相对确定的语境。

2. 各国研究者对社会企业的内涵解读

无论从词源表述还是其代表的现实中的具体组织形态，社会企业都发源于欧洲尤其是西欧国家，而由于美国独特的非营利和商业组织发展现实，对社会企业的理解与欧洲对社会企业的理解存在一定的差异。⑤ 欧洲和美国对社会企业的认识各执一端：欧洲偏向于社会企业的社会性，美国则偏向于社会企业的商业性。

在欧洲，社会企业被普遍认为是第三部门的发展或演化。如 Antonio Thomas 指出，社会企业是第三部门的构成要素之一，是社会经济的另一种形式。社会企业是一种具有全新精神内核的企业形态，其兴起表征着从传统福利系统转变为混合系统的过程。⑥ Carol Borzaga 和 Alceste Santuari 认为，社会企业兼具社团与合作社两种法律地位，其活动往往

---

① EMES. Targeted Socio – Economic Research. EMES, 1996.

② DTI. Socialenterprise: A Strategy for Success [R]. London: Department of Trade and Industry, 2002: 13.

③ 王世强．社会企业的官方定义及其认定标准［J］．社团管理研究，2012（05）：39.

④ 金仁仙．社会经济制度化发展——以韩国《社会企业育成法》为视角［J］．科学学与科学技术管理，2016（01）：40.

⑤ 董蕾红．社会企业的法律规制［D/OL］．山东大学，2017：64.

⑥ Thomas, Antonio. The Rise of Social Cooperatives in Italy [J]. Voluntas15 (03): 246 – 247.

超越现行法律框架划定的范围。一些国家已经给予社会企业正式的法律地位。社会企业未来的发展方向是吸纳更多的商业盈余，实现传统非营利机构与商业企业的深度融合。由于欧盟各官方和非官方组织积极推动社会企业研究并吸纳学界研究成果，例如欧盟即于2012年完全采纳了EMES关于社会企业识别标准的研究结果，① 许多研究成果也通过官方报告的方式发布，因此学界与官方对于社会企业的认识差别不大。

在美国学术界，社会企业通常被理解为由一系列形态各异、商业性和公益性配比各不相同的企业组成的连续光谱。“社会企业光谱”概念最早由Dees提出，认为社会企业并非只为财政目标而存在，而是处于纯慈善性质的传统非营利组织与纯营利性质的商业企业之间的连续体，这些组织在动机、方法、目标以及主要利益相关者等方面各有不同。Alter发展了Dees的光谱理论，以可持续性发展光谱为我们呈现出不同形式的社会企业。光谱一端为致力于“社会价值创造”的传统非营利组织，一端为“创造经济价值”的传统营利性企业，居中则为“纯粹”的社会企业。可持续性发展光谱图具体说明了传统非营利组织和传统营利企业之间存在的连续变化趋势。尽管传统非营利组织与传统营利企业初始的目标有所差异，但是为了达成可持续发展，这两种组织形式最终会向中间状态“社会企业”或“社会负责型企业”靠拢。Young认为，社会企业包含两种界定方式：一是对社会公益有所贡献的企业，二是为非营利组织透过商业化手段赚取盈收。而依据此两种界定方式，社会企业是一个连续体的组织，并可区分成三种组织形态：企业慈善、社会目的组织及两者的混合组织。上述认识被美国的一流大学商学院（如哈佛大学商学院的社会企业发展中心、哥伦比亚大学社会企业家精神发展研究中心等）以及多家社会企业咨询公司广泛采用。

可以看出，正如各国官方对社会企业认识的分歧一样，欧洲和美国学界对于社会企业的认识也存在差异：欧洲学者更强调社会企业的社会属性，认为社会企业是第三部门的进化和创新；而美国学者对社会企业认识更加宽泛，认为社会企业既包括积极履行社会责任的商业企业，也包括试图通过商业活动拓宽资金来源的传统慈善机构。社会企业之所以呈现出诸如欧洲和美国之间的这种地区差异，是由于社会企业作为兼具经济目标和社会目标的组织，本身在内涵和外延上就具有无限的延展性，不同国家和地区完全可以根据本国的现实和需要来对社会企业的社会目的进行限定，从而选择恰当的社会企业形式。②

（二）社会企业的主要特征

由于社会企业的复杂性，对其进行定义难以做到精确性和周延性兼顾，而现有的各种定义也往往难以作为正确识别社会企业和指导社会企业发展的依据。因此，许多学者对社会企业特征展开研究，希望通过特征归纳帮助认识社会企业。

英国第一所社会企业中介机构——伦敦社会企业（Social Enterprise London）提出社会企业具有三个特点：（1）企业定位：直接面向市场参与商品生产或提供服务；（2）社会目标：具有明确的社会和环境目标（如创造工作岗位、培训和提供公共服务），为了实现社会目标，社会企业的多数利润用于再投资；（3）社会所有：社会企业是自治组织，治理和所有权结构通常以利益相关方（包括雇员、使用者、顾客、地方社区团体和社会

---

① 王世强．社会企业概念解析［J］．武汉科技大学学报（社会科学版），2012（05）：496.

② 董蕾红．社会企业的法律规制［D/OL］．山东大学，2017：69.

投资者）或理事的参与为基础。为了社会、环境和经济目标，社会企业对利益相关方和广泛的社区负责。利润可以向利益相关方分配，或者用于社区利益。

欧洲社会企业研究网络（EMES）和英国社会企业标志公司（SEM）提出了认定社会企业的标准。EMES 的社会企业操作化定义建立在 4 个经济指标和 5 个社会指标基础上，即：（1）持续地生产并（或）交易产品与（或）服务；（2）高度的自治水平；（3）承担显著的经济风险；（4）确保一定的有偿工作岗位；（5）具有明确的社区利益导向；（6）公民集体自发行为；（7）集体决策；（8）（治理模式）具有参与性特征；（9）有限的利润分配。这些指标是建立在对欧洲社会企业活动的比较研究基础上，描述了一种“理想类型”的社会企业，并不代表一个组织必须满足以上所有条件才能被认定为社会企业。因此，这个标准成为更好地定位被观察实体的工具，便于明确社会企业的边界。①

Eleanor Shaw 认为社会企业的共同特征可以归纳成三个方面：（1）企业导向：直接参与为市场生产产品或提供服务。（2）社会目标：有明确的社会或环境目标，如创造就业机会，培训或提供本地服务。其伦理价值可包括对本地社会技能建设的承诺，为实现其社会目标，其收益主要用于再投资。（3）社会所有制：治理结构和所有制结构通常建立在利益相关者团体（如员工、用户、客户、地方社区团体和社会投资者）或代表更广泛的利益相关者对企业实施控制的托管人或董事的参与基础之上的自治组织。它们就其产生的社会、环境和经济影响向其利益相关者以及更广泛的社区负责。收益可作为利益相关者的分红加以分配或用于有利于社区利益的用途。

我国民政部官方网站对社会企业特性的描述：社会企业不是纯粹的企业，亦不是一般的社会服务，社会企业透过商业手法运作，赚取利润用以贡献社会。它们所得盈余用于扶助弱势社群、促进小区发展及社会企业本身的投资。它们重视社会价值，多于追求最大的企业盈利。其基本特征是不以盈利最大化为目标，但又要追求盈利。社会企业的社会目标是满足社会需要、创造就业机会、促进员工发展、建立社会资本、推动可持续发展。

赵莉根据欧美学者对社会企业的定义，归纳出社会企业的三个特征：（1）社会企业的混合体特征：社会企业无论从企业目标、运营方式还是价值创造角度都体现出非营利组织和纯商业组织相混合的组织特征，这也就意味着社会企业兼具传统非营利组织和传统商业组织的特性。（2）组织形式的连续性：社会企业是介于传统非营利组织和传统商业组织间的连续体。（3）组织形式的社会差异性：由于社会企业本身与不同的社会、文化、政治背景直接相关，而社会、文化和政治背景包括不同的立法结构和框架、慈善事业对于社会的重要意义和社会支持系统的性质等，因此在实际中社会企业的组织形式都会因社会差异而大相径庭。②

董蕾红将社会企业的特征归纳为四点：（1）创办主体的私人性：社会企业的创办主体是自然人、慈善组织或者公司等私法主体，这区别于同样提供社会公共产品的公用企业。（2）追求目标的社会公益性：社会企业的创办人创建社会企业是受社会责任感而非利润驱动的，目的是实现既定的社会、环境和可持续发展目标，这也是社会企业与营利性企业的本质区别。（3）运作模式的商业性：在运作模式和治理结构上，社会企业和传统

① 王世强．社会企业概念解析［J］．武汉科技大学学报（社会科学版），2012（7）：496.

② 赵莉，严中华．国外社会企业理论研究综述［J］．理论月刊，2009（06）：155－156.

的营利性企业没有本质区别，直接面向市场参与商品生产或提供服务，社会企业维持自身生存和实现既定的社会目标是通过经营行为实现的，这区别于以外部捐赠为主要资金来源的慈善组织或其他非营利组织。（4）利润分配和资产处置的受限制性：社会企业内涵的非营利组织基因和公益性要求其利润分配和资产处置同样要受到相应的限制，否则，社会企业完全可能因为追求经济利润而偏离其公益性。①

我们仅梳理国内外官方和学者对社会企业的认识，无意抛出一家之言。这一方面是由于“判断一个法律概念质量优劣最为重要的一个因素便是‘可规范性’标准，只有符合该标准的法律概念才能更好地去承载立法者的价值判断，并对存在界定分歧的事物进行更明确的规范”，② 但对社会企业做一个符合法律可规范性的定义确有困难；另一方面，各国对社会企业差异化定义给我们的重要提示是：在法律层面对社会企业做一个全面、精确兼具的定义并非必需，更重要的问题应当是什么是中国的社会企业。因此，我们把注意力转向我国法律体系中的社会企业，探究这一新生事物的法律属性以及可能在当前法律体系下面临的多重挑战。

二、社会企业的法学审视

（一）社会企业的法律属性

不同于社会企业内涵对“社会企业是什么”的追问，社会企业的法律属性所需回答的问题是“社会企业的法律性质或者说法律地位是什么”。社会企业的法律属性关涉到对其法律调整和规制的基本方向和路径选择，具有重要意义。

研究社会企业的法律属性必须首先明确社会企业的性质。关于这一问题，目前学界主要有三种观点：一种观点由社会企业的公益性出发，认为社会企业是非营利组织适应时代需要发展出的新形式，倾向于将其归为非营利组织；另一种观点着眼于社会企业的组织形式，认为社会企业是一类以社会目标和社会效益而非利润最大化的特殊企业，仍然属于企业的一种类型③④；还有部分学者认为社会企业既非非营利机构也非企业，而是一种具有鲜明特征的新型组织形式⑤⑥⑦。

上述学者对社会企业性质的认识都有一定合理性，但社会企业的性质不完全等同于其法律属性，前者更多关注社会企业本身，而后者还需考虑其在法律体系中的定位。当前《中华人民共和国民法典》（以下简称《民法典》）将法人分为营利法人、非营利法人、特别法人，这种分类承袭自《民法典》中企业法人和非企业法人（含机关法人、事业单位法人和社会团体法人）的分类⑧。因此，上述讨论除个别语词有异外，其思想实质仍能作为参考。由于《民法典》关于特别法人的规定为封闭性规定，不存在容纳一种新型法

① 董蕾红．社会企业的法律规制［D/OL］．山东大学，2017：73－76.
② 税兵．非营利法人解释：民事主体理论的视角［M］．北京：法律出版社，2010：26.
③ 尤努斯．新的企业模式：创造没有贫困的世界［M］．鲍小佳译，北京：中信出版社，2008：19.
④ 沙勇．社会企业发展演化及中国的策略选择［J］．南京社会科学，2011（07）：50.
⑤ 王名，朱晓红．社会企业论纲［J］．中国非营利评论，2010（02）：10.
⑥ 胡亦武，石君煜．社会企业概念及发展探析［J］．贵州社会科学，2011（09）：128.
⑦ 万希，彭雷清．基于智力资本的社会企业创新流程研究［J］．管理世界，2011（06）：180.
⑧ 赵旭东．《民法总则》草案中法人分类体系的突破与创新［J］．中国人大，2016（14）：18.

人主体的可能性，因此对社会企业法律属性的讨论应当局限于营利法人与非营利法人之间。

我们认为，将社会企业的法律属性认定为一种特殊的营利法人比较恰当，理由如下：

第一，社会企业的主要组织形式属于企业，而企业属于营利法人。根据董蕾红对世界主要国家社会企业的考察，其组织形式主要为公司制和合作社制，其中公司制在亚洲和北美国家采用较多，而欧洲社会企业以合作社制为主。[①] 公司属于典型的企业形式当无疑问，合作社的属性学界主流观点认为也是一种特殊的企业。[②③] 当前，我国被广泛认为具有社会企业性质的三种类型的主体（民办非企业单位、农民专业合作社、社会福利企业）中，虽然民办非企业单位属于民办事业单位而非企业[④]，但一则此种类型单位是现代意义上的社会企业还是仅属于社会企业的雏形尚存争议，二则从当前地方政府出台的社会企业认定标准、民间机构进行社会企业认定所制定的标准和经营较为成功且影响力较大的社会企业组织形式来看，其中绝大部分均属典型的企业（甚至绝大部分均为公司制形式）。因此，至少在我国范围内可将社会企业归为营利法人。

第二，法律依据社会企业的企业外观而非公益性本质对其进行调整。现有观点主张将社会企业认定为非营利组织，大多是基于其解决“社会问题”也就是公益性本质。然而在多数情况下，比起类似思想的“本质”或者说“宗旨”，法律关注的是外在的“商业手段”，也就是行为[⑤]。法律概念的主要目的在于明确法律的调整对象，保证法律适用的确定性，法律概念不应当承担揭示事物本质、发现客观真理的职责。[⑥] 以行为标准考察，社会企业与商业企业并无本质区别：首先，纵观各国调整社会企业的法律法规可以发现，社会企业从成立、组织形式、权利行使与债务承担、变更与终止等都与商业企业相同而与慈善机构相异，这就意味着社会企业“由生到死”的全过程的法律依据是其企业外观而非公益性本质。其次，目前通说认为社会企业需要有一定的独立生存能力，因此社会企业同样需要参与生产经营和市场竞争。在社会企业参与市场竞争的过程中，其生产的产品或提供的服务也须依照交易自由原则，在与其他竞争对手的商品进行激烈搏杀和角逐后方可胜出，社会企业的身份无法为其提供任何法律上的优越地位和特殊权利。可见，社会企业与普通商业企业具有同等的法律地位，二者同属于营利法人，平等享有法律赋予的权利并需要承担相应义务。因此王名认为，从现象上看，社会企业是企业，有明确的营利动机、风险意识、竞争取向、创新精神和不断扩大规模的资本积累冲动……社会企业通过其从事的经济活动和具体的经营活动为市场供应商品/服务并增加其附加价值，社会企业创造利润并通过资本积累扩大财富的规模，社会企业独立自主、自负盈亏并拥有核心竞争力。就这些方面来看，社会企业所具有的企业属性与市场经济中的其他企业并无二致。[⑦]

---

① 董蕾红．社会企业的法律规制［D/OL］．山东大学，2017：92－112.

② 马跃进．合作社的法律属性［J］．法学研究，2007（06）：31－43.

③ 陈杉，聂婴智，吴霁．农民专业合作社概念的历史考查与理论分析［J］．东北农业大学学报（社会科学版），2019（03）：64－69.

④ 魏振瀛．民法［M］．北京：北京大学出版社，2013：79.

⑤ 张昌辉．法律不调整思想的理由［J］．上海政法学院学报，2011（06）：7－10.

⑥ 税兵．非营利法人解释：民事主体理论的视角［M］．北京：法律出版社，2010：26.

⑦ 王名，朱晓红．社会企业论纲［J］．中国非营利评论，2010（02）：10－12.

第三，多数社会企业不符合法律意义上的“非营利”标准。我国《民法典》关于法人的分类遵循功能性标准，将法人分为营利性法人和非营利性法人，其中营利性法人包括有限责任公司、股份有限公司和其他企业法人等，非营利法人包括事业单位、社会团体、基金会、社会服务机构等。关于营利性法人与非营利性法人的区分，《民法典》将“营利”标准限定在“取得利润并分配给股东等出资人”的目的层面，使营利法人可以包容那些在内部架构中追求分配利润，但外部事业具有部分甚至全部公益性的组合类型；而“非营利”须同时接受外部事业“为公益目的或者其他非营利目的”，及内部“不向出资人、设立人或者会员分配所取得的利润”的双重标准衡量。① 考虑到我国的慈善传统和公益事业发展水平，完全禁止分配利润的社会企业在现阶段不具有代表性和典型性，当前我国各种主要的社会企业认定标准也并未做此要求。若将社会企业归为非营利组织，则这一概念将无法涵盖实践中的大部分社会企业，显然缺乏合理性。

针对一些学者担心地将社会企业认定为企业会导致其失去慈善公信力和享受补贴正当性的问题②③，此处统一做出回应：相比于传统的商业企业和非营利机构，社会企业具有多方面的优越性。事实上，在缺乏资金支持、政策激励和社会接受度的情况下，我国的社会企业依然得到了较快发展。社会企业作为新生事物，得到社会成员的广泛认可和接受需要一定的过程，出于功利目的主张将社会企业归为非营利组织是短视的。就其长远发展而言，一个科学合理的法律体系的建构所能给社会企业带来的收益，将远远大于将其归入非营利组织可能享受到的公益性补贴。更何况，企业身份与公益性、享受政策扶持间均不存在矛盾，前者例如被各企业广泛践行并取得非常好的公益效果和社会认可度的社会企业，后者例如承担某些公共职能的国有企业。

综上，将社会企业的法律属性确定为营利法人在我国有充分的理论依据和现实可行性，应当保留和坚持。

（二）当前法律框架下社会企业的适法性困境

1. 社会企业对二元法人分类的挑战

根据《民法典》规定，向股东分配利润为识别法人营利性的唯一标准，而非营利法人则需要具备公益目的和不分配利润双重条件。需要注意的是，《民法典》中的“公益目的”或“营利目的”属于“事业目的”范畴，实践中一般通过限定非营利法人活动领域的方式予以明确④，这与商业上对企业目的或宗旨的认识存在一定区别。社会企业可能对此二元法人分类造成的挑战有二：一是对某些社会企业归类困难，二是二元分类体系与“社会企业光谱”不兼容。以下详述之：

《民法典》对营利性法人采用唯一识别标准，而非营利性法人则采用了双重识别标准。这种差别化制度设计的目的是使营利法人可以包容那些在内部架构中追求分配利润，但外部事业具有部分甚至全部公益性的组合类型⑤。而另一个潜在原因恐怕是在实践中很

① 张力．法人功能性分类与结构性分类的兼容解释［J］．中国法学，2019（02）：148－166.

② 王名，朱晓红．社会企业论纲［J］．中国非营利评论，2010（02）：27.

③ 舒博．社会企业的崛起及在中国的发展［D/OL］．南开大学，2010：207.

④ 谭启平．中国民法典法人分类和非法人组织的立法构建［J］．现代法学，2017（01）：80.

⑤ 张力．法人功能性分类与结构性分类的兼容解释［J］．中国法学，2019（02）：148－166.

少有外部事业具有营利性外观而内部架构却不追求分配利润的法人或非法人组织存在。事实上，工作整合型社会企业往往就符合上述条件。这类机构在欧洲较为普遍，是社会企业中的一个重要组成部分。工作整合型社会企业的宗旨在于为残疾人、长期失业者和社会弱势群体提供工作机会，使其获得就业岗位和工作收入，实现自食其力。这种社会企业关注的重点在于企业雇佣员工为特定弱势群体，往往不会对现有商业模式造成冲击，也不会涉足商业中的新领域。① 换言之，工作整合型社会企业对社会的贡献不在于提供了政府未能提供的新的公共服务类型，而在于实现了对处于救助死角的社会弱势群体的针对性帮扶。工作整合型社会企业的外部事业往往与传统商业企业的经营范围重合，例如餐饮服务、理疗按摩、素质拓展等，且通常具有营利性。至于工作整合型社会企业是否可以进行利润分配，目前各国立法例在这一问题上显示出了普遍的宽容，通常不会像约束其他社会企业或者非营利组织一样对利润分配进行限制②，但实践中确实存在一些该类社会企业不进行利润分配。③

另一种难以纳入民法二元分类体系的法人是我国的民办学校。民办学校是一种典型的民办非企业单位，而后者通常被认为是具有社会企业性质的民间组织。根据《中华人民共和国民办教育促进法》（以下简称《民办教育促进法》）规定，民办学校分为营利和非营利两种，二者均属于公益性事业。如果根据“民办非企业单位属于非营利法人”的传统认识，则民办学校也应当是非营利法人，但营利性民办学校允许分配结余显然不符合非营利法人“不得分配利润”的规定。如果认为民办学校根据营利性分属营利法人和非营利法人，则二者共同受到《民办教育促进法》调整且从设立、变更与终止、组织与活动、管理与监督、扶持与奖励等方面并无本质区别。此外，从《民办教育促进法》修订的过程来看，立法者明显意识到了允许分配利润对非营利机构的激励作用，而从“允许分配结余”到单独设立营利性民办学校则体现了对这种激励思路的继承和对二元分类的突破。

上述问题只是一个缩影，其背后的原因在于法人分类对社会企业光谱的切割。根据 Dees 的社会企业光谱理论，社会企业是处于纯慈善（非营利组织）与纯营利（私人企业）之间的连续体。④ 从法人类型化的视角看，社会企业光谱一头为传统的营利性法人即商业企业，另一头为传统的非营利法人即慈善机构和非营利组织，社会企业的组织形态可能在二者之间任意游移。这无疑与法律的安定性是矛盾的。

对社会企业进行某种限定和区分是有效规制的前提，而这就必然会造成切割社会企业光谱的后果。社会企业光谱的断裂，一方面会造成法律调整难以保持一致性，不同组织形式的社会企业可能因分属营利法人和非营利法人而面临法律适用、主管部门、监管力度、政府补贴等诸多不同，法律的一致性和公平性受到了潜在挑战；另一方面，这种断裂也可能影响到社会企业家对解决社会问题的目标和路径的选择以及公众对社会企业的整体性认知，进而在更加深远的意义上对社会企业在我国的发展造成影响。究其本质，社会企业对

① 赵莉，严中华．国外社会企业理论研究综述［J］．理论月刊，2009（06）：156.

② 董蕾红．社会企业的法律规制［D/OL］．山东大学，2017：92－112.

③ 毛基业，赵萌．社会企业家精神：创造性地破解社会难题［M］．北京：中国人民大学出版社，2018：59－82.

④ Dees，J. Gregory. New Definitions of Social Entrepreneurship：Free Eye Exams and Wheelchair，2003. http：//www. fuqua. edu/admin/extaff/news/faculty/dees_ 2003. htm.

法人分类的冲击是社会生活的复杂性、多样性与法律确定性、滞后性的矛盾。如何用法律这把有限的尺丈量无限的生活，这不仅是社会企业的法律规制面临的问题，更是每个法律人都应深刻思考的命题。可以采取的方案有两种：一是不在法律中具体规定社会企业法律属性，也不对社会企业进行统一扶持，只规定社会企业应履行的义务和比商业企业更加严厉的监管，由企业家自行决定是否注册为社会企业并自由选择组织形式；二是规定一种或几种具体的社会企业形式，明确其法律属性并给予相应的支持和监督。第二种方案似乎更加符合我国实际。

2. 社会企业对竞争法“公平竞争”原则的冲击

社会企业既参与市场竞争，就需与其他商业企业一样受到竞争法规制。但一方面由于社会企业以社会效益而非经济效益为最终追求，在参与市场竞争的过程中可能处于天然劣势，另一方面社会企业承担了政府未能承担的部分公共服务职能，提升了援助对象乃至整个社会的福利，具有较强的公益属性，因此各国政府往往为社会企业提供一定的政策倾斜和财政补贴。这就与竞争法的“公平竞争原则”形成了潜在冲突。

公平竞争原则的基本含义是市场主体间竞争机会均等、竞争条件平等和竞争手段正当。既要求政府为经营者参与市场竞争创造一个公平的环境和条件，不应有各种歧视和差别待遇，也要求经营者之间在竞争过程中采取正当的手段和方式，不得有不正当竞争行为和排除、限制竞争行为。[①] 竞争之所以如此重要，是因为它是目前配置资源最有效率的方式。正如美国最高法院在一项判决中指出的：不受限制的竞争将产生最经济的资源配置，最低的价格，最高的质量和最大的物质进步。[②] 竞争法通过维护公平竞争秩序实现有效竞争，最终达到资源优化配置和公共利益增进的目的。[③]

从宏观的、长远的角度看，对社会企业给予政策激励和财政补贴、促进社会企业发展与维护公平竞争秩序具有一致性，二者都是为了提升全体社会成员的福祉和社会公共利益，但在微观、具体层面二者又确实存在冲突。这就要求制度设计者平衡好二者关系，在鼓励社会企业发展的同时尽可能少地破坏竞争秩序。

社会企业发展是否需要政府提供政策支持？学界对此尚存争议。芬兰就业和经济部工作组针对社会企业的一项调查报告发现，社会企业已经在市场上与其他企业平等运营，与主流商业企业相比并未处于不利地位，因此不需要针对社会企业制定特别的激励政策；但阿育王基金和麦肯锡公司分析了法国十家出自不同部门的社会企业出具的一份报告，用于社会企业的公共支出显然比其他方式更有效率[④]。观察其他国家立法可以发现，各国政府对这一问题的态度并不一致：一些国家会为社会企业提供种类丰富、力度较大的财政补贴和税收优惠。例如葡萄牙的工作整合型企业，如果以非固定合同方式雇用一个工人并完成工作整合过程，3 个月后就能得到一笔相当于 12 个月全国最低工资的整合奖励，这些直接补贴平均占工作整合型社会企业资源的 62%，而整合过程中工人工资的 80% 由就业和专业培训研究所（Institute for Employment and Professional Training）发放。一些国家不会

① 王先林. 竞争法学［M］. 北京：中国人民大学出版社，2015：32.

② M. C. Howard, Antirust and Trade Regulation, New Jersey, 1983, p. 1.

③ 种明钊. 竞争法［M］. 北京：法律出版社，2016：19－20.

④ 李健. 社会企业政策：国际比较与中国选择［M］. 北京：社会科学文献出版社，2018：4.

为社会企业提供直接补贴，但会提供包括政府优先采购在内的间接支持，如英国《公共服务（社会价值）法案》[The Public Services (Social Value) Act] 要求英国政府在购买服务时，除价格因素外还需考虑社会、经济和环境价值，在服务项目竞标时必须优先考虑社会企业。还有一些国家的社会企业基本不享受任何优惠政策，例如美国的四种社会企业形式（分别为低利润有限责任公司、共益公司、弹性目标公司和社会目的公司）。[①] 有学者认为，政府对社会企业的补贴和支持程度与社会企业的认定标准严格程度、社会目的、对市场的参与程度、利润分配限制直接相关。[②]

我国第三部门发展水平还处于初级阶段。虽然一些社会企业发展欣欣向荣，但社会企业整体尚处于起步时期，普遍面临着法律身份缺失、融资能力弱、规模有限、公众认知不强等诸多困境和挑战。[③] 因此我们认为，有必要设计一定的财政补贴和支持政策以激励社会企业发展。但对社会企业的帮扶并非多多益善，在这一问题上韩国社会企业政策的教训值得引起注意。2000 年后，韩国正式引入"社会企业"概念并于 2007 年制定《社会企业育成法》，通过立法初步确立了社会企业制度。政府的积极推动使得社会企业的数量增长迅速，然而由于基础薄弱、对政府补助的依赖性强，其所能提供的社会服务以及对地区发展的贡献都很有限。目前，韩国社会企业的规模普遍较小，且财政状况较差，极为依赖政府。意识到这些问题后，韩国政府对社会企业扶持政策进行了一系列调整，包括由直接扶持到间接扶持、引入民间资本、强调社会企业的可持续性等。[④] 我国与韩国一样具有高度政府干预——高商业化的"强政府、强社会"特点[⑤]，如果政府对社会企业支持采取直接支持且力度过大、时间过长，很容易引发社会企业的对政府的过度依赖。这可能产生两个后果：一是社会企业完全不具有市场竞争力，无法离开补贴独立生存，由解决社会问题的创新手段异化为社会的负担；二是社会企业因为享受补贴而在市场中处于不公平的优势地位，并以此打击竞争对手、破坏竞争秩序。可见，政府对社会企业的支持应当遵循比例原则，避免过度补贴。这既有利于保障社会企业的健康发展，也有利于公平竞争秩序的维护和社会总福利的最大化。

三、创新社会治理背景下社会企业的价值

（一）创新社会治理理论内涵简述

习近平总书记在党的十九大报告中，明确了 2020 年到 2035 年我国社会治理的建设目标，即"现代社会治理格局基本形成，社会充满活力又和谐有序"，并特别强调和着重部署了"打造共建共治共享的社会治理格局"。由此可见，现代社会治理格局即共建共治共享的社会治理格局。[⑥] 社会问题的复杂性和社会需求的多样性，决定了社会治理要求各类

---

① 李健．社会企业政策：国际比较与中国选择［M］．北京：社会科学文献出版社，2018：35－223.

② 董蕾红．社会企业的法律规制［D/OL］．山东大学，2017：126.

③ 李健．创造社会企业生态系统：泰国发展社会企业的经验和启示［J］．南京社会科学，2018（09）：76.

④ 金仁仙．社会经济制度化发展：以韩国《社会企业育成法》为视角［J］．科学学与科学技术管理，2016（01）：38－45.

⑤ 李健．社会企业政策：国际比较与中国选择［M］．北京：社会科学文献出版社，2018：241.

⑥ 江必新，王红霞．论现代治理格局：共建共治共享的意蕴、基础与关键［J］．法学杂志，2019（02）：52－53.

社会主体协商合作、共同参与，即社会治理要“共建”“共治”。社会治理服务全体社会成员的公共利益和公共价值，要求政府、市场和社会所创造的公共价值为社会全体成员所共有，体现了社会治理的“共享性”。在总体格局中，共建、共治、共享是一个有机整体。共建、共治是途径，共享是目的。从内涵上看，“共建”意指全社会成员共同参与创新社会治理格局建设，除政府作为重要社会治理力量外，还要充分调动广大群众和社会力量参与社会治理建设的积极性。主体多元化是现代社会治理的重要标志，提倡不同社会主体共同参与社会事务，实行协同治理。① 这其中应重视社会企业在社会治理和公共服务，尤其是在提供社会服务、满足社会需求和解决社会问题方面的作用。因为在社会治理机制五大要素中，社会协同、公众参与、法治保障相对较弱，培育社会组织，健全社会企业参与机制是实现创新社会治理的重要基础和前提。“共治”是在共建基础上的共同治理，是对社会治理建设方案所确定分工和协作的具体落实和长期维系，是最终取得社会治理成果的直接保证。② 在本质上，“共治”解决的是创新社会治理方法论问题，强调治理机制的协调性：将党总揽全局、协调各方的政治优势同政府的资源整合优势、企业的市场竞争优势、社会组织的群众动员优势结合起来，打造全民参与的开放式社会治理体系。③“共享”是创新社会治理成果的目标指向，也是“共建”“共治”的自然延伸，社会治理格局由全社会共建、共治，其成果自然由全社会成员共同分享。加强和创新社会治理，归根到底是为了满足人民日益增长的美好生活需要。这就要求创新利益协调机制，完善利益保护机制，切实维护和保障人民切身利益，使每个人充分享有公平正义，让人民群众有实实在在的获得感、信服感、安全感。④

（二）社会企业是创新社会治理的积极参与者

党的十九大报告提出“要加强和创新社会治理”，要“完善公共服务体系，保障群众基本生活，不断满足人民日益增长的美好生活需要，不断促进社会公平正义，形成有效的社会治理、良好的社会秩序，使人民获得感、幸福感、安全感更加充实、更有保障、更可持续”，并特别就“打造共建共治共享的社会治理格局”进行专门部署，提出要“加强社会治理制度建设，完善党委领导、政府负责、社会协同、公众参与、法治保障的社会治理体制，提高社会治理社会化、法治化、智能化、专业化水平”。主体多元化是社会治理区别于社会管理的显著特征，社会企业以商业化的运作方式提供社会服务、满足社会需求、解决社会问题、实现社会目标，由于其跨越政府组织、市场组织和社会组织而呈现出的混合性、灵活性、创新性以及价值凝聚、可持续等特征，成为社会治理创新的重要行动者，为当前我国社会转型期加强和创新社会治理提供了一种全新思路和运行模式，对于推进社会治理现代化和治理体系现代化具有重大意义。

社会企业积极参与共建共治共享主要体现在三个层面：

第一，社会企业具有创新解决社会问题的能力。社会治理意味着包括社会企业在内的

---

① 燕继荣．中国社会治理的理论探索与实践创新［J］．教学与研究，2017（09）：31.

② 江必新，王红霞．论现代治理格局：共建共治共享的意蕴、基础与关键［J］．法学杂志，2019（02）：53.

③ 李菁怡．准确把握新时代打造共建共治共享的社会治理格局内涵［J］．中共南京市委党校学报，2017（06）：111.

④ 徐汉明，邵登辉．打造共建共治共享的社会治理格局［N］．人民日报，2018－06－21（07）．

各社会主体，不仅是监督者的角色，也是治理架构过程中的行动者。各社会主体相互之间密切合作，弥补政府提供公共服务的不足部分。在社会治理视域下，营利组织与非营利组织纷纷积极参与公共事务，实现优势互补，形成跨部门的网络协同治理机制。① 以社会企业方式参与社会公共政策实施和服务，既克服了营利企业不关注社会问题或把企业的负外部性推向社会的问题，也克服了非营利机构运作效率不高的痼疾。因此，它创新了参与社会治理的组织形式和资源组合运作模式。社会企业的自给自足模式和满足特殊群体利益需求的特点，一定程度上解决了"政府失灵""市场失灵"和"第三部门失效"产生的社会问题，同时推动了公民更加热心参与公共事务，从而符合社会治理的基本意涵。② 以乔丹·卡萨罗在2001年创立的Vision Spring为例，Vision Spring在布基纳法索、尼日尔、马里、喀麦隆、坦桑尼亚等地雇用当地村民走访偏远聚落，秉持"看得清楚，过得更好"的理念，为贫困者推广矫正眼镜，一副平均售价4美元。Vision Spring采用交叉补贴形式，通过将有设计感的镜架卖给经济能力较好的消费者获得收入，以补贴低价眼镜的成本支出。Vision Spring至今已经在全球销售出超过一百万副眼镜，产生了两亿七千万美元的经济效益并创造了九千个就业机会。据2007年顾客追踪数据显示，获得视力矫正的贫困人民增加了35%的工作生产力，平均月收入提高20%。Vision Spring的经营方式清晰地体现了综合性、创新性特征：如果单独考察其售卖具有设计感镜架的部分，则该企业与其他镜架供应商无异；而若只考察其以低价将矫正眼镜出售给偏远地区村民的部分，则该企业又与一般慈善机构极为相似。可见，社会企业自身的融合性使其在处理社会问题时更加灵活，能够以多样的、综合的、创新的手段解决社会问题，而这正是政府、商业企业和传统非营利组织都难以做到的。

第二，社会企业具有积极投身社会治理的热情。积极投身社会治理是社会企业的鲜明特征，这使得其在所有社会治理主体中显得格外突出。社会企业积极参与社会治理是根植于其成立愿景和组织使命中的。与传统商业企业不同，社会企业所孜孜以求的不是商业成功和盈利机会，而是社会问题的解决和社会效益的提升。因此，相较于商业企业的"各人自扫门前雪"，社会企业更加有"先天下之忧而忧，后天下之乐而乐"的社会担当。与政府部门相比，社会企业承担社会责任并非职责要求，更多是出于社会企业家和员工自身的使命感和责任感。显然，社会企业参与社会共建共治的目的更加纯粹，热情更加充沛。这种热情被社会企业用于提供差异化公共产品和服务、解决经济和社会发展引发的各种社会问题上，体现在实践中就是其取得的一系列社会成就和巨大的社会效益。国际经验表明，社会企业利用自己的独特优势在帮助弱势群体就业、提升贫困地区的教育和医疗水平、救助吸毒者、照料艾滋病患者及其子女、看护罪犯子女、服务老年人等公共服务领域弥补了政府的不足。③ 而在我国，社会企业在参与社会共建共治、促进发展成果共享方面取得的成绩也同样突出。根据深德公益2013年对英国大使馆文教处"社会企业家技能项目"历届学员机构的调研数据显示，在107家运营社会企业或社会企业项目的调研机构

① 李健，王名．社会企业与社会治理创新：模式与路径［J］．北京航空航天大学学报（社会科学版），2015（03）：11.

② 时立荣，王安岩．社会治理与社会创新［J］．理论探讨，2016（03）：143.

③ 舒博．社会企业的崛起及在中国的发展［D/OL］．南开大学，2010：108.

中，早期的社会企业主要活跃于较为传统的特殊儿童服务、扶贫、老年人和残障人群服务领域，近年来则涌现出了越来越多关注青少年成长、妇女发展、社区发展的社会企业，以及为其他公益组织提供服务的机构。并且，计划开展社会企业服务的机构也较多集中于以上领域。可见，作为社会共建的重要参与者，社会企业通过多种方式积极推进诸多社会问题的解决，为形成社会合力、实现社会治理的新格局贡献了不可忽视的力量。

第三，社会企业具有提供公共产品供全社会共享的意愿。社会治理创新的终极性目的在于实现社会的公平与人的全面发展。社会治理创新不仅仅是一个追求技术理性的过程，更是实现价值理性的过程。社会治理创新给予了个体参与权，也改变了治理主体之间的关系。政府以及市场化组织与民众之间不仅是管理者与被管理者的关系、服务提供者与服务接受者的关系，同时还是被监督者与监督者之间的关系。在此种新型关系中，个体不仅追求社会的公平，而且更加注重个体的发展。[①] 社会治理的根本目的在于增进全体人民的福祉，让所有公民参与治理过程、分享治理成果、有更多获得感。这既是社会治理共享理念的本质含义，也是中国特色社会主义社会治理与西方国家社会治理的最大区别和最明显优势。[②] 社会企业一方面补充政府、市场和第三部门提供公共服务的不足，促进公共服务均等化，另一方面激发社会成员的互助精神，推动社会融合，兼具提升物质文明和精神文明的双重作用，而其成果则由全民共享。社会企业不仅提供公共产品增加了社会总福利，更通过弥补公共服务缺失形成了对社会弱势群体利益的倾斜保护，从而实现物质文明的发展成果由全社会共享。另外，社会企业还具有提升社会精神文明建设的作用。社会共享所指涉的不应只是物质层面的共享，更应包括文明、和谐、友善、包容的社会氛围和社会精神的共享。只有社会整体道德水平和精神文明得到提升，由发展不均衡导致的社会排斥才能被消除，发展成果才能真正惠及全体人民。而社会企业在社会融合方面的独特价值可以满足这一诉求。以著名的香港“黑暗中的对话”体验馆为例，被蒙上眼睛的体验者进入漆黑的环境中，在声音向导的引导下，用触觉、听觉、嗅觉参与体验活动，旅程近尾声时游客才得知声音向导是熟悉黑暗的视障者。黑暗的不确定性和不安全感让体验者体会到视障者所处的环境，增加了普通人对视障者面临困难的理解。而视障者生动的声音和出色的表达也获得了体验者的肯定，“黑暗中的对话”由此赋予了视障者崭新的角色，改变了体验者对视障者的刻板印象。视障者获得自身认同的同时得到了公众的社会接纳。

（三）社会企业深度契合创新社会治理的价值理念

新时代加强和创新社会治理，需要深刻把握“共建共治共享”的内涵。社会企业是创新社会治理的重要主体之一，不仅是由于其积极投身于社会建设、社会治理的浪潮中，更重要的是社会企业的诸多特征与共建共治共享的价值理念深度契合。这种契合至少体现在以下两个方面：

第一，社会企业连接三大部门，将共建、共治、共享机制内部化。从社会企业的群体特征来看，社会企业是融合多元主体参与共同解决社会问题的典范，这里的多元主体包括社会企业家、普通社会民众、某些特殊人群（社会弱势群体等）等。[③] 与此同时，中国社

① 曹胜亮，吕溪．社会中间层组织与社会治理创新研究［J］．河南社会科学，2018（08）：122－123.

② 夏锦文．共建共治共享的社会治理格局：理论构建与实践探索［J］．江苏社会科学，2018（03）：59.

③ 时立荣，王安岩．社会治理与社会创新［J］．理论探讨，2016（03）：143.

会企业的一个毋庸置疑的突出特点是"体制内生成"，这一特殊性也使中国社会企业具有了连接政府、社会和市场三大部门的独特属性。① 基于社会企业兼具商业性和社会性的特征，市场和社会在其身上实现了有机统一，对此上文已有详述。此处着重分析社会企业与政府的协商沟通机制。政府对社会企业的影响主要分为两方面：一是政府对社会企业的组织目标进行引导和限定。社会企业首要是为了实现社会目标，很多国家都规定社会企业服务于弱势和特殊群体或社区利益，为他们创造工作机会，或者是以社会发展、教育发展、环境保护为目标。② 社会企业由于自身局限，发现、解决社会问题主要依靠需求导向，存在一定的盲目性。政府站在宏观角度对社会企业组织目标进行限定，目的是将社会企业的注意力引导到真正急需解决的社会问题上来，实现社会效益的最大化，这与社会企业的初衷是一致的。二是政府直接监督管理社会企业的运行，这在我国尤其明显。以社会福利企业为例，社会福利企业是政府为了安置残疾人等特殊人群就业，主要由民政部门设立的社会福利性质的特殊企业，残疾人以生产小组的形式从事一些简单的手工制造，企业可以享受物资、资金、劳动保险、产业政策和税收减免等待遇。③ 虽然政府于 2007 年出台了《福利企业资格认定办法》《关于促进残疾人就业税收优惠政策的通知》，放宽福利企业资格认定办法，并规定企业（个人独资、合伙企业和个体经营户）、事业单位、社会团体和民办非企业单位等被认定为福利企业后同样可以享受税收等方面的优惠政策，但民政部门对于社会福利企业仍拥有较大的影响力。同样，民办非企业单位、农民专业合作社与行政机关的关系较之一般企业也更加密切。而社会企业对政府的影响则主要体现在政府从社会企业职能发挥较好、社会效益较高的领域逐渐退出，进而鼓励民间创办社会企业、引导社会企业发展、为社会企业提供多种支持等。可以看出，社会企业将政府、市场、社会三者沟通内化于企业存续及经营全过程，沟通结果则通过社会企业发挥社会效益、解决社会问题体现出来，这事实上就是把通常运行于社会治理各主体之外的共建共治共享机制内部化，从根源上提升了社会协同力度和治理社会化水平。由此我们认为，社会企业深度契合创新社会治理的理念和要求。

第二，社会企业强调公众参与，将共建、共治、共享制度化。较之于传统企业，社会企业更加强调成员参与和公众参与，相当一部分的社会企业并未采用现代公司制企业"资本决"的表决方式，而是采用民主决策模式。例如国外社会企业广泛采用包括利益相关者参与治理、员工和成员参与治理、社员"人头决"治理等多种方式，让社会企业投资者、管理者、员工和被援助对象共同参与到社会企业的发展和社会问题的解决当中。④ 在我国三种具有社会企业性质的组织形式中，农民专业合作社治理模式的基本原则同样是"人头决"，社会福利企业虽采用厂长（经理）负责制，但也被要求实行民主管理。根据学者赫希曼的员工行为和劳动效率之间的研究，社会企业的雇员比营利企业的员工具有更大的工作动力。相比非营利组织和营利企业，社会企业的竞争优势更在于其人性化管理，

---

① 李健，王名．社会企业与社会治理创新：模式与路径［J］．北京航空航天大学学报（社会科学版）：2015（03）：11.

② 王世强．社会企业的官方定义及其认定标准［J］．社团管理研究，2012（06）：40.

③ 李健，王名．社会企业与社会治理创新：模式与路径［J］．北京航空航天大学学报（社会科学版），2015（03）：12.

④ 王世强．社会企业的官方定义及其认定标准［J］．社团管理研究：2012（06）：38－41.

大型企业往往将雇员看作成本资源而非机会资源，只关注如何提高劳动生产力，但在社会企业中对人力资本一直很重视，它背后的目标是在民主平等的组织架构内，将个人能力和自愿承担工作的积极性发挥至最大。① 在社会企业独特的治理模式下，成员关心、参与企业日常经营和管理的热情被充分调动起来：公司不再仅仅是自己的雇主，更是与自己有相同经历、理想和目标的人们建立起来的，是与自己息息相关的利益共同体甚至命运共同体；自己也不再仅仅是公司的雇员，更是公司的主人翁，是可以决定公司往何处去同时也决定自己往何处去的掌控者。他们获得的不仅仅是工作的机会，更是改变自己命运、脱离弱势群体和不利处境、共享社会发展成果的契机。同时，社会企业能够感召更多人投身社会公益、回馈社会，而其相较于传统慈善组织更高的薪酬则为这种热情提供了一条切实可行的实现进路。公众关注社会问题、参与社会治理不再需要像以往一样承担较高的经济负担和风险，反而能够在帮扶弱势群体、投身社会公益的同时获得一份不错的回报，这无疑将激励更多人加入社会企业的队伍。概言之，社会企业通过良好的制度安排将共建、共治、共享的社会治理理念落到了实处，使得所有社会成员都能参与社会改革和发展的进程，更为重要的是，它能够改变麻木和冷漠的社会心态，而信任、热情和参与恰恰是民主制度有效实施的前提和基础。②

四、社会企业在创新社会治理中的功能定位

从社会治理模式的变迁中，我们可将社会治理创新定义为在多元社会主体共同参与之下，采用复合化的社会治理手段，以促进社会公平，实现人与社会全面发展的治理模式。③ 将社会企业诸要素与创新社会治理诸要求做对比考察，可得出社会企业在创新社会治理中的功能定位如下：

（一）发展社会企业利于促进社会公平

党的十九大报告指出："必须始终把人民利益摆在至高无上的地位，让改革发展成果更多更公平惠及全体人民，朝着实现全体人民共同富裕不断迈进。"促进社会公平是创新社会治理的重要目标，也是社会企业最重要的功能。罗尔斯认为，人类社会是一个互惠合作体系，即每个人都必须从社会合作所产生的经济利益中受惠，如果在社会合作中那些基于偶然出生而具有较高社会地位和自然禀赋者受惠更多，而较低社会地位和自然禀赋者受惠更少，那么，一种健全而持久的社会基本制度必须包含某种补偿性安排。④ 由于弱势群体对抗风险能力较差，对公共服务的依存度更高，因此提供公共服务本身就具有扶助弱势群体的功能。具体而言，社会企业促进社会公平的功能可以从如下两个方面进行考察。

第一，社会企业可以提供差异化公共产品。经济学家 Burton Weisbrod 利用古典经济学理论解释了非营利部门组织存在的原因。政府失灵理论认为，民主政府具有政治敏锐性，通常只能提供那些"中间选民"偏好的公共物品，导致了大量的无法满足的其他公

① 邓志伟等主编．社会管理与社会政策［M］．上海：上海人民出版社、格致出版社，2007：100.
② 董蕾红．社会企业的法律规制［D/OL］．山东大学，2017：61.
③ 曹胜亮，吕溪．社会中间层组织与社会治理创新研究［J］．河南社会科学，2018（08）：122.
④ 廖申白．正义论对古典自由主义的修正［J］．中国社会科学，2003（05）：132－133.

共物品需求，而这一空隙只能由非营利部门来填补。① 事实上，即使抛开多党制下争取中间选民支持的政治需求，政府的目光也往往集中在较为典型、突出、严峻的社会问题，而相对较为“小众”的公共服务需求则始终处于供给不足的状态。发现并满足这些需求正是社会企业的使命和优势。在那些企业忽视或者遗弃、政府忽略或者无暇顾及的贫困、没落地区，或者公益领域，社会企业能够开发出灵活多样的、居民可负担的产品和服务，而开辟出新的市场机会。② 社会企业观察公共产品提供情况，将确实存在需求而政府、市场和第三部门又未能提供的公共产品作为其经营项目，进而引发“长尾效应”——通过提供差异化公共产品、填补公共服务供给缺口来解决社会问题并获得利润，实现社会价值和商业价值的统一。

第二，社会企业能够为弱势群体提供交易、就业机会。与传统慈善机构直接提供资金或物质帮扶不同，社会企业往往通过提供公平的交易机会和工作机会实现对弱势群体的帮扶。社会企业提供公平交易机会的典型案例如英国社会企业家艾瑞克·山缪尔创办的社区食物企业。艾瑞克·山缪尔观察到其所在社区的居民无力购买社区外商店的昂贵农产品，而到市区购买农产品又会因其少数族裔身份受到严重的种族歧视。于是，艾瑞克·山缪尔从社区的小摊位做起，从社区外购买质量优良的农产品并以至少低于市场40%的价格出售给社区居民。艾瑞克·山缪尔的社区食物企业非常受居民欢迎，2004—2005年度盈余4万英镑，并把盈余用于维持企业发展之外的社区居民成人教育等公益项目。③ 占欧洲社会企业多数的工作整合型社会企业则是社会企业为弱势群体提供工作机会的典型。例如，为解决传统福利制度弊端，德国于20世纪60年代开展“积极劳动政策”，大幅增加社会救助资金为帮助失业人员重新上岗就业，并鼓励人们积极创业、克服困难。至20世纪90年代，欧洲大陆的“工作整合”型社会企业已形成规模。这一类社会企业不以股东利益和收益最大化为目的，保持稳定盈利能力并将经营所得回报当地社区，帮助长期失业人群重返劳动就业市场，代替政府部门提供各种社会服务。④ 上述案例说明，社会企业不仅通过提供公共产品、改善弱势群体的生存状况，也通过要求被救助对象参与（例如支付合理报酬或参与劳动）其中，培养他们靠自己的双手改变命运的自立精神。

（二）发展社会企业可以提升公共物品供给效率

一般而言，由于市场失灵的不可避免，市场难以组织和实现公共物品和服务的提供，因此公共服务的提供者通常是政府和第三部门。但这种由政府和第三部门提供公共产品的模式仍然存在问题（即政府失灵和志愿失灵），无法满足公共产品的供应需求。治理失灵是推进国家治理体系和国家治理能力现代化的重要内容⑤，而社会企业恰恰能够以比政府和第三部门更高的效率提供公共产品和服务，从而突破政府失灵和志愿失灵，满足社会治理创新的需要。

社会企业对于政府失灵的突破主要体现在两个方面：第一，社会企业并非公共产品的

① Burton A. Weisbrod, ed. To Profit or Not to Profit ［M］. NewYork: Cambridge University Press, 1998.

② 舒博．社会企业的崛起及在中国的发展［D/OL］．南开大学，2010：115.

③ 詹姆士·鲁波特，贾斯汀·罗．平凡创传奇一社会企业妙点子［M］，钟慧元，译．香港：商务印书馆（香港）有限公司，2008：22－24.

④ 李晓南．社会企业全球演进背景下我国的发展策略选择［J］．社会科学辑刊，2015（06）：64.

⑤ 江必新，李沫．论社会治理创新［J］．新疆师范大学学报（哲学社会科学版），2014（02）：27.

唯一提供者，其在提供公共产品的过程中必须与政府、传统非营利机构甚至企业展开竞争。易言之，社会企业身处的市场状态是存在竞争的市场而非寡头独占的市场，社会企业是竞争者而非垄断者，这就突破了政府作为公共物品提供垄断者所导致的无限膨胀和低效率。为获得公共产品和服务接受者的青睐，社会企业必须以比其他竞争者更高的效率提供公共产品和服务，这就决定了社会企业无法获得类似政府失灵所需要的外部环境。第二，社会企业所采取的组织形式也与政府部门有较大差异。政府采用的组织形式为科层制，这使得“欺诈、浪费和滥用公共资源”三位一体现象变得普遍并不可避免。① 与此相对，社会企业与普通企业一样采取现代企业形式，其组织形式较为科学合理。加之社会企业往往规模较小、机构层级和人员较少，实现灵活管理和高效决策较为容易，较为扁平化的结构进一步避免了政府部门的机构臃肿、人浮于事、决策成本高等问题。

一般认为志愿失灵包括四大问题，即独立不足、慈善不足、慈善组织的家长式作风和慈善的业余主义②，社会企业应对这四大问题时的表现明显好于传统慈善组织。第一，社会企业采取企业形式，有完整的组织架构、独立的管理和决策机构，独立性较强，且社会企业对政府的资金依存度较低，因此成为政府附庸的风险相较于一般慈善机构更小。第二，社会企业受志愿驱动，且资金来源渠道多样，慈善不足特别受慈善供给不足的可能性较低。第三，社会企业除接受政府财政支持和社会募捐外，其资金有很大比例来源于市场经营所得利润，因此可以根据企业对需求的深入了解和自身的公益志愿提供公共产品和服务，充分实现企业的社会目标。第四，社会企业往往采取现代企业所有权、经营权分离的结构，且由于社会企业对资金使用灵活度较高，因此可以提供报酬至少不低于市场水平的工作岗位给有志于公益事业的专业人士，也能有效提升社会企业的管理和经营能力，提高社会企业提供公共服务的质量。当然，社会企业脱胎于传统非营利机构，因此无法完全克服志愿失灵现象。例如，社会企业在提供公共服务时同样基于对社会问题的回应而非整体统筹，因此难以克服慈善的特殊主义，存在盲目性。但总的来说，社会企业在提供公共服务时相对于传统非营利机构较少受到志愿失灵的影响，因此效率更高。

（作者简介：常宇豪、郭子寒，西南政法大学博士研究生）

① 曹胜亮，吕溪．社会中间层组织与社会治理创新研究［J］．河南社会科学，2018（08）：121.

② 吴光芸，方国雄．市场失灵、政府失灵与非营利组织失灵及三者互动的公共服务体系［J］．四川行政学院学报，2005（01）：20－21.

社会企业可持续发展能力评价指标体系构建

邬庆超　施　敏

摘　要：社会企业是社会治理现代化的重要主体，建立科学合理的评价指标体系是保证社会企业可持续发展能力的关键环节。基于国内外社会企业评价研究和具体实践，在全面性、系统性、可操作性等原则指导下，采用层次分析法，从输入和输出双重维度，初步构建出包含4项一级指标、11项二级指标和29项三级指标的可持续发展能力评价指标体系，试为社会企业发展的客观评价和持续改进提供量化依据，并据此制定合理的发展战略，进一步提升社会企业整体可持续发展能力。

关键词：社会企业；可持续发展能力；层次分析法

社会企业发源于西方福利国家，是对传统社会三大部门治理失灵的一种有效补充，作为一种以商业化手段、可持续地实现社会使命，解决被忽视的社会问题并创造正外部性的混合组织，其跨越公私边界、通过市场手段实现社会价值的运营模式打破了公私部门间的壁垒，不仅有效弥补了公共服务供给的问题，还改善了私人部门社会公益，逐渐成为解决社会问题的新方式。如何衡量社会企业的可持续发展能力？如何出台更加有针对性的政策支持社会企业发展？本研究认为解决这些问题的必要条件就是建立一套合理有效并且具有针对性的社会企业可持续发展能力评价指标体系。

一、社会企业发展能力评价

社会企业的可持续发展能力评价涉及多方面的因素，既有一般组织可持续发展的共性问题，也有社会企业的个性问题，不仅要考虑社会企业的盈利状况，更要充分考虑其身份的社会认可程度。因此，为了评价结果尽量公正、科学、客观且全面，首先，在设计评价指标体系过程中，力求指标的代表性和系统性，同一层级指标既相互独立又互相补充，充分反映出可持续发展能力这一社会企业在投入和产出双重维度交互产生的结果。其次，评价体系要兼顾主观评价的作用和客观事物的规律，指标体系是主观评价的客观反映，因此定量分析要建立在定性认识的基础上，以保证评价体系的科学性和完整性。最后，要通过指标细化实现价值判断的量化，综合考虑评价标准是否可行具有实践操作性，在保持评价体系完整的同时尽可能精简指标并做到尽可能的定量描述。

综合社会企业可持续发展和各级层面相关政策与社会企业评价的相关文献，本文借鉴数据包络分析方法（DEA），将数学模型从投入、产出的角度评价具有多个输入和输出的被评价对象的相对有效性的总体思路，提出社会企业的可持续发展能否实现主要取决于组织是否能够在投入和产出中取得平衡，采用 DEA 在可持续发展综合评价中输入、输出二分法的标准，初步将“投入—产出”这两个维度作为评价指标构建的总体方向。由于社会企业作为一种混合组织既包含着社会属性也包含商业属性，Alter（2007）从社会企业研究的方法论角度，提出社会企业的评价不仅要关注财务绩效更要关注社会绩效，还应该包括市场和市场横纵两种驱动维度和经济与社会双重价值底线，其发展过程既取决于自身属性又依赖于外部资源。因此，本文在初步确立“投入—产出”维度后，确立了内部治理能力、外部资源获取、经济效益、社会效益 4 个一级指标，并参考其他相关研究从不同的角度探讨子指标的具体设定，从而建立相对完善的社会企业可持续发展评价指标体系。

指标选择与说明：首先，组织内部的治理能力指组织实体通过优化结构、完善章程、创新管理持续稳定地使用各类资源和要素，以维持自身运行发展、履行宗旨使命和实现长远目标的能力。本研究从慈善组织内部治理能力和社会组织内部治理管制指数的相关研究提取了制度设计下的机构设置、章程治理、信息公开三个具体指标。技术社会学理论认为，技术应用是技术与组织在各个层次上相互影响的结果，技术组织互构论信息技术依据制度逻辑而非效率逻辑，技术的应用不仅是为了提升效率而是要与组织内部治理相适应，技术与治理情景的复合、驱动以及多维变革，共同塑造了技术嵌入组织的内在逻辑。本研究借鉴“互联网 +”时代社会组织转型的相关内容技术嵌入与内部治理的相关观点，完善了技术嵌入的具体指标。根据 2017 年社会企业研究中心发布的中国社会企业调查报告显示，国内六成以上的社会企业都面临资金和人才缺失的困扰，而人力资源是组织最关键的资源。Borzaga 和 Solari（2001）认为，当前社会企业组织面临的挑战主要就是人力资源管理方面，因此人力资源质量的高低是影响社会企业可持续发展的重要因素。社会企业可持续发展在人力资源方面最大的问题就是聘用和培育专业的人才，因此本研究根据中科院可持续发展战略制定的人力资源能力建设方程的解释，将人力资源分解为体能、技能和智能三个维度并结合被广泛认可的指标参数如学历、工作经验、职称和专业资格证书等（刘大卫，2008），在去除体能因素后参考非营利组织人力资源评价模式，采用专业水平和学历水平测量人力资源质量。

其次，组织是由资源构成的，组织所拥有的异质性资源是组织竞争优势的来源，是造成各个组织间业绩差异的主要因素。社会企业的可持续发展离不开稳定多源的资源支持，Hynes（2009）的跨案例研究证明了社会网络在提供市场信息、投资者信息与合作伙伴信息等方面的独特优势。本研究根据吉登斯对资源类型的划分标准，将社会企业外部资源划分为两种类型，一是“权威性资源”，即对人或行动者产生控制的各类转换能力。二是“配置性资源”指对物体、商品或物质现象产生控制的能力，也就是指行动者所拥有的权威、社会资本与各种物质实体性资源。在明确划分标准后，本研究根据当前各地颁布的社会企业政策文件内容归类后的词频分析结果，将社会企业的外部资源部分进行了量化。权威性资源主要指社会对其认可程度和信任程度，分别通过合法性上的企业认证和实际中其他组织合作意愿进行测量。本研究参考 2019 年《成都市武侯区社会企业扶持办法（试行）》的有关内容对主要配置性资源进行了具体的划分，其中业务支持指标主要指孵化培育、办公场所租用补贴。人才支持指对社会企业工作人员在户口迁移、子女入学、就地医疗等方面的保障。财税政策主要包括税收优惠、信贷政策等。

再次，经济效益指标的基本逻辑是成本效益分析，也就是用财务会计的方法来衡量价值。Bagnoli 和 Megali（2011）提出了审视社会企业现状的三个维度，其中经济财务绩效维度主要由运营成本、价值创造的提升空间和资源利用效率构成，应该重点关注财务状态的改善、长期生存能力和受益人的效率和效能。本研究从企业财务绩效中提取相关指标，从短期获利能力、长期经营增长以及抗风险能力三个角度对经济效益进行测量。

最后，社会效益指标主要参考社会组织承接公共服务效能的量化分析的部分要素，将社会效益从社会贡献度、受众满意度和社会影响力三个维度展开。社会企业对社会的贡献有赖于其社会功能的发挥，主要集中在就业吸纳、公益事业参与、政策议程参与等方面。Galaskiewicz 和 Barringer（2012）认为评估的核心问题取决于利益相关者机构，必须考虑社会企业运行过程中有谁获益和利益为何的问题。文章参考 KLD 指数法通过对利益相关者评价测量的基本观点，通过较大范围的利益相关者满意度增强评价的公正性和客观性，在进行满意度评价时应该优先考虑员工、客户、政府等主体。社会企业和影响力投资是当前世界最重要的社会创新（徐永光，2017），社会影响力可以造正面的社会回报、获得社会收益可以在更长远的角度保证社会企业的可持续发展，社会影响力在当前情况下越来越成为超越市场指数的重要指标。经统计，在以社会价值为主要标准的美国多米尼 400 社会指数和日本的社会责任指数 MS – SRI 中，得分较高企业的回报率明显高于仅考虑商业标准评价指数的企业。Orlitzkyetal（2003）、JoandHarjoto（2012）的实证研究也证明了社会责任与绩效间存在显著正向关系。本研究根据心理学家戈夫曼提出的印象管理理论和徐莉萍（2011）、吴德军（2016）对媒体关注和企业社会责任间的关系的探讨，借鉴智库影响力的评价标准对 Lovett，MJ 和 Staelin，R（2016）对媒体类型的划分标准进行调整后，采取赢得媒体（Earned Media）、自有媒体（Owned Media）和公共媒体（Public Media）三个维度对社会企业的影响力进行量化处理。据此，本文最终形成了 4 个一级指标、11 个二级指标和 29 个三级指标，初步构建了我国社会企业发展能力指标体系。

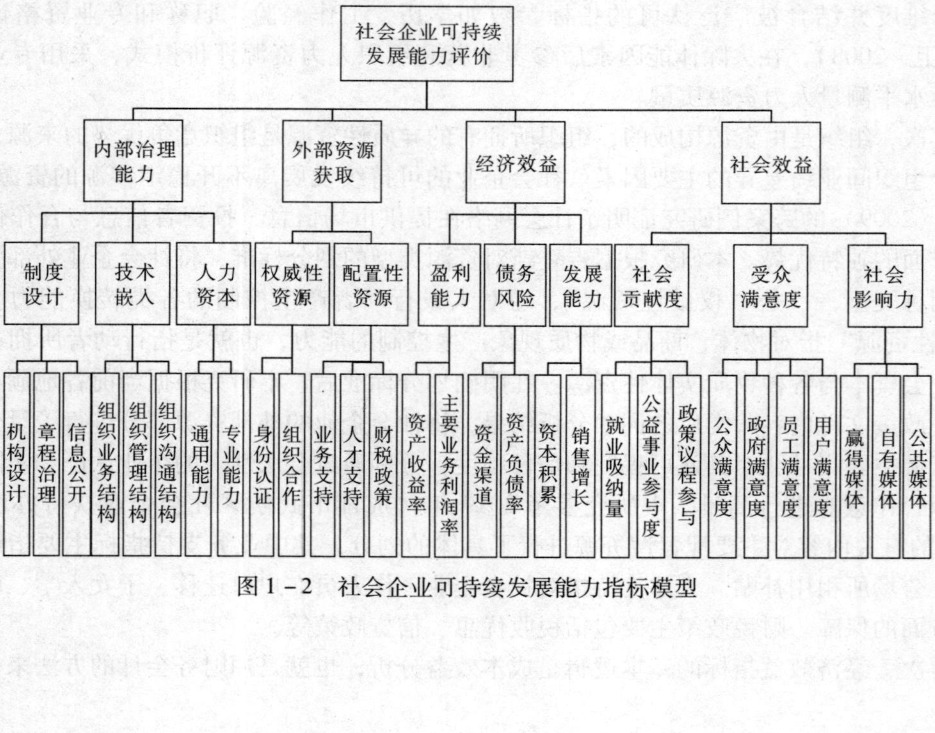

图 1 – 2　社会企业可持续发展能力指标模型

二、中国社会企业可持续发展能力评价指标体系权重的确立

评价指标体系权重的确立，关系到评价指标的科学性和公正性，目前计算指标权重有效的量化方法中最常用的是层次分析法（Analytic Hierarchy Process，简称 AHP）。层次分析法是20世纪70年代美国运筹学家萨蒂提出的一种系统分析方法，他将定性的方法与定量相结合，试将复杂的问题分解为若干层次和若干因素，对不同要素进行两两比较最终获得各自权重，为最佳选择提供理论依据。因此，本文在预调研的基础上通过网络问卷和线下咨询等方式对包括德光公益、恩派、社企星球、七彩阳光公益基金会从业人员及部分高校学者等社会企业领域专家进行调查，根据调查结果建立判断矩阵，并采用层次分析法计算中国社会企业发展能力评价指标体系的权重，其计算指标权重的基本步骤如下：

（一）建立层次结构模型及判断矩阵

按照前文构建的指标体系框架，本文的层次分析结构由四个层次构成，最上层为目标层，其下为三级指标。本文根据萨蒂提出的比例态度采取1—9标度，对评价体系中的指标采取相对尺度以数值的性质对不同指标进行两两比较以体现不同指标的重要程度，在对全部指标进行比较后就可以获得评价体系的判断矩阵。

表1-1　1—9标度及其含义

相对重要性	定义	说明
1	同样重要	前一个指标与后一个指标影响相同
3	稍重要	前一个指标比后一个指标影响稍强
5	重要	前一个指标比后一个指标影响强
7	明显重要	前一个指标比后一个指标影响明显强
9	绝对重要	前一个指标比后一个指标影响绝对强
2、4、6、8	两个相邻判断中间值	需要折中处理

（二）一致性检验

由于评价指标体系的相关因素具有复杂性且评分专家对各项指标的判断与认知存在一定误差和主观性，因此在形成判断矩阵的过程中可能存在一定的偏差，为避免无关因素干扰结果准确性，需要对进一步对判断矩阵建立一致性检验指标 C. I. 和 R. I.，用以计算判断矩阵是否偏离一致性。计算一致性比例 CR = C. I. /R. I.，CR 作为一致性指标的检验系数，可以用于检验判断矩阵是否通过一致性检验，当 CR < 0.1 时，我们认为判断矩阵通过一致性检验，反之，则不通过检验。本文使用分析软件 Yaahp10.2 版本，共构建16个判断矩阵，包括一级判断矩阵1个、二级判断矩阵4个、三次判断矩阵11个，其中二级判断矩阵存在1个、三次判断矩阵存在5个，除有2个指标具有完全一致性外，其余10个判断矩阵在经过修正后一致性比率 CR 均小于 <0.1，均通过一致性检验。

（三）评价指标体系权重计算结果

研究依据层次分析法实施步骤，借助层次分析法软件构造出社会企业发展评价指标体系的层次结构模型，并根据专家问卷的调查数据，计算各指标权重，见表1-2。

表 1－2　社会企业可持续发展能力评价指标权重

目标层	准则层				方案层		
指标	一级指标	权重	二级指标	权重	三级指标	权重	排序
社会企业可持续发展能力	内部治理能力	0. 2538	组织架构	0. 1330	机构设置	0. 0332	11
					章程治理	0. 0491	5
					信息公开度	0. 0313	14
			技术嵌入	0. 0532	组织管理结构	0. 0185	27
					组织业务结构	0. 0246	20
					组织沟通结构	0. 0172	28
			人力资本	0. 0675	通用能力	0. 0245	21
					专业能力	0. 0555	3
	外部资源支持	0. 3036	配置性资源	0. 1262	财税优惠	0. 0304	15
					业务支持	0. 0482	6
					人才支持	0. 0520	4
			权威性资源	0. 1774	身份认证	0. 0905	1
					组织合作	0. 0824	2
	经济效益	0. 1800	盈利能力	0. 0793	资产收益率	0. 0357	9
					主营业务利润率	0. 0396	8
			债务风险	0. 0348	资金渠道数量	0. 0110	29
					资产负债率	0. 0247	19
			发展能力	0. 0658	资本积累率	0. 0250	18
					销售增长率	0. 0441	7
	社会效益	0. 2627	社会贡献度	0. 0680	就业吸纳量	0. 0326	12
					公益事业参与度	0. 0343	10
					政策议程参与	0. 0200	26
			受众满意度	0. 1203	公众满意度	0. 0314	13
					使用者满意度	0. 0303	16
					员工满意度	0. 0217	24
					政府满意度	0. 0205	25
			社会影响力	0. 0744	自有媒体阅读量	0. 0223	23
					赢得媒体推广率	0. 0261	17
					公共媒体报道量	0. 0234	22

三、讨论与建议

社会企业评价指标权重测算结果显示，在投入产出两个维度下，外部资源支持的影响力指标为占比最高约为0.30，社会效益、内部治理结构占比相近分别约为0.26和0.25，经济效益最低为0.18。通过结果可知，外部资源支持是社会企业实现可持续发展的重要因素，相关文献研究也指出社会企业的发展离不开外部影响的情景因素，如政府对社会企业的资金、人才、文化认同、能力建设等方面的支持，正是这些情境因素的交互作用才形成了社会企业的发展场域。而外部资源支持在社会企业可持续发展中占比最高，也从侧面反映出当前社会企业独立性相对较弱的现状，其发展很大程度上取决于外部因素而非自身的治理水平。

在二级指标中权威性资源、组织架构、配置性资源、受众满意度的影响力指标占比超过了0.1，其中权威性资源和配置性资源为一级指标外部资源支持的下属指标，组织架构和受众满意度分别为内部治理能力和社会效益的下属指标，通过二级指标可以部分反映出当前社会企业的可持续发展问题并不集中于经济领域，而主要在于其组织自身是否被广泛认可。社会企业是一个新兴的实践领域，自身定位和合法性问题始终影响着社会企业快速发展，当前社会企业的合法性危机主要来源于两方面：一是外部社会的承认，二是内部组织成员的承认。除了通过外部资源维持自身运行外，相比于具体业务上的功能性障碍而言，获得内外双向的认可的合法性障碍对社会企业实现可持续发展的影响更加重要。三级指标中身份认证和组织合作占比最高均接近0.1，也印证了影响当前社会企业可持续发展的主要因素是身份合法性和不同主体的支持，即权威性资源的欠缺，因此应该建立较高层次的社会企业认定机制和增加社会企业的社会资本，以解决当前社会企业的可持续发展困境。此外，专业水平和人才支持的占比较高也反映出社会企业中人员的主要矛盾——专业人员不足。企业需要在市场上吸纳人才来获取持续发展的能力，社会企业可以采用资源拼凑的方式，以企业的形式给予员工工资、福利、晋升等职业发展承诺，消除应聘者对社会组织薪资待遇等问题的担忧。但是，我国社会企业多为初创企业，相关资源比较欠缺，很难通过资源拼凑等方式有效解决人力资源问题，即使社会企业初创团队出于情感和社会责任等因素对工资等条件要求较低，但从长期来看，实现外部专业人才的精准和有效吸纳才是社会企业可持续发展的必经之路。综上所述，根据社会企业可持续发展能力评价体系中各指标的权重可以得知，当前社会企业可持续发展面临的主要问题集中于如何获取外部资源保证组织存续并被社会认可，再通过提升自身治理水平和改进商业模式获取经济效益，最终实现可持续发展。

四、结语

随着我国社会治理水平的不断提升，调动多元主体解决社会问题需要社会企业贡献更多的力量，作为一种新兴的混合组织，社会企业面临着多元制度逻辑共存带来的冲突与挑战，当前成功企业大多不囿于对现有资源的优化开发而是更多地追寻创新来实现发展，如何突破现有束缚实现可持续发展是社会企业面临的一个重要难题。本文以“投入—产出”为核心，构建了社会企业可持续发展能力的三级评价体系及具体指标，以社会企业已有研究为基础，遴选评价指标，采用文献分析法、层次分析法等方法确定指标体系和各指标权重，以期为我国社会企业的持续健康发展提供一定的理论支撑，为进一步有针对性的扶持社会企业发展打开新的思路。但本研究仍存在以下两个方面的不足：一是评价指标体系构建尚待改进。本研究构建的指标体系虽然是基于对现有研究成果的分析与归纳，并较为广泛地征询相关学科专家意见，但评价体系的建立仍存在继续完善的空间，指标的内涵和准确性仍有待加强。此外，社会企业可持续发展评价指标体系的构建是区别于传统需求测量的新尝试，其逻辑上的缺陷在于社会企业行为结果并不能完全揭示投入需求，即使综合考虑整体评价指标体系在一定程度上弥补了其缺陷，其准确性仍有待考量。二是需通过实证研究检验评价指标的有效性。进行实证研究的难点在于数据收集，本研究的调研对象主要集中在社会企业从业人员和高校专家，对政府相关工作人员等主体的数据相对欠缺，指标体系中部分数据需到各社会企业进行实地调研、现场实验和问卷调查，具有一定的难度。在未来的研究中，应继续挖掘评价指标，进一步精简评价指标体系，提高指标体系的可用性，并开展广泛调研以验证指标体系和评价框架的有效性。

（作者简介：邬庆超、施敏，上海工程技术大学硕士研究生）

我国社会企业研究热点及展望

李　宏　彭少峰

摘　要： 社会企业的研究对推动社会治理能力提升具有重要作用。借助 CiteSpace 知识可视化工具分析发现，我国社会企业的研究文献呈现出平稳增长的状态。重点研究主题为社会企业的内涵、社会创业、社会企业发展的影响因素、域外经验总结和本土实践经验。研究热点演化具有阶段性特征：2010 年及之前为酝酿期；2011 年至 2015 年为探索期；2016 年至 2021 年为发展期。中国特色社会企业的理论体系构建、实践路径探索以及内容方法创新是未来研究趋势。

关键词： 社会企业；社会创业；社会组织；可视分析化

社会企业发端于西欧国家，英国西北部城市罗奇代尔（Rochdale）成立的工人合作社被公认为是世界上最早的一家社会企业。欧洲经济合作与发展组织在其一份报告中认为，社会企业是指既利用市场资源又利用非市场资源以使低技术工人重返工作岗位的组织①。美国社会学家狄兹（J. Gregory Dees）提出了著名的“社会企业光谱”，即社会企业是在纯慈善（非营利组织）与纯营利（私人企业）之间的连续体。社会企业概念最先由学术界传入我国，被认为是一种介于公益与营利之间的企业形态，是社会公益与市场经济有机结合的产物②。社会企业在兴起之初以解决失业和贫困问题为主，后来逐渐扩展到环境保护、社区营造等领域，始终具有以解决社会问题为核心价值取向的特征③。随着中国社会发展的重心不断向社会建设转移，社会企业作为推动社会治理发展的新生组织形态，日益受到我国实务界和理论界的重视。新时代以来，在打造“共建共治共享”的社会治理格局部署下，我国社会企业进入了发展的新阶段。不论是从政策探索的角度，还是社会创新的层面，我国社会企业都走出了一条中国特色的发展道路④。我国社会企业研究已逐步开展，积累了一定经验与成果，但总体处于初步阶段。因此，在努力推进多元主体参与社会治理和乡村振兴的双重背景下，系统回顾当下我国社会企业研究的特点，全面总结过往成就和经验，展望社会企业研究未来的发展趋势，将不仅有利于我国社会企业的理论研究，而且有利于推动社会企业实践的发展。本文基于文献计量方法，分析总结其研究进展，热点变化和知识图谱特征，结合当下社会企业发展现状，提出了对既有研究的思考与展望。

---

① 王思斌．中国社会工作研究：第 1 辑［M］．北京：社会科学文献出版社，2002：197.

② 王名，朱晓红．社会企业论纲［J］．中国非营利评论，2010，6（02）：1－31.

③ 时立荣，王安岩．中国社会企业研究述评［J］．社会科学战线，2019（12）：272－280.

④ 罗婧．转型视角下中国社会企业的发展［J］．学习与实践，2019（08）：90－100.

一、方法与数据

本文数据以中国知网（CNKI）收录的所有有关社会企业研究的期刊论文作为文献来源。采用高级检索，在“期刊”这一限定条件下，输入主题词“社会企业”，来源类型为“CSSCI”，时间限定在2002年1月1日至2021年4月30日，检索时间为2021年5月6日，共检索到412条结果。经阅读筛选，精准剔除掉征稿启事、会议综述、述评、书评、人物简介、新闻报道等非研究文献，再去除重复记录及其他相关度不高的文献，最终获得271条有效文献，作为研究基础。

采用文献计量分析方法，运用文本分析工具可以对数量较多且内容繁杂的文献进行更系统地梳理。其中，CiteSpace的知识图谱分析具有良好的可视化效果，是目前国内外常用的专业文献分析工具之一。本文以CiteSpace5.7.R2软件为基础，结合文献阅读，通过描述和提炼该领域的研究热点及其发展变化阶段，进而显示出我国社会企业研究领域的发展进程，使得研究学者了解具体研究领域、关联关系和新的兴趣点。

社会企业作为一个学术议题获得越来越多的关注。从总发文量来看，相关高质量研究成果明显不足，发文量最多年份2018年也仅有33篇。这不仅反映学术界对此议题的关注度有限，也侧面反映出我国社会企业的实践发展还处于初生阶段，尚未形成规模。这与我国现阶段社会经济发展的阶段性以及政策支持环境尚不成熟有着紧密的关系。

二、研究热点与重要主题

（一）研究热点

文献关键词的供词特征可反映出研究的热点。关键词的共现频次决定了热点强度，关键词频次越多，热度越高，而关键词在共词网络中的关联关系决定了其中心性，关键词关联关系越强，该关键词中心性越大。笔者将CNKI中271篇CSSCI文献导入到CiteSpace5.7.R2软件，首先生成可视化图谱，在初始图谱中得到关键词Node = 613个，Links = 1219条连线，为便于观察和呈现，笔者选取排名前30的关键词（如表1-3所示）构成了我国社会企业研究的节点，也就是各位学者共同关注的学术热点，进而生成了当前社会企业研究的关键词共现知识图谱。节点“+”代表着社会企业研究中的一个研究热点，节点越大，说明研究越热。线条越粗、越明显，说明关键词之间的联系越密切，由此可聚类为一定的前沿热点论题。

表1-3　社会企业研究的关键词描述统计（前30）

序号	关键词	共现频次	中心度	序号	关键词	共现频次	中心度
1	社会企业	209	1.06	16	韩国	5	0.02
2	企业社会责任	28	0.06	17	社区利益公司	4	0.04
3	社会治理	26	0.05	18	企业家精神	4	0.04
4	社会创业	22	0.25	19	治理	4	0.03

续表

序号	关键词	共现频次	中心度	序号	关键词	共现频次	中心度
5	非营利组织	20	0.10	20	社会企业家精神	4	0.06
6	共益企业	19	0.00	21	资源拼凑	4	0.01
7	社会创新	12	0.06	22	机会识别	4	0.02
8	社会组织	10	0.07	23	公益创投	4	0.06
9	社会企业家	7	0.02	24	社会企业绩效	4	0.01
10	创新	6	0.03	25	政府	4	0.00
11	社会目标	6	0.02	26	市场化	4	0.03
12	社会经济	5	0.02	27	包容性发展	4	0.02
13	商业模式	5	0.02	28	合法性	4	0.03
14	日本	5	0.00	29	企业	3	0.01
15	第三部门	5	0.03	30	价值创造	3	0.02

从表1-3看出，在关键词共现频次方面，除社会企业、企业社会责任、社会创业、社会创新、社会组织、社会企业家、社会治理、非营利组织、共益企业几个基础研究热点关键词外，创新、社会目标、商业模式、日本、韩国等也是重要的热点研究关键词。在关键词中心度方面，社会企业是研究热点网络图谱的首要节点，社会创业、非营利组织是二级重要节点，而企业社会责任、社会治理、社会创新、社会组织、社会企业家精神、公益创投等核心重要概念也是起重要关联作用的节点。这表明上述研究热点在该网络中既是重要的研究议题，也对不同研究热点之间的联系起到重要作用。

该领域研究较为重要的主题可以归为以下三类：一是“非营利组织”“社会创新”“社会企业家”“社会企业家精神”等对社会企业自身内涵和价值的研究；二是“商业模式”“资源拼凑”“机会识别”“社会企业绩效”等回应外部政策环境和发展要求的研究；三是“日本”“韩国”“社区利益公司”等实践前沿和地域经验的研究。

（二）重要研究主题

1. 关键词聚类分析

研究聚类是在热点网络图谱基础上通过提炼总结形成研究主题，直观展示主要研究领域。其原理是通过图谱聚类算法生成知识聚类，并通过算法提取标签主题词，表征对应研究前沿领域①。本文对文献关键词采用对数似然率（Log-likelihood Rate，LLR）提取聚类标签。聚类后所得知识图谱Q值为0.8053，说明该聚类效果好；S值为0.9731，说明该聚类的高效率令人信服。本文从聚类所得到的67个单元中，按照聚类单元规模大小排序为前14的聚类进行展示，依次是社会企业（#0）、社会创业（#1）、非营利组织（#2）、社会组织（#3）、企业社会责任（#4）、韩国（#5）、社会企业家精神（#6）、政府（#7）、企业（#8）、社区利益公司（#9）、公益创投（#10）、指标体系（#11）、农业社会企业

① 陈悦，陈超美，胡志刚，等．引文空间分析原理与应用——CiteSpace实用指南［M］．北京：科技出版社，2014.

（#12）和社会目标（#13）。各关键词聚类的重叠性不高，说明这些研究关键词之间的关联性一般。

2. *重要主题*

近二十年来社会企业研究的热点词不断丰富和发展，但对于一些关键问题的讨论持续了多年。

（1）社会企业的内涵（聚类#0、#2、#3 和#6）

现有关于社会企业内涵的研究主要从社会企业的定义、特点和类型三个角度展开。尽管并未对社会企业形成统一的定义，但现有研究大都认为社会企业是介于公益与营利之间的企业形态，是社会公益与市场经济有机结合的产物①，其打破了传统商业组织和非营利组织的边界，把商业化的实践、手段和致力于解决社会问题的社会使命融合在一起②，是通过运用符合社会企业家精神的手段解决社会问题且社会目标不会轻易产生漂移③的典型的“混合组织”。在社会企业特征研究方面，现有研究认为社会企业具备以企业战略和社会目的为共同目标、组织形式的边缘性和跨组织性④、资金来源的复合性、创业动机的独特性⑤等基本组织特征。此外，社会企业还具有实行社会所有制、拥有多元参与的治理结构、实施有限的利润分配⑥、维护环境的永续发展和文化的完整性⑦、义利兼顾、机会导向和变通参与⑧等多个特征。

对于我国社会企业的类型划分则主要基于社会使命维度、组织形态维度、元素组合视角和行动路径四个维度。基于社会企业社会使命的维度，社会企业被区分为促进就业类、提供社会照料服务类、扶贫类、提供医疗服务类和教育发展类⑨；基于社会企业组织形态维度，社会企业被认为是公共经济型组织的统称，只要同时具备经营性和公益性特征，发挥经济、社会双重功能，就都是社会企业⑩；基于元素组合视角，我国社会企业被分为依靠稳定的外部资助实现财务可持续的公益型社会企业与全部通过经营收入或采取市场经营收入和外部资助相结合来实现财务可持续的市场型社会企业⑪；而根据行动路径，我国当前社会企业可以划分为“个体—社群”路径的“自力更生”型社会企业和“个体—社会”路径的“成人之美”型社会企业两种类型⑫。

（2）社会创业（聚类#1）

社会创业、社会企业是两个常被认为交叉出现的概念。关于社会企业与社会创业的关

---

① 王名，朱晓红．社会企业论纲［J］．中国非营利评论，2010，6（02）：1-31.

② 陆军，李佳巍．社会企业的财税支持政策：国际经验及启示［J］．学习与探索，2016（06）：84-91、159.

③ 赵萌，郭欣楠．中国社会企业的界定框架——从二元分析视角到元素组合视角［J］．研究与发展管理，2018，30（02）：136-147.

④ 时立荣．转型与整合：社会企业的性质、构成与发展［J］．人文杂志，2007（04）：181-187.

⑤ 胡亦武，石君煜．社会企业概念及发展探析［J］．贵州社会科学，2015（09）：126-131.

⑥ 潘小娟．社会企业初探［J］．中国行政管理，2011（07）：20-23.

⑦ 金锦萍．社会企业的兴起及其法律规制［J］．经济社会体制比较，2009（04）：128-134.

⑧ 刘志阳，王陆峰．中国社会企业的生成逻辑［J］．学术月刊，2019，51（10）：82-91.

⑨ 余晓敏，张强，赖佐夫．国际比较视野下的中国社会企业［J］．经济社会体制比较，2011（01）：157-165.

⑩ 时立荣．转型与整合：社会企业的性质、构成与发展［J］．人文杂志，2007（04）：181-187.

⑪ 赵萌，郭欣楠．中国社会企业的界定框架——从二元分析视角到元素组合视角［J］．研究与发展管理，2018，30（02）：136-147.

⑫ 罗婧．转型视角下中国社会企业的发展［J］．学习与实践，2019（08）：90-100.

系，现有研究认为社会创业本质上是在社会企业家精神支配下探索和开发社会机会，进而创建社会企业或新型公益组织的过程①。社会企业是社会创业最终形成的组织形式②，是社会创业创新的新路径、新平台③。我国学者对社会创业的研究主要从三个方面展开。一是社会创业的国外经验研究，主要阐述了社会创业的定义④和对国外文献的梳理推介⑤。二是社会创业过程与成长要素研究，围绕动机⑥、创业者经验⑦、机会识别⑧、资源整合⑨、社会拼凑⑩和合法性机制⑪等多因素进行分析。三是本土社会创业发展的研究，则结合中国制度特点和政治经济文化环境，从社会创业生态系统⑫、社会创业教育⑬、数字社会创业⑭和乡村振兴的社会创业模式⑮等领域开展深入研究。研究认为，在中国特有的文化情境下，社会网络构建是社会创业者重要的行动策略之一，资源拼凑是社会创业者采取的核心行动策略⑯。

（3）社会企业发展的影响因素（聚类#10 和#13）

我国社会企业发展的影响因素的研究主要可以分为内部因素和外部因素两个考察角度。内部因素方面，现有研究强调了创业拼凑⑰、创业者经验⑱、创业导向⑲、高管团队异质性⑳等因素对社会企业绩效、成长的影响，并高度肯定了社会企业家具有的强变革、创

① 刘志阳，李斌，陈和午．企业家精神视角下的社会创业研究［J］．管理世界，2018，34（11）：171－173.

② 刘玉焕，井润田．社会创业的概念、特点和研究方向［J］．技术经济，2014，33（05）：17－24、39.

③ 高传胜．社会企业、国有企业改革与社会创业创新［J］．人文杂志，2016（12）：103－109.

④ 刘玉焕，井润田．社会创业的概念、特点和研究方向［J］．技术经济，2014，33（05）：17－24、39.

⑤ 王晶晶，王颖．国外社会创业研究文献回顾与展望［J］．管理学报，2015，12（01）：148－155.

⑥ 刘振，肖应钊，张玉利．亲社会动机对社会创业双重导向的影响机理研究——市场化程度与工作经验隶属性的调节作用模型［J］．南开管理评论，2021，24（02）：184－194、213、195－196.

⑦ 汪忠，严毅，李姣．创业者经验、机会识别和社会企业绩效的关系研究［J］．中国地质大学学报（社会科学版），2019，19（02）：138－146.

⑧ 刘振，丁飞，肖应钊，崔连广．资源拼凑视角下社会创业机会识别与开发的机制研究［J］．管理学报，2019，16（07）：1006－1015.

⑨ 王晶晶，郭新东．企业社会创业动机的探索性研究——基于三家企业的案例分析［J］．管理案例研究与评论，2015，8（04）：340－351.

⑩ 汪忠，雷冬娣，唐苗．女性社会企业家创业动机、社会拼凑与反贫困创新绩效关系研究［J］．财经理论与实践，2020，41（06）：94－102.

⑪ 刘振，崔连广，杨俊，李志刚，宫一洧．制度逻辑、合法性机制与社会企业成长［J］．管理学报，2015，12（04）：565－575.

⑫ 汪忠，廖宇，吴琳．社会创业生态系统的结构与运行机制研究［J］．湖南大学学报（社会科学版），2014，28（05）：61－65.

⑬ 卢燕．社会创业生态下的大学生创业教育发展［J］．中国高校科技，2019（05）：58－60.

⑭ 刘志阳，赵陈芳，李斌．数字社会创业：理论框架与研究展望［J］．外国经济与管理，2020，42（04）：3－18.

⑮ 刘志阳，李斌，陈和午．社会创业与乡村振兴［J］．学术月刊，2018，50（11）：77－88.

⑯ 彭伟，于小进，郑庆龄．中国情境下的社会创业过程研究［J］．管理学报，2019，16（02）：229－237.

⑰ 赵玲，田增瑞．创业拼凑、机会识别与社会企业绩效研究——管家文化的调节作用［J］．科技进步与对策，2021，38（07）：115－124.

⑱ 汪忠，严毅，李姣．创业者经验、机会识别和社会企业绩效的关系研究［J］．中国地质大学学报（社会科学版），2019，19（02）：138－146.

⑲ 张秀娥，张坤．创业导向对新创社会企业绩效的影响——资源拼凑的中介作用与规制的调节作用［J］．科技进步与对策，2018，35（09）：91－99.

⑳ 李冬伟，吴菁．高管团队异质性对企业社会绩效的影响［J］．管理评论，2017，29（12）：84－93.

业和创新能力等个人特质对社会企业的创立和发展的重要意义。研究认为，社会企业家是当代社会的重要变革者和规划者，具有强烈的社会使命感和实现社会目标的献身精神，同时具有变革能力、创业能力和创新能力，是社会创新和变革的创造者①。但也有研究认为，个体成为社会企业家是一个过程，更多的是有关心理的过程，而不是“特质论”所宣扬的具备特定素质的人便极有可能成为社会企业家。个人不是社会创业行为的唯一决定者，社会创业行为是环境和个人互动的结果②。在外部因素方面，现有研究认为中国的社会企业不仅仅受到非营利组织社会价值和企业价值的影响，同时还受到政府价值③、关键事件④、社会创投⑤、政府权力边界划分⑥、群体多元化⑦等制度环境和经济社会文化环境因素的影响。

（4）域外经验总结（聚类#5 和#9）

现有关于域外经验的研究主要通过对各国（地区）推动社会企业发展的经验开展单案例或多案例的定性研究，在阐述各国的社会企业支持策略与效用的基础上，总结提出有利于中国社会企业发展的经验。总体来看，这些经验大致可以分为外部支持措施和内部创新措施两部分。根据支持的角度不同，外部支持措施又可以分为文化环境措施和制度环境措施。文化环境措施强调推动中国社会企业发展需要增强社会大众对社会企业的观念认同、大力弘扬社会企业家精神⑧、积极开展学术研究⑨和建立多元化的跨界合作机制⑩；制度环境措施则强调建立专业人才的培养机制、完善新的法人制度⑪、完善社会企业融资环境⑫、完善法律制度框架和制定有力的财税支持政策⑬、创建社会企业生态系统⑭等政策制度对推动社会企业发展的必要性。与研究外部支持措施的众多文献相比，关于内部自我创新推动社会企业发展的措施研究较少。仅有少部分研究提出社会企业自身可以通过自主治

---

① 严维佳．社会企业家的内涵与界定：基于社会创新的视角［J］．西北大学学报（哲学社会科学版），2013，43（05）：111－114.

② 高友江．个体成为社会企业家的驱动因素——基于文献的理论模型构建［J］．学习论坛，2019（10）：43－51.

③ 朱健刚．社会企业在当代中国的阶段定位与价值取向［J］．社会科学辑刊，2018（02）：69－77.

④ 厉杰，孙瑞杰．社会企业创立过程影响因素探究［J］．科学学研究，2020，38（09）：1647－1653.

⑤ 汪忠，詹旎萍，王爽爽．社会创投、资源获取与社会企业绩效关系研究［J］．财经理论与实践，2019，40（01）：84－89.

⑥ 李靖，马景惠，任庆伟．社会企业发展过程中的政府权力边界划分［J］．湖北民族学院学报（哲学社会科学版），2014，32（03）：45－48.

⑦ 宋程成，任彬彬．群体多元化与社会企业成长：基于结构起源视角的考察［J］．福建论坛（人文社会科学版），2020（06）：115－124.

⑧ 李德．发达国家（地区）发展社会企业对中国的启示［J］．上海师范大学学报（哲学社会科学版），2018，47（01）：71－77.

⑨ 金仁仙．韩国社会企业发展现状、评价及其经验借鉴［J］．北京社会科学，2015（05）：122－128.

⑩ 陈雅丽．香港社会企业的发展经验及启示［J］．理论月刊，2014（12）：186－188.

⑪ 金仁仙．日本社会企业的发展及其经验借鉴［J］．上海经济研究，2016（06）：28－35.

⑫ 韩文琰．社会企业融资：英国经验与中国之道［J］．东南学术，2017（03）：137－145.

⑬ 陆军，李佳巍．社会企业的财税支持政策：国际经验及启示［J］．学习与探索，2016（06）：84－91、159.

⑭ 李健．创造社会企业生态系统：泰国发展社会企业的经验和启示［J］．南京社会科学，2018（09）：76－82.

理①、审慎制定商业战略计划与财务计划、建立健全企业治理结构、营造良好的企业文化②推动自身发展。

(5) 本土实践经验(聚类#11 和#12)

现有关于中国特色社会企业的本土实践经验的研究大致可以分为发展脉络、有益经验两个部分。研究认为中国社会企业的实践探索，并不是在西方话语引入之后才开始的，中国历史上一直存在着类似的经济组织③。中国社会企业的生成经历了国营单位、福利企业、非营利组织、企业社会责任、社会企业等不同历史阶段，其产生是国家、市场和社会三方互动的历史结果，其思想根基是儒家义利兼顾思想，其制度基础是单位办社会体制和政府隐性期待，社会创业的大规模涌现是其直接市场条件，西方社会企业理念传播和中国市民社会发育则为其奠定了参与社会治理的基础④。此外，党和政府在我国社会企业的发展中发挥了引领性的作用⑤。

研究认为，我国社会企业在应对其核心发展议题(整合商业价值和社会价值上)具有特色的做法，即识别性制度和双轨式身份。社会企业通过采用"两块牌子"的资源拼凑逻辑来双重回应市场环境和制度环境⑥，轻资产运营⑦、交叉补贴、多元化、快速扩张与治理保障⑧是社会企业实现经济与社会双重目标平衡的重要策略选择。农民合作社是一种典型的本土化社会企业⑨。以张謇的"大生集团"为代表的中国近代"在地型社会企业"的经营模式⑩，是中国社会企业历史传承的研究样本。

三、研究热点演进

通过分析各时间序列的高频关键词，可将社会企业领域研究分为三个阶段：

第一阶段：酝酿期(2010 年及之前)

20 世纪初，受市场过度逐利引起的企业诚信危机影响，企业社会责任得到重视。针对这一问题，2006 年《中华人民共和国公司法》第一次对企业履行社会责任进行了法律规定并且正式施行，法律要求公司从事经营活动，必须遵守法律、行政法规，遵守社会公

---

① 梅锦萍，杨光飞．论社会企业的自主治理——域外经验及其对中国的启示［J］．南京政治学院学报，2017(05)：85－89.

② 韩文琰．社会企业融资：英国经验与中国之道［J］．东南学术，2017(03)：137－145.

③ 温铁军．中国生态文明转型与社会企业传承［J］．中国农业大学学报(社会科学版)，2019，36(03)：111－117.

④ 刘志阳，王陆峰．中国社会企业的生成逻辑［J］．学术月刊，2019，51(10)：82－91.

⑤ 罗婧．转型视角下中国社会企业的发展［J］．学习与实践，2019(08)：90－100.

⑥ 刘蕾，吴欣同．"两块牌子"：社会企业的资源拼凑逻辑——对市场环境和制度环境的双重回应［J］．东南学术，2020(05)：136－147.

⑦ 田蓉．轻资产运营：非营利组织社会企业化路径与反思［J］．福建论坛(人文社会科学版)，2019(10)：51－58.

⑧ 田蓉，Lucy Jordan. 非营利组织的社会企业化：模式与策略［J］．华东理工大学学报(社会科学版)，2016，31(04)：104－113.

⑨ 何慧丽，杨光耀．农民合作社：一种典型的本土化社会企业［J］．中国农业大学学报(社会科学版)，2019，36(03)：127－136.

⑩ 杜洁，董筱丹．中国近代社会企业的在地化经营——以张謇的大生公司为例［J］．中国农业大学学报(社会科学版)，2019，36(03)：118－126.

德、商业道德，诚实守信，接受政府和社会公众的监督，承担社会责任①。这一时期，社会企业主要作为一种兼具双重价值的特殊组织形式得到关注，研究的重点集中在阐述社会企业的概念内涵、厘定相关概念（如第三部门、非营利组织、社会组织……）之间的关系上，以此说明社会企业的地位和作用。研究认为，现代经济的第三部门中出现了社会企业家精神，它具有与传统的非营利和社会经济方法不同的一些特征，社会企业是一种新的实体或在已有的第三部门组织中出现的一种新动态②。我国的社会企业发端于非正规就业组织，扩展于经济企业，在非营利组织中演绎，是非营利体系中具备经济性的"结点"，它能够整合各类非营利组织的资源和运作③。社会企业在中国可以采取营利或者非营利两种模式，在帮助非营利组织免除经济方面的担忧的同时，有利于营利组织在追求经济利益的同时兼顾社会目标的实现④。总体而言，社会企业作为新兴的组织类型，在研究内容和技术方法上仍有待探索。

第二阶段：探索期（2011—2015 年）

在企业诚信危机的基础上，非营利组织对国家财政的过度依赖，贫困、养老、就业等社会问题的日渐暴露，社会企业作为一种解决三大部门失灵的可行方式受到更多关注。2011 年，北京市首次提出要积极扶持社会企业发展⑤。2014 年，由 16 家学术研究机构、基金会发起的中国社会企业与影响力投资论坛和联盟成立。这一时期，社会企业的研究发文量较酝酿期有了较为明显的增长，研究重点主要有以下几点：一是系统梳理英国、日本、韩国等国家社会企业的发展脉络，总结实践经验及对中国的启示⑥⑦。对域外经验的介绍早期主要来自英美两国，后逐渐向亚洲国家转变，以探讨不同制度文化下社会企业的发展异同。二是中国社会企业的发展现状与模式。研究分析了中国社会企业的发展存在认知、角色和践行三个方面的障碍⑧，面临规模难以扩张、绩效难以衡量⑨、缺乏相应的政策和制度支持、认知程度和信任度较低、市场运作能力和公益创新能力有待提高⑩等多重困境，指出了很多由非政府部门的力量创建的社会企业其所有制结构缺乏明确的社会取向或多元利益相关方取向，以商业企业形式注册的社会企业的所有权归股东所有，而非营利注册的社会企业则具有为"准政府所有"的特征。我国的社会企业可归纳为计划经济时期的社会保障性生产企业、社会事业服务性生产企业、生产自救性企业、社会改造性生产企业四种模式与市场经济时期的创业型社会企业和企业投资型社会企业模式⑪。社会企业

---

① 中华人民共和国公司法（2006 年新公司法全文）(mofcom. gov. cn). 2006 - 01 - 01.

② 雅克·迪夫尼，丁开杰，徐天祥. 从第三部门到社会企业：概念与方法［J］. 经济社会体制比较，2009 (04)：112 - 120.

③ 时立荣. 转型与整合：社会企业的性质、构成与发展［J］. 人文杂志，2007 (04)：181 - 187.

④ 金锦萍. 社会企业的兴起及其法律规制［J］. 经济社会体制比较，2009 (04)：128 - 134.

⑤ 中共北京市委关于加强和创新社会管理全面推进社会建设的意见［J］. 北京日报，2011 - 06 - 08.

⑥ 赵萌. 社会企业战略：英国政府经验及其对中国的启示［J］. 经济社会体制比较，2009 (04)：135 - 141.

⑦ 卞涛，周成礼，岳爱东. 英国社会企业的发展经验及其对我国的启示［J］. 未来与发展，2009，30 (09)：85 - 87、91.

⑧ 沙勇. 社会企业：理论审视、发展困境与创新路径［J］. 经济学动态，2014 (05)：49 - 56.

⑨ 李健. 破解社会企业发展的"中国式"困境：一个定价视角［J］. 中国行政管理，2015 (08)：121 - 125.

⑩ 南荣素. 我国社会企业的现状与创新［J］. 开放导报，2013 (02)：91 - 93.

⑪ 时立荣，徐美美，贾效伟. 建国以来我国社会企业的产生和发展模式［J］. 东岳论丛，2011，32 (09)：159 - 163.

的主要治理模式是管理人治理模式，同时也会运用吸纳治理模式的某些元素。少数情况下，也出现了管理人模式与利益相关方模式的混合并用①。总体而言，社会企业的研究在不断发展和关注本土实践情况。

第三阶段：发展期（2016—2021 年）

2015 年被看作是中国社会企业的发展元年②，除了业界的前沿实践，还有学界专家的共同推动。同年，国务院提出“大众创业、万众创新”政策，进一步激发了社会创新背景下的社会创业、社会企业研究。这一时期，社会企业研究的重点主要有以下几点：一是社会创业研究③④，阐述了不同因素对社会创业成长和发展的影响。二是非营利组织的社会企业化研究，分析了影响非营利组织转型的因素⑤，说明了非营利组织在转型过程中需要针对政府、公益和市场三种不同制度逻辑冲突做出组织的战略回应⑥，指出了服务收费模式和雇佣就业模式是当前社会福利领域非营利组织较为普遍的社会企业化模式⑦。三是社会企业成长与发展研究，关注了公益创投⑧、地理范围、注意力分配⑨等因素对社会企业使命漂移的影响，认为不同社会企业面临不同使命漂移风险，需要建立相匹配的治理模式⑩。四是中国特色社会企业研究，研究根据社会企业承担的利益相关者的责任，制定了我国社会企业评价的指标体系⑪。从外部合法性和内部合法性两个分类框架出发，探讨了我国社会企业合法性机制获得的路径选择⑫，并指出不同社会企业的发展路径虽然都是在运用商业模式探索解决社会与环境问题，但其路径选择的实质是基于不同的社会价值观⑬；从元素组合视角，提出了界定和区分中国社会企业的框架⑭。统而言之，社会企业的研究历经酝酿期和探索期的概念探索、情况描述等表层和宏观研究主题后，进行了研究主题愈发多元化、研究层次愈发深度化、研究内容愈发本土化的阶段，并具有持续向前发展之势。

---

① 余晓敏．社会企业的治理研究：国际比较与中国模式［J］．经济社会体制比较，2012（06）：137－149.

② 任珊．2015 年或迎中国大陆的社会企业元年［N］．京华时报，2015－2－2（C06）.

③ 刘志阳，李斌，陈和午．社会创业与乡村振兴［J］．学术月刊，2018，50（11）：77－88.

④ 刘志阳，赵陈芳，李斌．数字社会创业：理论框架与研究展望［J］．外国经济与管理，2020，42（04）：3－18.

⑤ 刘蕾，周翔宇．非营利组织转型社会企业因素研究［J］．福建论坛（人文社会科学版），2017（12）：24－31.

⑥ 葛笑春，刘虎，田雪莹，葛登科．多重制度逻辑下组织创业资源的识取——非营利组织转型为社会企业的案例研究［J］．管理案例研究与评论，2021，14（02）：192－204.

⑦ 田蓉，Lucy Jordan. 非营利组织的社会企业化：模式与策略［J］．华东理工大学学报（社会科学版），2016，31（04）：104－113.

⑧ 刘志阳，李斌，赵陈芳．公益创投对社会企业使命偏离的影响研究［J］．东南学术，2020（03）：143－152.

⑨ 刘志阳，庄欣荷，李斌．地理范围、注意力分配与社会企业使命偏离［J］．经济管理，2019，41（08）：73－90.

⑩ 金仁旻，刘志阳．使命漂移：双重目标压力下的社会企业治理研究［J］．福建论坛（人文社会科学版），2016（09）：15－21.

⑪ 沙勇．我国社会企业评价指标体系研究［J］．江苏社会科学，2013（02）：113－117.

⑫ 刘小霞．社会企业：合法性困境及出路［J］．学习与实践，2012（10）：95－103.

⑬ 朱健刚．社会企业在当代中国的阶段定位与价值取向［J］．社会科学辑刊，2018（02）：69－77.

⑭ 赵萌，郭欣楠．中国社会企业的界定框架——从二元分析视角到元素组合视角［J］．研究与发展管理，2018，30（02）：136－147.

四、简要结论与展望

本文以 2002 年 1 月至 2021 年 4 月 CNKI 数据库中的 CSSCI 期刊论文为数据基础，以可视化软件 CiteSpace 为研究工具，分析我国社会企业研究的进展与成果。从过去近 20 年的研究进展来看，我国社会企业研究成果多以定性研究为基础，重要的研究主题为社会企业的内涵、社会创业、社会企业发展的影响因素、域外经验总结和本土实践经验五个部分。我国的社会企业研究总体呈现出良好的发展态势，经酝酿期、摸索期进入发展期，预计未来很长一段时间内都将保持上升热度。但总体来看，高质量的研究成果并不算多，研究内容的深度和广大还有待进一步开拓。未来的相关研究可以向以下几个方面深入：

第一，社会企业的理论体系研究方面。如前文所述，以往研究将关注点更多地放在了概念内涵、经验借鉴与案例分析等较为浅层的描述分析研究，对关系性和整合性的本土概念体系、本土内涵等理论体系研究较为缺乏，使中国社会企业的研究处于不同程度的发散状态。因而，如何运用综合性、系统性和结构性的科学方法研究中国社会企业，全面系统地认识中国社会企业的本土特色和路线，推动中国特色社会企业的系统化、层次化和深度化研究，构建中国特色社会企业的理论研究体系至关重要。

第二，社会企业的实践探索研究方面。在厘清基本理论研究的进路基础上，以推动中国社会企业发展为核心的实践路径和逻辑研究将持续深化，社会企业研究的研究对象和地区逐渐深化，发展模式、国际经验、运作机制、商业策略等仍将是研究关注的热点。而数字创业、社区社会企业、农村社会企业等研究热点将成为重要的节点。这一研究趋势的推测也可以给予社会企业实践者一些方向性的实践启示。此外，中国特色社会企业的实践探索还应将社会企业应急突发事件考虑在内，如疫情、灾情和险情等，探索建立中国特色社会企业参与治理的运作模式和可行策略，这将有利于推动社会力量参与应急突发事件的处理效率和质量提升。因而，从社会企业应急突发事件的角度探究中国特色社会企业的实践路径也十分必要。

第三，社会企业的内容方法研究方面。目前仍以中国社会企业的学理分析为主，涉及实证调查、实证研究和实证分析的研究成果数量不多。当前中国社会企业研究已进入深化发展阶段，并形成了以推动中国特色社会企业参与社会治理能力提升为主线的实践路向，学术研究也应更多地从宏观理论诠释进入微观实证研究。因而，通过收集翔实的田野调查材料，运用多种的实证分析方法和借助量化的数据运算工具进行规范性的实证研究分析，为中国社会企业提供必要的实证数据支撑，将成为理性研究的重点研究趋势。

（作者简介：李宏，湖南师范大学硕士研究生；彭少峰，湖南师范大学副教授）

社会企业参与社会救助的困境与出路

陈 律

摘　要：社会企业参与社会救助是充分发挥社会企业能动作用，创新社会救助方式的一种有益探索和尝试，具有十分重要的意义。当前社会企业在中国一些城市已经付诸实践，一定程度上改善了部分弱势群体的就业、赋权以及社会排斥问题，提高了生活质量。但整体来看，我国社会企业在参与社会救助过程中还面临驱动力不足、吸引力不强、影响力不够等诸多现实困境。归纳提炼我国社会企业助推社会救助事业发展的政策建议，形成一个政府扶持、企业革新、数字赋能、社会参与的支持路径体系，以期突破现有困境实现创新发展。

关键词：社会企业；社会救助；弱势群体；社会排斥

社会企业是运用商业手段来解决社会问题，商业与公益相结合的一种创新型社会组织形式。充分发挥社会企业在社会救助领域的能动作用，多方面激活社会帮扶力量，是创新社会救助方式的一种有益的探索和尝试。

一、社会企业参与社会救助的重要意义

（一）从社会救助的客观需求来看，社会企业参与社会救助是现阶段有效落实《关于改革完善社会救助制度的意见》的重要举措

社会救助事关困难群众基本生活和衣食冷暖，是保障基本民生、促进社会公平、维护社会稳定的兜底性、基础性制度安排。中国社会救助制度经过70年的发展历程，逐渐实现救助项目由小到大、救助标准由低到高、财政支出由少到多和救助覆盖人群由特殊向普通人群拓展等巨大变迁。政府在社会救助方面承担着主要的责任，但随着救助范围的扩大、救助标准的提高以及救助人员的增多，我国社会救助的财政负担日益加重。2020年，中央两办印发的《关于改革完善社会救助制度的意见》提出，要“加快构建政府主导、社会参与、制度健全、政策衔接、兜底有力的综合救助格局。以基本生活救助、专项社会救助、急难社会救助为主体，社会力量参与为补充，建立健全分层分类的救助制度体系”。为了促进社会救助制度的可持续发展，实现救助质量、效率的有效提升，社会企业所蕴含的潜能不失为参与社会救助的“有效补充力量”。

（二）从社会企业的救助方式上来看，社会企业能让社会救助从传统“授人以鱼”的被动救助到“授人以渔”的积极救助跨越

无论是基本的生活救助还是医疗、教育、住房、就业、受灾人员等专项救助以及临时救助等，传统的对弱势群体的社会救助方式往往偏重于政府的“给予”和“帮扶”。特别是与低保制度相配套的政策越多，其吸引力就越大，导致救助对象中一部分有劳动能力的人员，不愿意通过自己的努力和劳动获取就业机会和报酬，想尽办法入围低保范围，这无形中助长了“福利依赖”，也违背了社会救助的初衷和使命，增加了政府财政压力。社会企业虽与社会救助有着帮助弱势群体改善生存状况以及提升社会福利的一致性，但社会企业救助与传统救助有显著区别，它提供的积极救助强调发挥个人的主观能动性。一方面，通过提供就业机会，让一部分救助群体获得“工作福利”，使其自力更生，减少社会排斥，获得尊重，提高社会共融性；另一方面，可充分发挥救助的叠加效应，在为一部分弱势群体创造工作机会的同时，生产产品与产出效益可以服务于当地其他弱势群体，让弱势群体在自助的同时帮助到更多的人。

（三）从社会企业参与社会救助已经和将要产生的作用来看，无论是对于社会企业本身、社会救助对象还是社会进步和发展都可产生积极成效

对于社会企业本身来说，一方面，通过参与市场公平竞争实现盈利和扩张，创造的经济价值可促进社会企业扩大自身再生产，为救助群体提供可持续的、实质的帮助和福利；另一方面，社会企业通过参与社会救助，在服务模式上可探索形成长效性的、规模性的救助解决方案与实践，并可在行业领域发挥良好的示范引领作用，整合资源、打响品牌，推动社会企业的发展和进步。对于救助对象而言，社会企业的参与可以提升救助对象的自我发展能力。为困难对象提供一种改变初始要素配置的途径（如贷款、就业等），通过社会企业使困难对象成为供应商、客户或所有者，或成为价值链管理上的合作伙伴等，形成合作伙伴关系（特殊的债权债务关系、雇佣关系等）帮助其改善自身经济状况和精神面貌，形成长效关怀。对于社会的发展进步来看，通过社会企业积极参与社会救助，不仅将引领带动其他企业积极参与介入社会救助，承担更多的社会责任；而且将带动地区的就业增长、税收增收、环境优化、民生改善等，在促进社会救助事业进步基础上，推进地区经济和社会发展的包容性和长效性。

二、当前社会企业参与社会救助面临的问题与挑战

社会企业在中国北京、深圳、成都、顺德等一些城市已经付诸实践，如北京的中和农信项目管理有限公司、深圳的残友集团、上海市社会创新孵化园、阿坝州妇女羌绣就业帮扶中心、顺德的“永亮善品”“观效文化”等社会企业，在扶贫帮困、残障人士就业、教育帮扶、文化交流、社会养老等领域取得了一定的成效，某种程度上改善了部分弱势群体的就业、赋权以及社会排斥问题，提高了生活质量。但整体来看，在其参与社会救助的过程中会遇到一些瓶颈和障碍，面临诸多的现实困境。

（一）社会企业驱动力不足，救助效果难以保障

社会企业在中国的发展还处于起步阶段，主要受发展历史和政策因素的影响，一是法律地位不明确，让社会救助实践不能在相关法律的规范下进行。英法美等国家都制定了较

为成熟的法律制度规范社会企业的行为，与这些国家相比，我国暂且未有专门的法律制度对社会企业进行规范和约束。纵观全国，只有北京、成都、顺德等少数城市出台了相应的政策意见或认证标准，我国大部分地区的社会企业面临缺乏官方认可、政策支持、税收监管、人事保障等方面的诸多制度困境，更遑论对社会企业在参与社会救助过程中的地位与责任做出明确规定，这也让社会企业在参与社会救助的过程中难以发挥优势。二是社会企业本身资源有限，让其开展社会救助“心有余而力不足”。政府是社会救助的首要主体，在社会救助领域的资源动员能力和直接管理能力强大，而社会企业由于自身特性和制度的制约，满足救助对象不同救助需求的能量有限。参与社会救助的社会企业也不同于拥有雄厚经济实力、专业高效商业运作的一般企业，以及拥有相对成熟救助经验、相对多样组织形态、相对完善组织机构的非政府组织，他们比社会企业更容易发挥资源优势、技术优势、组织优势和效率优势，取得实质性救助成效。社会企业自身特性决定了其缺乏稳定的资金来源且经济效益较差，支持社会企业成长的金融机构、金融工具和资金渠道相对较少，自有资金与战略刚性的限制也限制了其整合外部资金的能力。

（二）社会企业吸引力不强，相关人才难以胜任或流动性大

人才是企业发展的灵魂，是推动企业发展的核心竞争力。而社会企业家和社会企业中救助人才的培养是一个持久、复杂的过程，不可能一蹴而就。一方面，社会企业家是一种稀缺资源。在当今传统社会文化背景下，社会企业家不仅需要胆量、勇气、智慧，还要将公益作为一个事业，不计回报，勇于付出和担当，真正为弱势群体谋福祉。对社会底层关注深度不够、格局不大、视野不宽都难以成为真正的社会企业家。既有公益理念，又有管理经验，还有经商头脑的社会企业家的培养仍然任重而道远。另一方面，社会企业缺乏精通社会救助的专业人才。我国社会企业的从业者主要有专职工作人员、兼职工作人员、志愿者等，专职工作人员中有相当部分聘用的是本身即为低技能、低学历或残障人士等，自身尚需救助和指导，自然也无法成为参与社会救助的主要力量；而兼职工作人员和志愿者，本身流动性较大，即便对参与社会救助工作充满热情和抱负，但因缺乏经营社会企业的专业知识，没有救助领域的相关知识储备，无法充分满足社会救助项目的运营管理要求，导致无法长期坚持，最终影响社会企业参与社会救助的效果和社会企业的可持续发展。

（三）社会企业影响力有限，救助规模效应难以形成

中国社会企业尽管不断发展，在就业扶持、反贫困、助残养老等救助领域形成了一股推动和保障力量，但我国社会企业目前的发展仍处于起步和成长阶段。不仅整体规模较小，而且具有影响力的社会企业品牌为数不多，社会企业分布不均衡，一、二线等大中城市偏多，如北京、上海、深圳、广州、成都、昆明等，小城市和农村地区的社会企业偏少，在一些城市和乡村甚至没有真正意义上的社会企业。社会企业参与领域非常广泛但比较分散，具有一定的不均衡性。据上海交通大学中国公益发展研究院联合社会企业服务平台（CSESC）向全国发放的“中国社会企业行业调查问卷”显示，依据社会使命划分，中国社会企业所涉及领域涵盖弱势群体、青少年儿童、无障碍服务、社区发展与服务、农村发展、生态保护、养老、文化保育与艺术发展、医疗卫生、公益支持、妇幼家庭、互联网、公益金融等众多领域。加上近年的“慈善丑闻”引发了公众对“营利”和“慈善”

相结合运作模式的质疑，导致政府支持力度不大，社会参与不多，广大民众了解不够，因而缺乏相对优势和发展空间，难以发展壮大。社会企业介入救助难以形成规模效应，无法进行较好的经验推广和救助模式创新。

三、社会企业积极有效参与社会救助的对策建议

社会企业参与社会救助对政府主导的社会救助体系能起到很好的补充作用，学习借鉴各国成功经验为我国培育、规范和引导社会企业参与社会救助提供了非常有益的启示。我国应加大政府扶持力度，建立和完善社会企业发展的相关法律法规和政策体系，改革创新促进社会企业自身建设，聚焦数字赋能提高社会企业精准救助能力，对外宣传社会企业的救助功效，为社会企业参与社会救助营造良好制度环境、发展环境、信息环境和舆论环境。

（一）强化政策法规支撑，为社会企业参与社会救助营造良好制度环境

一是建立和完善社会企业发展的相关法律法规。法律法规是保障社会企业合法性地位的应有之举。应尽快以法律法规的形式对社会企业的内涵性质、组织章程、组织架构、权利义务、法律地位、法律责任、管理制度等做出明确规定，为社会企业的合法化发展提供赖以指导的根本依据。二是利用可测量的受助人数、员工保障、工资水平、福利待遇、企业发展、社区服务等作为评估指标，制定和建立科学合理的评估办法，衡量社会企业参与社会救助的效果，奖优罚劣，促进社会企业参与的社会救助事业的健康发展。三是加强社会企业认证制度、监督制度、管理制度、财税制度等体制机制的建立和完善，对社会救助有特殊贡献的社会企业可放宽注册审批条件，并采取政府采购、税费减免、直接补贴、项目补助、劳务费援助、人员培养援助、投资基金等措施予以支持和鼓励，还应注重加强对社会企业救助项目的资金来源、使用情况以及利润分配的监督和管理，以确保其运行的公开、公平、公正。

（二）促进企业自我革新，为社会企业参与社会救助营造良好发展环境

一是加强社会企业内部治理结构的建设。在社会企业内部设立理事会、监事会，对内可充分发挥职工的积极性和主动性，促进企业内部民主和谐发展；对外可增加组织机构在社会上的透明度和公信度，加强外界对社会企业的了解和认可。社会企业内部还可加设“社会企业事业部”，社会救助事业归口该部门管理，为广大困难群众、弱势群体服务。二是积极成立社会企业的“次级组织”促进社会救助事业发展。建立以社会企业孵化中心、社会企业行业联盟、社会企业互助组织、基金会、信贷联合会等形式多样的、服务社会企业的“次级组织”，不仅为社会企业提供金融服务，也提供社企管理、人才培训、政策咨询等服务，赋能救助对象实现自主创业、自力更生。三是加强专业救助人才和社会企业家的培养。对于社会企业聘用的工作人员，通过提资加薪、福利政策、奖励计划、职业晋升、在职培养等方式，吸纳社会上优秀的社会工作专业人才进入社会企业队伍，以提高员工的救助服务能力和整体专业素质；对于社会企业家的培养，需政府相关部门加大与各大高校、职业院校合作力度，不仅开发针对社会企业家的系列课程，还应将教学与实践相结合，建立社会企业家培养基地，通过邀请专家讲座和成功的社会企业家传播分享在救助领域的实战经验等方式加速社会企业家成长。

（三）聚焦信息平台打造，为社会企业参与社会救助营造良好数字环境

困难群体由于年龄、身体、家庭等各种原因，导致自身知识水平有限和能力缺乏，无法及时掌握政策信息，缺乏有效求助渠道，被称为“沉默的少数”。社会企业可通过引入大数据、人工智能、区块链、云计算等新技术手段，一是积极与当地民政部门管理的社会救助对象信息、工商部门管理的市场机会信息、各政府部门的政策变动信息等信息平台对接，建立源头筛选甄别平台，做到经济信息有效核对、家庭状况动态跟踪、救助对象统一认定，为社会中缺乏能力或缺少权利的救助人群量身定制，实现被救助群体的精准识别；二是联合多部门、多企业以及非政府组织等相关机构打造集信息发布、渠道对接、协同救助、在线反馈、救助评估等为一体的社会企业协同救助平台，使其成为社会企业与政府部门、商业企业、专业机构、非政府组织等在社会救助领域沟通互助的桥梁，实现社会企业主动找人、服务精准到人，为被救助群体织就一个严密的、互帮互助的社会企业大救助网络；三是建立健全社会企业参与社会救助的“救急难”快速响应反馈平台。社会企业可依据救助人群的困难程度、困难类型、轻重缓急实施类别化、差异化救助，让困难群体求助有门、受助及时，打造精准救助、高效救助、温暖救助、智慧救助的社会企业典范。

（四）持续加强对外宣传，为社会企业参与社会救助营造良好舆论环境

尽管中国社会企业在扶持、救助弱势群体方面做出了一定成绩，但普通民众由于接触不多，了解不够，对社会企业知之甚少甚至一无所知。持续加强对外宣传，让民众发自内心支持和认可社会企业参与社会救助事业，是营造良好社会舆论环境的重要一环。一是充分发挥社会企业内部员工的作用，分享弱势群体、志愿者、兼职工作者、董事会成员等不同背景职工的亲身体验，多层次、多视角、多方位宣传社会企业参与社会救助的初心使命、理念宗旨和社会价值，提高公众对于社会企业社会救助功效的了解和认知；二是充分发挥社会企业家群体能力突出、信息灵通、人脉广泛的多重优势，让公众逐渐了解社会企业家在加强与政府部门、商业企业和非营利组织等利益相关部门建立共同合作关系、帮扶弱势群体中所发挥的独特作用，吸引公众对于社会企业家精神的推崇和认可；三是要充分发挥各级地方党委政府的宣传引导作用，运用线上线下等多种形式，对外讲好社会企业发展壮大的故事，讲好残疾人等弱势群体平等就业、实现自我救助与可持续发展的故事，讲好品牌社会企业解决穷人失业、实现创业创新的典型故事，引导个人、家庭、社群和社区主动服务社会企业的社会救助实践，从而获取最广泛的支持与理解。

（作者简介：陈律，湖南省社会科学院助理研究员）

后疫情时代社会企业可持续发展研究

马玉君　李文静

摘　要：社会企业是运用商业手段解决社会问题的创新性组织。近年来，我国社会经济飞速发展，也带来了诸多的社会问题，社会企业在解决社会问题中发挥了重要的作用。与国外相比，我国社会企业的发展条件尚不成熟，法律制度不完善，官方支持力度不足，加之新冠肺炎疫情的影响，新的社会问题的出现，使社会企业运营受到严重冲击的同时，也面临着新的机遇。本文通过对中国社会企业发展现状的分析和梳理，提出后疫情时代社会企业发展的措施，为我国社会企业可持续发展提供建议。

关键词：后疫情时代；社会企业；可持续发展

随着新冠肺炎疫情得到有效控制，我国进入后疫情时代。受疫情的影响，我国国民经济下滑，社会发展变慢，后疫情时代也是国民经济的复苏时代。疫情影响之下，中小企业面临着发展困境和生存难题。中国科学院的一项数据显示，受新冠肺炎疫情影响，31%的企业2020年营业收入下降幅度超过50%。这其中的社会企业大部分处于初创期，规模相对较小。新冠肺炎疫情席卷全球，世界经济受到冲击，我国也未能幸免于难。面对社会环境的突变，社会企业被迫改变经营方式或开发新的产品和服务，以实现持续运营。社会企业为实现自力更生和可持续发展，不仅需要政府政策和资金的支持，而且需要企业自身的创新和管理。本文基于后疫情时代我国社会企业的发展现状，并结合笔者在韩国的学习经历及博士论文的研究成果，对我国社会企业如何实现可持续发展提出几点建议。

一、社会企业的界定

对于社会企业的界定，不同的学者有着不同的观点。我国学者时立荣（2005）强调，社会企业是一种新型组织，担负着经济提供与社会公益支持的双重任务，它包含社会福利企业但又超越“剩余”含义，是未来社会公益的主角。王名、朱晓红（2010）提出，社会企业是活动于社会领域中，在特定法律规范下致力于社会创新并以创造社会效益为目的的企业。许广永（2012）从市场营销角度切入，认为社会企业是以解决社会问题为导向，向顾客提供商业企业不会供应的、达不到市场利润水平的产品与服务的特殊企业。

结合以上学者的观点，本文认为社会企业是运用商业的手段，使用创新性的方法，解决社会问题的新型组织，它以实现社会目标和社会价值为首要目标，具有非营利组织和企业的双重属性。

二、社会企业发展的现状分析

社会企业在中国仍然是一个新事物。2004 年，英国社会企业组织来访中国，社会企业开始进入中国视野。近 20 年的时间，实务界结合中国国情和国外先进案例经验，致力于中国社会企业的发展，取得了一定成果，但是也存在一些问题。结合不同学者和专家对中国社会企业研究，笔者总结了目前中国社会企业发展现状：

（一）多数社会企业处于初创期，资金来源单一，融资困难

在我国，多数社会企业处于初创期，《中国社会企业与社会投资行业扫描调研报告 2019（简版）》显示，44% 的受访社会企业成立于 2015 年及以后，成立时间较短。同时，86.1% 的受访社会企业中原始资本主要来自社会企业家本人，社会企业成立后，融资规模有限，融资能力低。在社会企业发展的不同阶段，商业创投机构，新兴的社会投资机构和传统的商业银行均未成为我国社会企业的主要融资来源。可见，中国社会企业面临着成立时间短，经营经验不足，资金短缺的困难。然而，政府部门尚未单独为社会企业安排资金和预算，缺乏必要的金融政策扶持。

（二）法律不健全，政策不完善，地区发展不平衡

我国尚无社会企业的官方法律制度和官方认证办法。2015 年由五家学术机构在第四届中国慈展会上联合发布《中国慈展会社会企业认证办法（试行）》，这是我国第一个民间性、行业性的社会企业认证办法。随后，出现了《成都市社会企业评审认定管理工作试行办法》和《北京市社会企业认证办法（试行）》等民间认证办法。社会企业认证方法的出现，加速了地方社会企业的发展。社会企业支持机构（孵化机构）较少，基本集中在社会企业发展较好的北京、上海、广州、成都等地区，这在一定程度上造成了我国社会企业发展的地区不平衡性。

（三）专业教育不足，专业人才的缺失

企业的发展靠人才，人才的培养靠教育。现如今，社会经济学已经进入大学，并成为一门独立的学科。虽然近几年有关社会企业的学位论文逐渐增多，但却集中在少数的研究团队，其中包括电子科技大学王冰洁教授和湖南大学汪忠教授团队等。可见，我国社会企业专业教育不足，人才培养方面有所欠缺。

（四）受疫情影响较大，被迫转变经营方式

据《2020 年初中国社会企业生存状况的调研报告》显示，67% 的社会企业认为受疫情影响很大，导致经营出现困难，有的出现经营暂停甚至有倒闭的风险。66.07% 的社会企业认为疫情对市场销售产生了较大影响，高达 83.33% 的社会企业认为疫情对市场影响最大。同时，调研还发现，不同的行业受到的影响不同，特别是线下教育机构出现生存危机，被迫从线下转到线上，开发线上产品和服务，满足企业运营需求。大多数社会企业倾向于采取三种应对措施：“开源节流”，“调整产品/服务方案，开发线上服务解决方案”和“启动线上协同工作解决方案”。

三、社会企业可持续发展的建议

纵观全球新冠肺炎疫情，特别是国外疫情依然严峻，很多国家抗疫大方向从“清零”

转变为“与疫情共存”，疫情防控走向常态化。疫情对国民经济的影响是破坏性的，特别是中小企业等生存能力较弱的企业，更是面临生存危机。既然无法短时间内战胜疫情，那么作为中小企业的社会企业，要做好抗疫常态化准备。因此，社会企业要积极探索自力更生、可持续发展的路径。

笔者正在韩国学习社会经济专业博士课程，系统学习了社会经济的理论课程和国外先进案例，参观和考察了韩国社会企业及社会企业孵化支援机构，对社会经济和社会企业有了较为深刻的认识。2007 年《社会企业育成法》的出台，使韩国成了亚洲唯一一个有社会企业专门法律的国家。韩国社会企业规模较小，主要以解决弱势群体就业为目标，有残疾人经营的面包店，有老年人经营的咖啡馆，有农产品直营超市等。这些小型的社会企业雇佣人员少，销售回本快，运营成本低，在政府短期资助停止后，仍能自力更生。在疫情防控常态化的环境下，结合中国社会企业发展现状提出以下建议，以促进社会企业可持续发展。

（一）借鉴韩国的发展模式，尝试发展小规模社会企业

企业规模大，运营成本高。虽然中小企业在发展过程中，会面临诸多的问题，但是对于社会企业而言，其本身并不以营利为目的，它以解决社会问题和满足弱势群体的需求为目标。我国社会企业的发展，可以借鉴韩国社会企业的发展模式，在政府的支援下，成立小型社会企业，以销售日常生活快消品为主要经营项目，雇佣较少的员工，降低成本，收益立竿见影，短期内实现自力更生。这些与民生相关的小型社会企业，不仅能在一定程度上解决人们日常生活需求，又能解决弱势群体的就业，比如妇女、残疾人或老年人等。

（二）开发新产品/服务，提供公益服务，提高社会企业知名度

疫情对社会企业的冲击较为明显，特别是一些线下的实体企业被迫转变经营方式，开发新的产品和服务。同时，疫情引起的社会问题，激发了社会企业家更多创新想法，并将其付诸实践，如深圳市博沃思教育开通公益心理咨询热线，针对疫情发展、居家隔离、假期延长造成的亲子矛盾、学业压力增加等引发的一系列心理问题提供公益咨询，同时提高社会企业的知名度和品牌认知度，为社会企业可持续发展奠定基础。除此之外，孤独症康复机构恩启在疫情防控期间利用恩启社区、抖音及快手平台，为孤独症全行业免费提供价值 5000 万元的公益课程；倍能公益免费向行业开放支持性工具，帮助社会组织、社会企业规范管理体系，包括项目管理和风险应对机制，更好地提升组织能力。以此看来，疫情的发生一方面阻碍了社会企业的运营和发展，另一方面社会企业家通过创新的手段解决新的社会问题，促进社会企业开发新的项目和产品，满足社会需求，促进可持续发展。

（三）构建社会企业发展的多元外部支持体系，提供外部支持保障

国内外经验表明，社会企业的发展都离不开政府和社会的支持。首先，政府部门等可以借鉴韩国等国家社会企业发展经验，结合中国社会企业发展的情况，制定社会企业发展的相关法律法规，保障社会企业在法律范围内运行；其次，加强各地区各行业社会企业的交流和协同合作，完善各地社会企业认证制度，推动社会企业在各地区的均衡发展；最后，利用中间支持机构或企业孵化机构，为社会企业提供资金支持，解决社会企业的融资困难。

（四）为员工提供更多的组织支持，促进社会企业组织绩效的提高

笔者在博士论文中，探析了管理学变量组织支持感对社会企业组织绩效的影响机制，通过实证分析得出结论：社会企业员工感知的组织支持会促进组织绩效的提高。因此，社会企业要加强对员工的组织支持，包括工作支持、价值认同和利益关心，使员工感知到更多的组织支持，激发员工的组织承诺，减少离职倾向，同时促进社会企业组织绩效的提高，有利于社会企业实现可持续发展。

（五）企校联合，培养社会企业家，培育社会企业专业人才

挖掘有经验的创业者，培养社会企业家，鼓励社会企业与高校和研究中心合作，培养具有管理、营销、慈善等知识，同时兼具创造社会价值和自我造血能力的社会企业家。在高校开展社会创新课程，或者通过举办论坛和竞赛等，向大学生传播社会企业的理念，培养专业化的社会企业发展人才，为社会企业提供人力资源，提升社会企业经济绩效。

四、小结

中国社会企业的发展有着鲜明的中国特色，是改革开放不断深化条件下社会主义市场经济发展的必然结果。后疫情时代的到来，新的社会问题出现，对国家和社会都是新的挑战，社会企业受到疫情的冲击后，开发新的产品和服务，改变经营方式，通过提供公益服务，提高社会企业品牌知名度，为社会企业可持续发展奠定基础。同时，后疫情时代的到来，更加凸显了我国社会企业发展过程中的其他问题。相关法律法规不健全，认证标准不统一，融资政策不完善，地区发展不平衡，各地区之间的协同合作能力较差，这些因素增加了后疫情时代中国社会企业发展的困难。因此，社会企业为实现可持续发展，要不断加大外部环境支持力度，建议政府等相关部门，完善社会企业的相关法律政策，给予社会企业清晰的概念界定，避免社会企业发展过程中使命漂移；建立第三方支援或孵化机构，解决社会企业的融资困难问题；强化各地区各行业社会企业之间的相互交流与协同合作；培养社会企业家和社会企业发展的专业人才，为社会企业提供源源不断的人力资源。除此之外，员工是企业重要的利益相关者，社会企业要为员工提供更多的组织支持，促进员工对社会企业组织的情感承诺，减少离职行为，激发员工角色外行为，促进员工绩效的提高，从而提高社会企业组织绩效，推动社会企业可持续发展。最后，可以借鉴国外会企业的发展经验，打破传统的认知模式，尝试建立中小型社会企业，探索实现社会企业自力更生的新模式。后疫情时代社会企业的发展，不仅需要企业自身的自力更生，而且需要企业外部资源的支持，只有内外共同作用才能实现中国社会企业的可持续发展。

（作者简介：马玉君、李文静，韩国又石大学博士生）

社会企业发展与共同富裕

社会企业与第三次分配

廖卓娴

摘　要：社会企业的最大特点是其具有价值选择和社会使命，把创建最大的社会效益与企业管理方法进行创新性的结合。国内外学者研究从社会企业概念阐释出发，基于社会企业性质类型划分，分析研究了社会企业的价值选择，从而进一步探讨了社会企业的使命。随着我国共同富裕目标的实施，社会企业未来发展价值与使命紧紧围绕第三次分配的发展，在第三次分配中发挥主导作用。

关键词：社会企业；价值使命；第三次分配

社会企业作为一种以商业形式和社会目标相结合运营的社会经济形式，为社会弱势群体的生存发展提供了很大的支持，在一定程度上缓解了福利国家的困境。社会企业一词2004年引入我国，伴随着我国政府职能转变和市场经济的发展，社会企业逐渐成为新型的社会组织主体。中国超过50%的社会企业是在过去5年内建立，大多仍处于初创或者成长阶段，这些企业增速较快，正在成为解决中国实际社会问题的新兴力量。截至2018年，四届中国慈展会社会企业认证累计有1351家机构申报，其中有234家社会企业获得认证。社会企业在努力创造经济利益、保持可持续发展的过程中，其最大的特点是具有价值选择和社会使命，把创建最大的社会效益与企业管理方法进行创新性结合。社会的价值选择是社会企业家们创办社会企业的初心，承载着各自对社会企业不同的理解。国内外学者研究从社会企业概念阐释出发，基于社会企业性质类型划分，分析和研究了社会企业的价值选择，从而进一步探讨了社会企业的使命。

一、社会企业的内涵界定与分类

社会企业这种新型组织形式在世界上大多数国家普遍存在，但由于认识角度和各自的立场不同，世界各国无论是政界、实务界还是学术界，对社会企业的内涵定义都有不同的见解。

（一）社会企业内涵界定研究动态

社会企业的概念发源于欧洲和美国，但由于文化和历史背景有所不同，对社会企业的理解各有侧重，其社会企业的内涵也有所差异。在欧洲，社会企业最初是用来重新推广合作社，社会企业在民主参与的框架下，由社会合作社提供工作机会或特定公共服务。在美国，社会企业主要是指非营利组织开展营利性的创收活动。美国社会企业实务界在使用“社会企业”一词时，更多的是强调非营利组织的创收战略。“社会企业杂志在线”将社会企业定义为社会创业家个人、非营利组织或公私合作开展的使命导向的创收或创造工作机会的项目。“社会企业联盟”将社会企业定义为为了支持慈善使命，非营利组织开展的任何形式的创收业务或战略。

社会企业在西方发达国家和部分发展中国家如火如荼地兴起，在我国学术界和产业界也逐渐掀起一股新潮。我国社会企业最早出现在1994年，中国社会科学院研究员杜晓山在河北易县引进社会企业格莱珉银行模式，创立了“扶贫经济合作社”，为农民提供了小额贷款服务。① 社会企业概念2004年引入我国，对社会企业的研究是随着社会企业概念传入开始。这一概念是在英国文化发展协会的带动下，通过译著、论坛、研讨会和学术会议等形式小范围传播开来。此外，有学者从企业社会责任的角度，将社会企业界定为企业组织形态。姜奇平认为，社会企业是企业与其社会生态网络的一体化。企业从只管经营活动，发展成为社会目标与经营活动的结合体，社会企业实现了在商业模式内部就可以承担社会责任的可持续发展方式。②

（二）社会企业类型划分

从不同的角度出发，国外学者可以对社会企业做出不同的分类。狄兹从组织存在的动机出发，把社会企业划分为以使命为中心型、与使命相关型和与使命无关型三类。根据创新程度的不同，可以将社会企业分为就业型社会企业和创业型社会企业。就业型社会企业的着眼点在于使处于社会边缘的人获得工作机会。创业型社会企业与创新相连，能够解放被老观念束缚的社会资产，能够增大社会的财富在对社会企业类型的研究上。③ Hynes 认为社会企业需要统筹兼顾经济目标和社会价值，这是因为商业业务的经营及其收益的取得是支持和促进社会企业创造社会价值的先决条件。④ 由于对社会企业发展类型的解释存在着差异，国外的研究采用了国家—市场—社会的三维分析框架。EMES 对欧洲各国的社会企业进行了跨国研究，结果显示，社会企业至少有四种类型：一是为各类残障人群提供就业服务的组织，并享有国家的优惠政策；二是为就业弱势群体提供稳定就业的组织；三是为身处精神疾患或其他社会问题的人群提供生产性活动机会，从而帮助其实现（再）社会化的组织；四是为失业人群提供临时就业或职业技能培训，其服务周期是短期或固定期限。著名的“社会企业光谱”概念指狄兹将经营原则划分为经营动机、经营驱动力和经营目标来阐释不同的经营逻辑，又以四种不同类型的利益相关者（受益者、资本方、人力资源、供应商）为标准描述了社会企业在这四个方面的具体特征。⑤

我国学者从连续体的角度阐述社会企业的混合体特征，认为社会企业是一种多元混合的连续体，难以简单地进行单极划分。我国学者对社会企业类型使命进行了大量的研究。

① 刘志阳，王陆峰．中国社会企业的生成逻辑［J］．学术月刊，2019，51（10）：82-91.

② 姜奇平．新商业文明中的社会企业［J］．互联网周刊，2010（08）．

③ Dees，J. Gregory. New Definitions of Social Entrepreneurship：Free Eye Exams and Wheel Chair Driver［EB/OL］. 2003. http：//www. fuqua. edu/adim/extaff/news/faculty/dees-2003. htm.

④ Hynes B. Growing the Social Enterprise - issues and Challenges［J］. Social Enterprise Journal，2009，5（02）.

⑤ Dees，J. Gregory. New Definitions of Social Entrepreneurship：Free Eye Exams and Wheel Chair Driver［EB/OL］. 2003. http：//www. fuqua. edu/adim/extaff/news/faculty/dees-2003. htm.

刘志阳、王陆峰从社会企业产生的历史着眼，认为在中国先后经历了国营单位、社会福利企业、非营利组织、企业社会责任和社会企业等不同历史阶段。① 严中华认为，使命中心型社会企业是指企业的经营活动以组织的使命为中心，它以自筹经费的方式运营并实现其使命，这种类型的社会企业往往雇佣弱势群体以推动社会就业②

学者们的观点都有一定的理论依据和实践依据。我国目前尚未建立社会企业规范发展的制度法规，关于社会企业的性质还缺乏清晰明确的界定和规制，各方学术观点的争论便难以避免。

二、社会企业价值选择与社会使命研究

社会企业将社会效益和经济效益整合到一个组织系统中，随着经济全球化、市场机制对于资源分配的调节作用愈益加强，经济效益和社会价值在内涵、目标、实现手段等方面区分开来。不同的企业选择不同的整合方式，规划出不同的属性及使命。

（一）社会企业价值选择

法国经济学家让·巴迪斯特·萨伊认为：社会企业不是用工资、收益等人们用来衡量资本主义经济的办法来衡量的。它是社会效益和经济效益的结合体。③ 卡罗·波兹卡和桑特瑞认为，社会企业可以在福利系统的转换、创造就业机会及地区发展三个方面促进经济的发展。卡罗·波兹卡和雅克·迪夫尼则认为，社会企业除了上述贡献之外，还在社会凝聚力、创造社会资本和第三部门的动态性方面有着突出的贡献。英国第三部门办公室在2006年的“社会企业行动计划”中认为，社会企业能够有助于实现政府关于更公平、公正的社会的构想，有助于政府实现其重要目标。在此过程中，社会企业主要通过四种方法实现该目标：第一，满足社会需要，用商业成功来解决社会或环境问题；第二，促进道德市场的形成，提高企业的责任杠杆；第三，通过形成新的服务体系，引进新的服务方法来改善公共服务；第四，改善企业水平，证明道德约束和商业成功是可以结合的。④

Dennis R. Young 认为，社会企业是指采取企业的方式和商业活动，以促进社会事业或对公共财政有所贡献为目标的组织。若从结构决策的角度分析，社会企业包含两种界定方式：一是对社会公益有所贡献的企业；二是作为非营利组织通过商业化手段赚取利润。据此两种界定，社会企业乃是一个连续体组织，可区分为三种组织形态：企业慈善、社会目的组织及介于两者之间的混合型组织。⑤ 伯恩斯坦认为，“创新属性”是社会企业的核心属性，强调社会企业家解决社会问题、满足社会需求的核心作用。⑥ Mulgan 强调了社会创新对社会企业的关键性作用。社会企业家、社会企业家精神对社会企业创立和运转具有重

---

① 刘志阳，王陆峰：中国社会企业的生成逻辑［J］．学术月刊，2019（10）．

② 严中华．社会创业［M］．北京：清华大学出版社，2008.

③ 杰里米·里夫金．工作的终结——后市场社会的来临［M］．王寅通等，译．上海：上海译文出版社，1998.

④ Cabinet Office. Social Enterprise Action Plan：Scaling New Heights［DB/OL］．http：//www. cabinetoffice. gov. uk/~/media/assets/www. cabinetoffice. gov. uk/third_ sector/se_ action_ plan_ 2006% 20pdf. ashx.

⑤ Dennis R. Young. “Organizational Identity in Nonprofit Organizations：Strategic and Structural Implications，” Nonprofit Management & Leadership，Vol. 12，No. 2，2001.

⑥ 戴维·伯恩斯坦．如何改变世界：用商业手段更好地解决社会问题［M］．张宝林，译．北京：中信出版社，2013.

要意义，这有助于推动社会企业对社会问题的有效解决，以及社会企业的可持续性发展。[①]

国内学者研究普遍认为，社会企业的价值主要体现在解决社会问题与获取经济盈余上。余晓敏、张强等指出，社会企业在促进就业、弱势群体的社会照料、扶贫治理、医疗卫生服务、教育服务等公共服务领域的社会价值得到学界的一致认可。[②] 社会企业通过不同业务模式发挥促进作用，比如社会企业积极帮扶妇女就业，[③] 社会企业运用小额信贷模式打通金融扶贫的绿色通道等。[④]

关于价值的选择，国内学者从企业的利润分配问题进行探讨。学者们都认同社会企业具有公益性和市场性的双重特征，但如何兼容公益行为与商业行为，学者们进行了一些探讨。台湾地区的《社会企业行动方案》认为，社会企业是一种新的企业形态，其所得盈余主要用于社会企业再投资，以持续解决社会或环境问题，而非仅为出资人或所有者谋取最大经济利益。社会企业同时追求社会价值与经济利益，以创造社会影响力为主要使命。马仲良等认为，社会企业以追求社会效益为主要目的，投资者的行为主要是一种公益性投资，社会企业不得把收入的盈余作为利润回报给投资者，也不可以在组织内部分红，收入盈余要用于组织的发展。[⑤] 王名和朱晓红也指出，社会企业虽如企业一样要在经济活动中不断创造和积累财富，但这种作为利润的企业收益并不回到投资人手里，无回报、不分红是社会企业的刚性约束，不断增大的企业收益作为社会的财富源源不断地回馈给社会，致力于相关社会问题的解决并增加弱势群体和整个社会的福利。[⑥] 也有学者认为社会企业可以有盈余且用于一定的分配。刘小霞认为，社会企业通过商业运营产生盈余是为了履行社会使命而非利润，营利可进行有限的利润分配，其不同于一般商业企业的追求利润最大化的目标，因此，社会企业是“目标驱动型”而不是“利润驱动型”。[⑦] 潘小娟指出，社会企业财务盈余的绝大部分必须用于社会公益或自身发展的再投资，只有很小一部分可以按照预先的决定分配给股东。[⑧] 王世强也认为，在利润分配方面，可以允许社会企业分配一定的利润，实现组织可持续发展，以吸引更多资本投资于社会服务领域。[⑨] 还有的学者认为可以视情况而定，不能一概而论。徐家良等认为在组织形态上，社会企业可以为一般营利事业或者非营利组织。社会企业在保证财务回报收益基础上，尝试解决“市场失灵”“政府失灵”或者“志愿失灵”等问题。[⑩] 孙智丽采用“双重底线”的概念，认为社会企

---

① Mulgan, G., Social Innovation. What It Is, Why It Matters and How It Can Be Ac - celerated, London: Young Foundation, 2007.

② 余晓敏，张强，赖佐夫．国际比较视野下的中国社会企业［J］．经济社会体制比较，2011（01）．

③ 王蔚．“公平贸易”：扶贫新概念［J］．2010，https：/ /site. douban. com/widget/Notes/1319039 /Note/91681783/.

④ 李留宇．公益小额信贷发展难点与解决之道［J］．国际融资杂志，2015，http：//bank. hexun. com/2015 - 05 - 05 /175544332. html.

⑤ 马仲良，于晓静．发展“社会经济”构建和谐社会［J］．新视野，2006（05）．

⑥ 王名，朱晓红．社会企业论纲［J］．中国非营利评论，2010（02）．

⑦ 刘小霞．社会企业：合法性困境及出路［J］．学习与实践．2012（10）．

⑧ 潘小娟．社会企业初探［J］．中国行政管理，2011（07）．

⑨ 王世强．社会企业的官方定义及其认定标准［J］．社团管理研究，2012（06）．

⑩ 徐家良，陈建刚，沈文伟．多中心理论视角下的社会企业与公共物品供给：以深圳残友集团为例［J］．天津行政学院学报，2014（06）．

业价值包括企业目的价值和社会目的价值两部分：前者指社会企业通过销售商品、提供劳务为自己创造的净收益，后者指社会企业活动带来的社会价值及其影响。① 金锦萍认为，中国的社会福利企业和民办非企业单位都可以被界定为社会企业的范畴，能否分红取决于一个社会企业自身具体的组织属性。我国社会福利企业是营利性的企业，因此可以从事任何形式的商业活动，其利润也可以分配给股东；与此相反，我国的民办非企业单位却严格受到禁止利润分配原则的规制。社会企业在中国可以采取营利或者非营利两种模式，界定为社会企业并不会改变这一组织本来的营利或者非营利的所有权结构选择。②

（二）社会企业的使命研究

随着社会企业的迅速发展，其在市场目标和社会价值之间的实际使命也备受关注。国内学者对社会企业使命的相关研究分为两种情况：一是侧重于社会企业的社会目的性，把社会企业归类为第三部门的范畴；二是侧重于社会企业的营利性。这两个方面也正体现了社会企业的组织特性：商业手段、社会目标。学者们都认同社会企业具有公益性和市场性的双重特征，如何兼容公益行为与商业行为，学者们进行了一些探讨。社会企业的市场目标旨在通过商业运营获取资金，维持该组织的可持续发展；社会价值体现在通过一种创新的模式将解决社会问题纳入组织经营和组织活动之中。③ 在获取经济盈余方面，谢家平、刘鲁浩等认为，社会企业通过引入企业化运营与有限制的利润分配，整合商业和公益元素，实现社会价值与经济价值的均衡，才有利于社会企业的可持续发展。④ 刘志阳、金仁旻在研究中提出，社会企业商业模式体现为基于必要经济价值获取能力和更多社会价值创造能力的多种价值要素的组合配置。社会企业商业模式可划分为项目型、嵌入型、成熟型和潜在型四种基本类型。社会企业商业模式演化存在着三种路径：经济价值获取先行型、社会价值创造先行型和经济社会价值并重型，不同组织可以根据自身特点选择不同的演进路径。⑤ 田蓉等提出，服务收费模式和雇佣就业模式是当前社会福利领域非营利组织较为普遍的社会企业化模式，是机构企业化运作的动力，能满足社会需要、缓解财政压力与提升社会影响力。交叉补贴、多元化、快速扩张与治理保障是机构平衡双重目标之策略。⑥

许多学者发现，首要目标也面临着由社会使命优先向经济利益最大化转变的风险，这种现象被学术界称为“使命漂移”。使命漂移不仅造成了社会企业合法认证的困难，也影响了社会企业自身的发展。肖红军等认为，企业社会责任实践过程中的行为异化现象屡屡发生。以“说一套，做一套”为主要特征的伪社会责任行为成为企业社会责任实践中的普遍现象；以牺牲利益相关方利益为代价来获取企业自身利益的社会责任缺失行为直接或间接地对多元社会主体造成严重危害。⑦ 刘志阳等认为使命漂移一旦发生，可能导致社会

---

① 孙智丽．台湾农业社会企业案例分析与现况调查［J］．农业生技产业季刊，2016（46）．

② 金锦萍．社会企业的兴起及其法律规制［J］．经济社会体制比较，2009（04）．

③ 胡亦武，石君煜．社会企业概念及发展探析［J］．贵州社会科学，2015（09）．

④ 谢家平，刘鲁浩，梁玲．社会企业：发展异质性、现状定位及商业模式创新［J］．经济管理，2016（04）．

⑤ 刘志阳，金仁旻．社会企业的商业模式：一个基于价值的分析框架［J］．学术月刊，2015（03）．

⑥ 田蓉，Lucy Jordan. 非营利组织的社会企业化：模式与策略［J］．华东理工大学学报（社会科学版），2016，31（04）．

⑦ 肖红军，阳镇．共益企业：社会责任实践的合意性组织范式［J］．中国工业经济，2018（07）．

企业内部紧张局势以及缺乏关键利益相关者的支持，最终危及社会企业的生存。[①]

三、社会企业的价值使命与“第三次分配”

通过对国内外社会企业性质价值使命相关文献的整理，在追溯社会企业概念缘起的基础上，笔者对社会企业发展研究动态进行了梳理。社会企业未来对于价值与使命探讨的发展道路与其定位有密切的关系，基于分析，本研究将社会企业发展总结为以下几个方面。

（一）影响社会企业价值使命走向发展的因素

社会企业的组织基因是影响社会价值使命的关键因素。社会企业的组织基因比较复杂，不同类型的社会企业可能对社会企业的理解和发展思考有不同的理解。正如所考察的文献显示，非营利组织所转变而来的社会企业要比其他社会企业有更多的考虑，其认为过多地追求效益将会影响组织使命的坚定性。社会企业拥有经济利益和社会价值双重目标，其需要在“实现和保持社会使命，为投资者创造有竞争力的收益”两者之间保持平衡。

社会企业的社会使命也面临着诸多挑战。一是来自经济层面的挑战。社会企业人力、经济等各方面资源比较有限。社会企业融资和投资渠道难以获得能够支持开发和拓展商业业务的资金，支持社会企业成长的金融机构、金融工具和资金渠道相对较少，自有资金与战略刚性的限制也限制了其整合外部资金的能力。与商业企业相比，社会企业经济收益的持续性较差且总量较低，社会企业仍然需要寻求更多的外部资金支持。二是源自使命漂移的顾虑。社会企业对利润的过分追求会使其将注意力转移到商业活动中去，从而忽视社会目标，导致了使命漂移的发生。三是来自社会层面的挑战。如公众对社会企业认知不足、社会企业成长受挫、主流创业者对社会企业提供支持的积极性降低等。

（二）第三次分配与社会企业发展价值使命

1. 第三次分配的内涵

共同富裕是通过矫正和补偿制度性因素导致的不平等，让全体人民有机会、有能力均等地参与高质量经济社会发展，并共享经济社会发展的成果。当前，中国经济社会加快发展的同时，贫富差距也在加大。习近平总书记在《求是》杂志发表的文章《扎实推动共同富裕》指出，在高质量发展中促进共同富裕，构建初次分配、再分配、三次分配协调配套的基础性制度安排。

“第三次分配”的概念由我国经济学家厉以宁提出，他在《股份制与现代市场经济》一书中提出：“在两次收入分配之外，还存在着第三次分配——基于道德信念而进行的收入分配。”[②] 第一次分配以市场为主导，第二次分配以政府为主导，第三次分配则是个人出于自愿，通过合法途径把个人和企业可支配收入的一部分或大部分捐赠出去，靠道德驱动。党的十九届四中全会、十九届五中全会、国家“十四五”规划和2035年远景目标纲要都提出，要发挥慈善等第三次分配作用，构建初次分配、再分配、三次分配协调配套的基础性制度安排，改善收入和财富分配格局。第三次分配为我国推动慈善公益、社会公平和共同富裕道路指明了方向，将缩小地区差距、城乡差距和收入差距，让每个人公平享有

① 刘志阳，李斌，赵陈芳．公益创投对社会企业使命偏离的影响研究［J］．东南学术，2020（05）．

② 厉以宁．股份制与现代市场经济［M］．南京：江苏人民出版社，1994.

发展机会。

第三次分配指在道德、文化、习惯等影响下，社会力量自愿通过民间捐赠、慈善事业、志愿行动等方式济困扶弱的行为，由社会机制主导的资源配置活动。由于第三次分配是“一种自觉自愿的捐赠行为”，其所造成的影响和影响的范围是市场调节和政府调节无法比拟的。第三次分配是中国政治经济环境下的特殊概念。这种社会的包容性使得第三次分配的实现需要社会各方都能够自愿地参与进来，依据社会价值理念，运用公益资产来开展资源的再分配。

2. 第三次分配下的社会企业发展

第三次分配发挥作用，要靠发展慈善事业，健全完善慈善事业的发展机制。慈善事业依靠道德、自愿进行独特的财富转移，是高尚思想境界的体现，也是正确财富观的具体体现，更是实现共同富裕的保障。慈善事业的实践经验是第三次分配制度完善的依据，第三次分配制度的高效运作是慈善事业蓬勃发展的保障，两者相互影响、相互促进。第三次分配领域众多，其中推动共同富裕的主要路径包括：慈善捐赠能有效防止返贫现象和缩小贫富差距；社会企业能促进区域发展和实现先富带后富；志愿服务能有效关注弱势群体；公益文化艺术的发展能促进人们的精神富裕。

社会企业也是社会机制主导的资源分配，属于第三次分配范畴。社会企业以商业模式来实现社会公益目的，是特别值得关注的一类第三次分配参与方。作为组织创新的一种新形式，社会企业利用公益价值所形成的社会资本优势，可以参与市场竞争，以提升自身竞争力、生命力，促进自身发展。社会企业的兴起使公共治理、经济发展、扶贫助困以及金融和组织管理等众多领域都形成了明显突破。未来的社会企业研究领域会如何发展正受到全球学术界的热议。

社会企业在履行社会责任过程中，一定要注意提高慈善资源分配的精准性，以提高慈善资源的匹配度，让慈善资源更精准地流向低收入群体，从而真正有助于缩小地区差异、城乡差异和收入差距。

（作者简介：廖卓娴，湖南省社会科学院助理研究员）

发挥社会企业在第三次分配中的重要作用

李明磊

摘　要： 共同富裕是社会主义的本质要求，是中国共产党百年奋斗的价值追求。第三次分配是以社会力量为参与主体，以道德力量为基础来实现共同富裕目标的分配方式。社会企业是以解决社会问题、增进公共福利为目的，以商业运营模式为基础来保障企业实现目标的社会组织类型，同时它也是第三次分配的重要参与者。因此，推动共同富裕的实现，离不开社会企业在第三次分配中发挥重要作用。目前社会企业在中国的发展处于起步阶段，社会企业的繁荣发展需要社会企业自身、政府部门、公众三者之间相互统筹、协调推进，以此推动共同富裕。

关键词： 社会企业；共同富裕；第三次分配

2021 年 7 月，习近平总书记在庆祝中国共产党成立 100 周年大会上庄严宣告，我们实现了第一个百年奋斗目标，在中华大地上全面建成了小康社会，历史性地解决了绝对贫困问题。全面建成小康社会，标志着我们在实现共同富裕的道路上向前迈进了一大步。中国共产党始终没有停止对实现共同富裕的追求，因为共同富裕是社会主义的本质要求，是中国式现代化的重要特征，是中国共产党百年奋斗的强劲动力。在新的征程上，党中央针对实现共同富裕目标进行了全新部署：一是制定促进共同富裕行动纲要，推动人的全面发展、全体人民共同富裕取得更为明显的实质性进展；二是构建初次分配、再分配、三次分配协调配套的基础性制度安排，使全体人民朝着共同富裕的目标扎实迈进。

一、第三次分配是推动实现共同富裕的重要方式

回顾百年奋斗历程，中国共产党始终将实现共同富裕作为重要的价值追求，并以此为强劲动力，团结带领中国人民发扬自力更生、艰苦奋斗的精神品质，为满足人民群众美好生活需要、为全面建成小康社会、为实现中华民族伟大复兴的中国梦而不懈奋斗。中国特色社会主义进入新时代，以习近平同志为核心的党中央深刻认识到解决好全体人民共同富裕问题事关党的长期执政、事关国家长治久安、事关人民群众的切身利益。因此，中国共产党将“消除贫困、改善民生、逐步实现共同富裕”作为重要使命和奋斗目标，[①] 坚持发展为了人民、发展依靠人民、发展成果由人民共享，决战决胜脱贫攻坚，如期全面建成小康社会，顺利完成第一个百年奋斗目标，为实现共同富裕创造了良好的条件。2021 年 8

---

① 习近平谈治国理政，第 2 卷［M］. 北京：外文出版社，2017：83.

月，习近平总书记在中央财经委员会第十次会议上进一步强调："在高质量发展中促进共同富裕……构建初次分配、再分配和三次分配协调配套的基础性制度安排。"① 这从国家层面为发挥三次分配在共同富裕中的作用进行了顶层设计。

二十世纪九十年代，我国经济学家厉以宁首次提出"第三次分配"：初次分配靠市场"看不见的手"在资源配置中发挥作用，再分配是政府"看得见的手"以税收、扶贫等强制性措施发挥宏观调控作用，此外还存在着基于道德信念的作用而进行的第三次分配。此后学界逐渐开始重视对第三次分配的研究。第三次分配是以社会机制为主导、以慈善公益为手段的资源配置活动。② 首先，在动力机制方面，区分第三次分配与其他分配方式的本质在于，初次分配依靠市场作用，再分配依靠政府行政手段，第三次分配是靠道德力量激发而自愿进行的爱心公益活动；其次，参与第三次分配的主体不是市场和政府，而是社会力量。社会力量主要包括公民个人、热衷于公益事业的社会组织、致力于贡献社会价值的企业。最后，参与第三次分配的方式不仅仅是捐赠物资，提供志愿服务也是重要的方式。③ 随着党和国家对收入分配与慈善事业认识的加深，第三次分配将逐渐成为促进共同富裕的重要手段。

以第三次分配来助力共同富裕，是对初次分配和再分配的有益补充。改革开放四十多年来，一部分人乘着改革的东风，在社会主义市场经济体制下率先走上了富裕的道路，这也造成了一定的贫富差距，容易引发社会矛盾。于是，政府为了体现对效率与公平的重视，积极进行第二次分配以调节收入。第二次分配在一定程度上可以缩小贫富差距，但过度倚靠第二次分配也存在政府财政压力过大等问题。因此，激励和引导先富起来的一部分人投身公益事业对于缓解贫富差距、维护社会稳定具有重要作用。另外，第三次分配有助于推动社会主义精神文明建设，构建社会主义和谐社会。社会主义和谐社会，是人人各尽所能、各得其所、和谐相处的社会。建设社会主义和谐社会，既要以社会经济发展水平的提高为基础，又要以精神文明的提升为依托。而精神文明的提升不仅需要法治，还依靠道德在其中发挥的积极作用。第三次分配是依托道德力量，以公益慈善为主体而进行的。参与慈善公益的过程是心灵受到洗礼的过程，是提高思想道德境界的过程。当人人都积极参与到公益慈善事业中时，个人的道德素质也得到了最大程度的提升，因此也就有利于和谐社会的构建。此外，第三次分配有助于推动社会治理体制创新。党的十九大报告明确指出打造共建共治共享的社会治理格局，要"加强社会治理制度建设，完善党委领导、政府负责、社会协同、公众参与、法治保障的社会治理体制"④。第三次分配既倡导人人参与慈善，也倡导人人投身志愿服务，积极推动第三次分配将为人民大众提供参与社会治理的渠道，从而推动社会治理体制的创新。

二、社会企业是第三次分配的主要参与力量

促进人的全面发展、实现全体人民共同富裕，事关全国各族人民的根本利益，是中国

---

① 在高质量发展中促进共同富裕 统筹做好重大金融风险防范化解工作［N］. 人民日报，2021-08-18（001）.

② 江亚洲，郁建兴. 第三次分配推动共同富裕的作用与机制［J］. 浙江社会科学，2021（09）：76.

③ 邓国胜. 第三次分配的价值与政策选择［J］. 人民论坛，2021（08）.

④ 习近平谈治国理政，第3卷［M］. 北京：外文出版社，2020：38.

共产党百年奋斗的永恒价值追求。这一目标的实现既要靠中国共产党的坚强领导，发挥党统揽全局、协调各方的作用；也要靠全体人民、社会组织等积极参与到第三次分配中，使第三次分配在实现共同富裕这一过程中发挥积极作用。第三次分配是社会在自愿的基础上以慈善公益为主要手段实现资源的配置与转移，因此，只有大力推动我国慈善公益事业的发展，第三次分配才能充分发挥其效能。在第三次分配中，社会力量是重要的参与主体。所谓的社会力量主要包括企业、社会组织与个人。① 而在诸多的社会力量中，企业的力量及其发挥的作用都是不可忽视的。在我国的慈善事业中，慈善捐赠的主要来源是具有高度社会责任感的企业，企业捐赠所占的比重远远超过个人捐赠。我们将热衷于创造社会价值、具有高度社会责任感的企业称之为社会企业。社会企业是推动慈善事业发展的生力军，因此也可以说社会企业是第三次分配的重要参与者，社会企业在第三次分配促进共同富裕的过程中发挥着重要作用。

社会企业的研究最早出现在欧美，美国社会学家狄兹（J. Gregory Dees）认为，社会企业是处于纯盈利与纯慈善之间的企业。改革开放以来，随着社会建设的需要和实现共同富裕目标的强化，社会企业作为一种新型的企业组织在中国大陆崭露头角。随着社会企业实践的发展，关于社会企业的理论研究也随之兴起。② 关于社会企业的定义，从不同角度解释会有不同的结果。华南理工大学—罗格斯大学社会企业与社会组织联合研究中心教授胡亦武将社会企业定义为：由一群以解决社会问题作为个人价值的社会工作者所创立的新型社会组织形式，它通过商业运作模式促使社会目标的实现，并最终成为社会变革的推动力量。③ 虽然目前学术界对社会企业的定义并没有达成共识，但总的来说社会企业必须具备几个特征：一是企业目标的双重性，既注重通过实体经营来创造企业自身价值，又注重通过公益慈善事业来创造社会价值；二是创业动机的独特性，社会企业在创立之初大多会将创造更多社会价值作为企业经营的宗旨，如富基集团在成立之初便确定了“追求共同进步，创造社会价值”的企业宗旨④；三是社会企业家发挥重要作用，社会企业的创立、发展、经营模式的确定，离不开社会企业家。

从社会企业的内涵与特征中我们可以看出，社会企业将创造更多的社会价值作为宗旨，这说明其在第三次分配以及助力共同富裕伟大愿景中将发挥重要作用。从目前社会企业的实践与探索的历程中我们可以看出，社会企业在缓解社会矛盾、解决社会问题、助力脱贫攻坚与乡村振兴、创造更多就业机会等方面已经发挥了它所具有的优势，为共同富裕的发展努力贡献力量。同时，由于社会企业在中国的发展还处于起步阶段，政策保护与法律规范的缺失、公众对社会企业认知度不够、社会企业自身发展缺乏科学理论支撑等因素制约着社会企业的发展，因此推动社会企业要想在第三次分配中发挥重要作用，首先就是要推动社会企业的良性发展。

三、推动社会企业在第三次分配中发挥重要作用

发挥社会企业在第三次分配中的积极作用，进而实现共同富裕，最为关键的是加强社

① 梁朋．重视发挥第三次分配在国家治理中的作用［J］．中国党政干部论坛，2020（02）．

② 时立荣，王安岩．中国社会企业研究述评［J］．社会科学战线，2019（12）：272.

③ 胡亦武，石君煜．社会企业概念及发展探析［J］．贵州社会科学，2015（09）：128.

④ 贺培育，魏朝阳，段振夫．社会企业发展理论与实践报告［M］．长春：吉林大学出版社，2021.

会企业行业的建设。只有规范推动社会行业的发展，才能使社会企业在第三次分配中发挥积极而有利的作用。这就需要从三个维度进行思考建设：一是社会企业自身要培养社会责任感，创新经营模式；二是政府要为社会企业的发展提供有利的政策环境；三是公众也应以实际行动支持社会企业发展，形成社会企业、政府和公众相互统筹、协同促进的局面。

（一）社会企业应发扬社会企业家精神，培养企业社会责任感

对于社会企业自身来说，培养社会责任感的重要途径就是依靠社会企业家的示范引领作用，发扬社会企业家精神。从共性来看，社会企业都具有“既创造企业价值又创造社会价值”的共同之处；从个性来看，每个社会企业由于社会企业家个体的不同，致使每个企业的发展模式、企业文化有所不同。因此，社会企业家在社会企业的发展中起着至关重要的作用，培养企业的社会责任感就要发挥社会企业家的引领作用，弘扬社会企业家精神。社会企业家作为创新的个体所拥有的稀缺能力是社会企业在高于平均水平下获得团体创造价值和实现社会变革的关键。① 而凝结于社会企业家品格特质中的社会企业家精神对社会企业的发展起着引领与凝聚的作用。社会企业家精神具有以下重要特征：拥有强烈的使命感和责任感，能在复杂事态面前展现出临危不惧的定力；拥有独特的视角与高瞻远瞩的判断力，能抓住发展机遇进而创造更多的社会价值；善于变通，在企业发展中展现出对企业发展极为有利的创新能力。发挥社会企业在第三次分配中的积极作用，就要弘扬社会企业家精神，形成以社会企业家为核心，企业全体人员团结一致、共同奋斗的良好风尚，增强服务社会的责任感、使命感与荣誉感。

（二）创新企业经营模式与创造社会价值的形式

社会企业积极参与第三次分配，还要创新企业经营模式和创造社会价值的形式。企业创造更多社会价值，是建立在更多企业价值的基础之上。为了积极参与到第三次分配中，创造更多企业价值利润，企业应创新企业经营模式。目前，在我国存在两种类型的社会企业，一种是以企业为背景而建立的社会企业，另一种是以政府为背景而建立的社会企业，两种社会企业都为中国慈善事业的发展和社会企业的实践探索都做出了贡献。相对来说，以企业为背景的社会企业更有必要创新企业经营模式，如构建高利润的资本运作新理念和构建高品质的产品研发理念，确立一种人性化服务的新理念。创造社会价值的形式除了捐赠资金、物资等，鼓励员工提供志愿者服务也是创造社会价值的重要举措。“有钱出钱、有力出力”，积极参与志愿服务活动是参与慈善公益的途径之一，也是参与第三次分配的重要形式，为积极推动慈善事业发展，未来国家将探索建立慈善“账户”，推动公民参与志愿者服务的积极性。社会企业在创造社会价值的形式上，可以选择鼓励企业员工参与志愿服务等形式。

（三）政府应扫除制约社会企业发展的障碍，为社会企业繁荣发展提供有利政策环境

从外部来看，政府要为社会企业的发展提供良好环境。社会企业通过运用商业手段参与市场经济而获得企业价值，并在此基础上进一步将获得的部分企业价值转化为社会价值，以使慈善事业减少对社会个体捐赠和政府资助的依赖，实现自身的可持续性发展，这是社会企业的最大优势，也是推动实现共同富裕取得实质性进展的关键所在。基于此，行

---

① 杨宇，郑垂勇．“社会企业家精神”概念评述［J］．生产力研究，2007（11）：145 – 147.

政部门应积极出台相应的政策与措施乃至法律法规，为社会企业发展提供肥沃的土壤，以促进社会企业在我国的繁荣发展。① 理论是实践发展的先导，没有理论的提升就没有实践的进步。不论是从理论还是实践角度，社会企业在中国的发展都尚处于起步阶段。自2004年社会企业概念引入我国至今，社会企业在理论与实践领域得到了初步发展，在这一过程中，社会企业为解决社会问题、促进社会进步与发展做出了突出贡献，同时也暴露出社会企业在参与社会治理中政府保障与促进机制的缺失、公众对社会企业认识不清、社会企业相关人才缺失等问题。因此，探索具有中国特色的社会企业发展模式、从政府层面为社会企业发展提供保障机制，是一个解决社会企业可持续发展的重要课题。

政府如何为社会企业的发展提供良好环境？首先，政府应倡导构建社会企业的服务与监督体系，对社会企业的发展进行认证评估、统筹协调、资源共享、敦促落实等。做好认证评估是社会企业发展的首要，做好认证评估工作要明晰社会企业的管理单位、明晰社会企业的衡量标准。② 资源共享是推动社会企业成长的重要举措，政府要为社会企业之间以及社会企业与其他机构如智库、媒体等搭建桥梁，促进社会企业健康发展。同时，政府应为社会企业的发展搭建专业服务平台，以培育更多社会需求的社会企业。其次，从法律保障层面，政府要积极推动社会企业法制化建设，使社会企业能够实现可持续发展。③ 目前，由于法制化建设的滞后，社会企业面临着“权责不明晰、管理不充分”等问题，这些问题的存在都将制约社会企业的发展。目前，由于社会企业在中国的发展处于起步阶段，国家立法以保障社会企业发展的条件尚不成熟，但是地方政府可以依据本地社会企业发展状况制定有利于社企发展的法律法规，如制定社会企业专门法、健全社会企业管理制度等，使社会企业的发展既能明晰权责、受到法律保护，又能享受相应的税收优惠。

（四）政府与社会企业应携手增进公众对社会企业的认知度，营造良好的舆论氛围，使公众以实际行动支持社会企业发展

一种新兴事物的良性发展，需要建立在公众对该事物具有较高的认知度这一基础之上。社会企业在我国尚处于探索阶段，公众对于社会企业的认知与理解比较缺乏。针对这一问题，政府与社会企业应携手增进公众对社会企业的认知度。首先，无论社会企业、社会组织，还是相关政府部门，都应积极寻求契机，通过合理的方式来传播社会企业为解决社会矛盾、助力乡村振兴、实现共同富裕等方面所带来的积极效应，因为这些问题的解决不仅仅关乎社会，更关系到社会中每个人的切身利益。例如，社会企业可将其文化写入CIS（企业识别系统），从MI（企业理念识别）、BI（企业行为识别）、VI（企业视觉识别）三方面来传递社会企业导向信息，将社会企业独有特性进行普及；政府部门运用其公信力为社会企业的合规、合法性进行宣传，从而让公众对社会企业形成正面的认知。其次，政府与社会企业应加强公众对社会企业的正确需求导向，在社会企业发展到一定程度时，避免社会企业服务的人群产生“等、靠、要”的消极心态，引导其发挥主观能动性，通过自身努力实现共同富裕，而非依靠社会企业的支持形成“被帮助者”的固化思维，避免为社会企业带来沉重负担，形成不利风气。提升公众对社会企业的舆论导向支持，有

① 幸宇，李发戈．社会企业发展的实践探索及其启示［J］．四川行政学院学报，2021（05）．

② 魏朝阳．发展社会企业 壮大公益事业［N］．湖南日报，2021－05－14（008）．

③ 魏朝阳．加快推进中国特色社会企业法制化进程［N］．湖南日报，2012－10－15（003）．

利于推动政府制定社会企业相关政策，有利于社会企业在经营理念、经营模式、经营业绩等经济和社会效益上的提升，充分激发公众爱国、敬业、诚信、友善公民个人层面的社会主义核心价值观，发挥社会企业在第三次分配中的重要作用。

推动社会企业在第三次分配中发挥重要作用，从而为实现共同富裕这一目标做出重要贡献，需要社会企业自身、相关政府部门以及公众三者积极发挥作用。同时，三者是一个相互统一的整体，只有做到相互统筹、协同发力，才能为社会企业的发展扫除障碍，从而使社会企业更好地助力乡村振兴、实现共同富裕目标。

图2－1　社会企业推动三要素

四、结语

实现共同富裕是社会主义的本质要求，是中国共产党人的光荣使命。在为实现中华民族伟大复兴而奋斗的百年征程中，中国共产党使命在肩、初心不变，发扬艰苦奋斗和敢于斗争、勇于胜利的精神品格，终于全面建成了小康社会，历史性解决了绝对贫困问题，向实现共同富裕目标迈进了一大步。新时代背景下，中国共产党锐意进取、守正创新，强化顶层设计，强调以第三次分配来推进全体人民共同富裕这一重要目标的实现。在第三次分配中，社会企业积极参与慈善公益事业、贡献企业社会价值，其在推动共同富裕的过程中将发挥不可忽视的重要作用。目前，无论理论发展抑或是实践探索，社会企业在中国的发展仍处于起步阶段，因此推动社会企业发展既需要社会企业自身积极探索、弘扬社会企业家精神、不断创新企业经营模式，更需要政府通过立法等举措为社会企业的发展扫除障碍。同时，作为直接或间接受益者的公众，也应以实际行动为社会企业的发展贡献力量。路漫漫其修远兮，吾将上下而求索。只要坚持中国共产党的领导，坚守社会企业创立的初心，社会企业终将在中国特色社会主义道路上走向光明！

（作者单位：李明磊，湖南大学博士研究生）

社会企业在第三次分配中的作用

李发戈

摘　要：社会企业在第三次分配中具有弥补政府失灵、市场组织失灵和社会组织失灵的功能。通过参与兴办社会事业、为弱势群体和特殊群体赋能、促进社会经济发展、推动公益和商业融合发展，社会企业在第三次分配中发挥着特殊而重要的作用。但现阶段社会企业数量少、规模小、自我造血能力弱，在第三次分配中发挥的作用还相当有限。

关键词：社会企业；第三次分配；功能作用

2021 年 8 月召开的中央财经委员会第十次会议提出，要坚持以人民为中心的发展思想，在高质量发展中促进共同富裕，正确处理效率和公平的关系，构建初次分配、再分配、三次分配协调配套的基础性制度安排。作为我国分配体系的重要组成部分，第三次分配不仅是对初次分配、再分配的有益补充，而且是一种新的社会治理方式，对于促进社会公平正义和社会和谐稳定有着重要作用。第三次分配内涵、内容丰富，其范畴已超过了单纯的收入、财富分配范畴，延伸到了社会生活和文化精神的各个方面；其主体既包括社会组织和公共机构，也包括企业和个人；其形式则除了捐赠、资助、义工、社工和志愿服务等慈善公益行为外，还涵盖了社会经济、共享经济和文化艺术等经济文化项目。社会企业是一种用商业手段解决社会问题、实现社会目标的兼具商业和公益性质的新型混合组织形式，具有实现经济价值和社会价值的双重特点和独特优势。社会企业通过商业手段解决社会问题，弥补了市场组织、政府组织和社会组织在解决社会问题上的不足，在第三次分配中发挥着特殊而重要的作用。

一、社会企业在第三次分配中的特殊功能

按照三大部门理论，市场组织主要按照效率原则参与初次分配，政府组织主要按照公平原则参与再分配，而社会组织则主要基于道德原则和自愿原则参与第三次分配。三大部门和三次分配在资源配置和财富分配中彼此联系、相互补充。社会组织是第三次分配的主要力量，却因为其能力不足、效率不高，效果也不是很理想。

（一）市场组织在第三次分配中的失灵

作为私人部门，市场及市场组织的主要功能是创造和增加社会财富，并按照市场机制

参与初次分配。市场机制虽然能够有效配置资源，但却容易引发“公地悲剧”和贫富差距[①]。市场组织主要通过履行社会责任来参与第三次分配。徐永光认为，企业履行社会责任有4个版本（层次）。1.0版本：企业主要承担对消费者、员工、环境和依法纳税等法律规定的强制性社会责任；2.0版本：在1.0版本的基础上承担法律规定的强制性社会责任以外的社会责任，如捐款、参加公益慈善等；3.0版本：企业或者行业把一些社会责任融入产业链上下游，如履行ESG、SDG义务等；4.0版本：企业把满足社会需求、解决社会问题、社会痛点作为自己的使命[②]。市场组织追求利润、利益最大化，追求股东价值最大化，一般情况下缺乏参与第三次分配的主动性和积极性，个别企业甚至开“血汗工厂”、制假售假、污染环境、垄断竞争，突破道德底线和法律红线。虽然政府和社会都要求企业履行社会责任，但企业认识水平参差不齐，而强制或过度要求企业履行社会责任，又会造成企业作为市场组织的角色、功能错位。

（二）政府在第三次分配中的失灵

作为公共部门，政府及政府组织并不直接创造和增加社会财富，而是通过财政税收、社会保障和公共服务等行政机制参与社会财富再分配，并对初次分配造成的社会不公平进行调节。政府由于财力、能力问题，在再分配中提供的公共服务目前大多还属于基本公共服务，保基本、广覆盖，既尽力而为，又量力而行。很多社会问题的深层次原因，与政府社会保障体系不健全都有很大的关系。政府除了参与、主导再分配外，也直接或间接介入第三次分配。通过制定法律法规和政策制度，政府引导、规范第三次分配；通过自上而下设立有政府背景的慈善组织，特殊情况下政府相关部门接受和分配社会捐赠，政府直接参与第三次分配；通过公益创投和购买服务，政府以代理人的形式间接参与第三次分配。政府目前慈善捐赠税收优惠政策、基金会经费管理制度、慈善组织认定制度等政策制度还不健全，不利于基金会等慈善组织的发展；官办慈善组织不仅容易挤占了民间慈善组织资源，而且行政色彩浓厚，灵活性、创新性严重不足；政府资助社会组织，同时也带来了社会组织自主性、独立性丧失的问题。

（三）社会组织在第三次分配中的失灵

作为社会部门，社会及社会组织与政府及政府组织一样并不直接创造和增加社会财富。社会组织主要依靠政府资源和社会资源参与第三次分配，基本上不参与初次分配和再分配。在第三次分配中，社会组织主要通过提供慈善公益等社会服务来弥补政府和市场在公共服务供给上的不足。社会组织是第三次分配的主要力量，但我国社会组织发展“先天不足，后天不良”，在第三次分配中的作用还没有充分发挥出来。首先，社会组织资源少、能力弱。社会组织主要依靠政府资源和基金会资助开展活动。政府主要以购买服务的方式支持社会组织发展。近年来，尽管政府购买服务的范围和规模在不断扩大，但社会组织数量多，在获取政府资源上竞争激烈。除了基金会等慈善类社会组织外，其他社会组织也不能直接募捐。目前，我国虽然有7000多家基金会，但资助型基金会还不到50家，社会组织也很难得到基金会的资助。其次，社会组织成本高、效率低。社会组织的非营利性

---

① 邓国胜．第三次分配的价值与政策选择［J］．人民论坛，2021，8（下）．

② 徐永光．公益向右，商业向左：社会企业与影响力投资［M］．北京：中信出版社，2017：112．

往往导致其投入产出不成正比。正常情况下，一笔捐赠或资助，经由社会组织最终落到受助人手中的，一般只有 50% 左右，如果遇到贪污腐败之类的非正常情况，转化率还会更低。

（四）社会企业在第三次分配中弥补“三大失灵”

作为混合组织，社会企业兼具市场组织和社会组织的特点，既要追求经济目标、实现经济价值，又要追求社会目标、实现社会价值。追求经济目标、实现经济价值让社会企业摆脱了对政府资助和社会捐赠的依赖，实现了自我造血和可持续发展；而追求社会目标，实现社会价值则让社会企业区别于以营利为主要目的的市场组织，把履行社会责任、实现社会效益放在更加突出的位置。在第三次分配中，社会企业主要通过商业手段来解决社会问题，弥补传统的三大部门在第三次分配中的不足。在识别一些新的社会问题、发现一些新的社会需求、满足一些未被满足的社会需求、解决一些具体的社会问题上，社会企业都表现出了不同于市场组织、政府组织和社会组织的独特性和优势，以至于一些学者将其视为“正在兴起的第四部门”（Kelley，2009）。当然，社会企业并不是要替代、更不是要取代传统三大部门在第三次分配中的位置和作用，至少到目前为止，社会企业还不是第三次分配的主力军，其主力军还是传统的三大部门。但在三大部门未顾及的领域或失灵的部分，以社会企业这种形式参与第三次分配不仅更有效率，而且也更具可持续性。

二、社会企业在第三次分配中的作用

第三次分配不仅体现为社会财富从富有者流向匮乏者，而且表现为现代化进程中促进人的自由而全面的发展，其蕴含的价值取向已经突破了纾困扶弱的局限，开始具备了推进社会进步、造福全人类、促进世界更加和平和谐等深刻意蕴①。社会企业集效率、公平和自愿三者于一身，是第三次分配中的新生力量，在创新第三次分配中发挥着特殊而重要的作用。

（一）通过参与兴办社会事业发挥作用

发展社会事业是第三次分配的重要内容。改革开放以来，我国社会事业由于社会力量的参与取得了较快发展，但总体上仍然存在供给不足、质量不高、水平偏低、发展不平衡和公平性较差等问题。在后小康时代，随着人民群众对多样化、个性化社会事业的需求不断增加，社会事业的领域在不断拓展，社会事业内容分工也越来越细化，供给与需求的矛盾也更加突出。社会事业具有准公共产品的属性，引入市场组织虽然可以增加社会事业的供给，但市场组织的逐利行为又会损害社会事业的公益属性。社会企业参与兴办社会事业，不仅保证了社会事业的公益属性，而且促进了社会事业在横向不断扩展的基础上向纵深发展。中国慈展会 2015—2018 年的社会企业认证数据显示，2015 年获得认证的社会企业的活动领域只有医疗卫生和残疾人照料两个领域，2018 年活动领域增加到养老、助残、教育、环保、食品安全、医疗健康、社区发展、农村发展等 18 个领域②。社会企业参与举办社会事业，具有超越政府、商业和公益的平台优势，能够更好地整合政府资源、企业

① 杨斌．第三次分配：内涵、特点及政策体系［N］．学习时报，2020－01－01.

② 中国社会企业与影响力投资论坛．南都基金会：2019 中国社会企业与社会投资行业扫描调研报告［R/OL］. http：//m. tanpaifang. com/article/63626. html.

资源和社会组织资源，满足人民群众对高质量社会事业发展的需求。

（二）通过为弱势群体、特殊群体赋能发挥作用

第三次分配的对象主要为弱势群体和特殊群体。弱势群体和特殊群体之所以在社会中处于不利地位，除了资源不平等和福利不平等外，还有一个重要原因就是能力不平等。阿马蒂亚·森在分析贫困的根源时就曾指出，效用（如福利主义者所声称的）和基本品（如罗尔斯所要求的）只是贫困的一个重要诱因，能力不平等、能力被剥夺才是贫困的本质①。能力不平等不仅会导致弱势群体、特殊群体收入转化困难，而且会让弱势群体、特殊群体陷入事实上的贫困。因此，第三次分配既要解决好社会财富和社会福利的分配问题，更要重视弱势群体、特殊群体能力提升问题。与慈善公益为弱势群体、特殊群体"输血"为主不同，社会企业更强调为弱势群体、特殊群体"造血"。诺贝尔和平奖得主、孟加拉国经济学家尤努斯创办的格莱珉银行，通过小额贷款解决了农民生产中的资金短缺问题，增加了农民的收入。国内的残友、喜憨儿等社会企业通过为残疾人提供工作岗位，让他们依靠工作收入既能够比较体面地生活，也能够比较好地融入社会。社会企业这种基于人际差异的增权赋能行为，既发挥了弱势群体、特殊群体的主观能动性，又满足了弱势群体、特殊群体长期发展的需求。

（三）通过促进社会经济发展发挥作用

社会经济是以开发社会领域的商业市场为主要内容，把实现经济价值与社会价值结合起来的一种经济结构和经济形态。作为一种兼顾公平和效率的新的经济社会融合发展模式，社会经济在创造和增加社会财富的同时，也极大地增进了社会福利。发展社会经济，对于提高第三次分配的质量和水平有着重要的意义和作用。管理学家德鲁克（1982）认为，只有把社会问题变成有利可图的机遇，社会问题才能真正得到解决。社会经济在国外又被称为"金字塔底层经济""穷人经济"，因为主要追求社会效益，利润很低很薄，商业资本一般都不愿意进入，所以主要是社会企业在做。社会企业通过发展社会经济，不仅扩大了社会服务的受益面，而且促进了传统的政府福利供给方式的转变。慈善公益提供的社会服务因为不收费，中间群体等其他群体很少从中受益。社会企业提供的社会服务基本上都是有偿的，既有动力去改进产品和服务，也能让弱势群体、特殊群体之外的其他群体通过付费的形式享受到服务。同时，社会经济也更注重让受益者通过工作来换取劳动报酬，既减轻政府的福利供给压力，又能较好地激发社会活力。

（四）通过推动公益和商业融合发展发挥作用

慈善公益和市场商业在第三次分配中都发挥着重要的作用，但二者各自发力，作用的效果有限。传统上，公益和商业有着明确的边界，公益不能参与商业，只能以非营利方式提供公共物品，而商业也只能通过捐赠参与公益。近年来，随着科学技术的发展和产业融合步伐的加快，组织的边界开始逐渐变得模糊，公益和商业也出现了融合发展的趋势。一方面，公益通过引入商业的理念、方法和模式来提高自己的管理效率和管理水平；另外一方面，商业中也开始融入越来越多的公益元素和要素，在自己的"目的"中加入了更多

---

① 阿马蒂亚·森．理性与自由［M］．李风华，译．北京：中国人民大学出版社，2012：468.

的“利他”成分①。社会企业既是公益和商业融合发展的结果，反过来又进一步推动了公益和商业的融合发展。徐永光认为，公益向“右”，社会组织向社会企业靠拢，可以比较好地解决社会组织资源短缺和效率不高的问题；而商业向“左”，市场组织向社会企业靠拢，则能够进一步做实企业的社会责任②。社会企业推动商业和公益融合发展，形成的“社会化商业”和“商业化公益”，既能取得比较好的经济效益，又能取得比较好的社会效益，这也是社会经济的灵魂和精髓。

三、正确认识社会企业在第三次分配中的作用

经过 10 多年的发展，我国社会企业已初具规模，在解决社会问题上所发挥的作用也得到了社会各界的广泛认可，一些地方政府还专门出台了支持社会企业发展的政策。但我国社会企业发展的历史毕竟还不长，本身的发展还存在和面临一些问题，在第三次分配中也只是作为一种补充力量而存在。因此，在肯定社会企业在第三次分配中作用的同时，也要看到社会企业作用的局限。

（一）社会企业数量少、规模小，整体效益明显不足

据中国社会企业与影响力投资论坛和南都基金会联合发布的《中国社会企业与社会投资行业扫描调研报告 2019（简版）》显示，截至 2018 年底，以低方案计算的全国社会企业为 1684 家，以高方案计算的全国社会企业为 175 万家③。低方案计算的社会企业是指有自觉意识的社会企业，不仅要自己认同，而且要得到行业认可，即现代意义上的社会企业；高方案计算的社会企业是指无意识的社会企业，包括民办非企业单位、集体经济组织、农业合作社等。按照高方案计算，我国社会企业的数量已经稳居全球第一，但按照低方案计算，我国社会企业的数量却明显偏少。截至 2020 年底，通过了中国慈展会、社会企业论坛、美国公益企业等第三方机构认证的社会企业和顺德、成都、北京 3 个地方政府评审认定的社会企业，加起来也只有 370 余家。2017 年，纳入统计的全国 1684 家社会企业中，年收入在 100 万元以下的中小型社会企业占到了 48.4%④。2019 年，成都市首批（2018 年）认定的 12 家社会企业中，员工在 100 人以上的 1 家，21—50 人的 3 家，11—20 人的 5 家，5—10 人的 2 家，5 人以下的 1 家⑤。目前，获得三方机构认证的社会企业也主要分布在北京、上海、深圳、成都、杭州等大城市，中小城市和欠发达地区的社会企业都还比较稀少。

（二）社会企业运营模式不成熟，自我造血功能明显偏弱

社会企业不仅规模小，而且市场生存能力弱，很多社会企业连“自负盈亏”都还难以实现。据《中国社会企业与社会投资行业扫描调研报告 2019（简版）》显示，2017 年纳入统计的全国 1684 家社会企业中，只有 20.5% 的社会企业实现了盈余，36.2% 的社会

---

① 康晓光，冯利．中国慈善透视［M］．香港：世界科技出版社，2020：89.

② 徐永光．公益向右，商业向左：社会企业与影响力投资［M］．北京：中信出版社，2017：115.

③ 中国社会企业与影响力投资论坛，南都基金会．中国社会企业与社会投资行业扫描调研报告 2019（简版）［Z］.2019.

④ 中国社会企业与影响力投资论坛，南都基金会．中国社会企业与社会投资行业扫描调研报告 2019（简版）［Z］.2019.

⑤ 2020 社会企业发展论坛．成都市社会企业 2019 年社会企业社会属性监管与影响力评估报告［Z］.2020.

企业实现了收支平衡，43.3%的社会企业处于亏损状态①。社会企业本质上还是企业，其运营模式主要是商业运营模式，即通过提供有偿的产品或服务来实现盈利，与一般商业企业的运营模式并无区别。《中国社会企业与社会投资行业扫描调研报告 2019（简版）》中，社会企业在营销与品牌管理、法律税务管理、人力资源管理、财务管理、利益相关方沟通与关系管理、战略管理、生产管理等几个与商业运营能力相关的指标上得分都比较低，基本上都不到 70 分（总分为 100 分）②。目前，我国社会企业的组织类型包括社会组织、企业、民办非企业单位和合作社。社会企业运营模式不成熟、商业运营能力低，与社会企业中很大一部分是从社会组织中转型过来的有较大的关系。由社会组织转型过来的社会企业，原来主要依赖资助和捐赠，转型过后，还缺乏足够的市场意识和商业运作的经验方法，难以适应新的环境。

（三）社会企业社会效益评估难，社会影响力严重受限

社会企业创造和实现的价值包括经济价值和社会价值。在第三次分配中，对社会企业创造和实现的社会价值要求显然应该高于经济价值要求，经济价值只是社会企业创造社会价值、实现社会目标的手段和途径。社会企业创造和实现的社会价值主要体现在满足社会领域的需求和解决社会问题上。社会企业创造和实现的社会价值不完全是一个连续体，既可以在生产/制造、销售/交换、消费/使用等环节实现，也可以在盈余分配环节实现。实践中，由于社会效益类型宽泛、主观性强、指标不容易量化，社会企业创造和实现的社会价值并没有得到客观公正的评价，一些地方和部门仍然习惯于从生产、销售、消费和盈余分配全过程来考察社会企业的社会价值，或者简单地用营收指标、受益人群数量指标来测评社会企业的社会效益，部分专家学者甚至主张以是否分红来作为判断社会企业的主要依据。社会企业在我国还是一个新生事物，近年来才开始逐渐进入政府和公众视野，政府和公众对社会企业还缺乏足够的了解，甚至对社会企业还存在一些误解。如果社会企业的社会价值得不到正确评价，其公信力、传播力和影响力都将严重受阻受限。

（四）社会企业未来的发展路径

社会治理向纵深推进，第三次分配纳入收入分配基本制度，为社会企业的发展和社会企业发挥更多更大的作用提供了广阔空间。社会企业未来在第三次分配中的地位和作用，不仅取决于数量扩张的规模，更取决于内涵提升的质量。在我国现有制度框架下，社会组织向社会企业转型和市场组织向社会企业靠拢的双轨发展路径仍然是社会企业发展的主要路径。社会组织向社会企业转型在发达国家已经是一种趋势，我国最早引入社会企业项目的初衷也是要推动社会组织转型，但 10 多年下来，社会组织转型的积极性并不高。《中华人民共和国民法典》确定了营利法人和非营利法人（包括捐赠法人）的不同法人形态，为社会组织向社会企业转型破除了法律障碍，社会组织可以通过注册不同的法人同时开展营利活动和非营利活动。如深圳残友集团，本身为公司性质的营利法人，而下辖的深圳市郑卫宁慈善基金会、深圳市信息无障碍研究会和深圳市残友社工服务社则属于非营利法人

---

① 中国社会企业与影响力投资论坛，南都基金会．中国社会企业与社会投资行业扫描调研报告 2019（简版）[Z].2019.

② 中国社会企业与影响力投资论坛，南都基金会．中国社会企业与社会投资行业扫描调研报告 2019（简版）[Z].2019.

性质的基金会、社会团体和社会服务机构。市场组织向社会企业靠拢，除了直接转型为社会企业外，还可以采取单独成立社会企业、与社会组织联合发起设立社会企业、社会责任投资、公益创投、社会影响力投资等不同的方式参与。比起简单的捐赠和志愿服务，市场组织以社会企业的形式或方式履行社会责任，不仅更加专业，而且覆盖的人群也更广泛。

（作者简介：李发戈，四川省成都市委党校教授）

中国特色社会企业财富责任的重新审视及北京经验

宋 彤

摘　要：鉴于其在解决社会问题、提高人民生活质量的重要作用日益受到关注，社会企业在履行好社会责任的同时，需处理好社会责任与财富分配的关系。本文通过分析北京社会企业履行社会责任对企业的影响，重新审视了社会企业的财富责任，针对社会企业经营战略优化提出提升社会企业服务水平等相关措施。

关键词：社会企业；企业责任；财富分配；北京经验

社会企业是通过商业模式运作，赚取利润以贡献社会的组织机构，其所得盈余用于扶助弱势群体、促进社区发展及企业本身投资，从而实现其社会目标。作为一种社会治理和民生服务的创新载体，社会企业具有“明确且优先的社会目标、可持续发展的商业模式、社会目标优先的机制设计、明确可测量的社会效果”的特征，体现了“企业为体、社会为用”的深刻内涵，是当今各国政府提供公共服务的有效途径，对转变政府职能、加快社会治理体制改革，扩大社会服务供给具有重要意义。

近年来，北京市着力探索扶持以服务民生和开展公益为重点的社会企业发展，取得初步成效。2016年，为摸清社会企业发展现状，厘清发展思路，相关部门成立专题调研组梳理相关法规政策，了解社会企业发展动态和理论研究成果，先后深入家政、物业、残障、养老、慈善超市等多个行业进行实地调研，掌握社会企业发展情况。通过这些年的不懈探索，北京社会企业在价值创造和财富责任方面已形成新局面。

一、北京社会企业发展概况

通过不断强化政策引导，促进政府、市场、社会三者良性互动，积极扶持社会力量，扩大社会服务供给，率先引入社会企业理念与模式，北京社会企业发展形成了自己的特色。

（一）注重顶层设计，宏观指导有力

政府高度重视社会企业发展，措施到位。早在2011年，《中共北京市委关于加强和创新社会管理全面推进社会建设的意见》提出，要“积极扶持社会企业发展，大力发展社会服务业”。同年，《北京市“十二五”时期社会建设规划纲要》明确“积极扶持社会企

业”的要求。2014年，《北京市人民政府办公厅关于政府向社会力量购买服务的实施意见》中，明确政府购买服务的承接主体包括社会组织、企业、机构、事业单位等，首次将企业纳入政府购买公共服务准入范围。《北京市“十三五”时期社会治理规划》也提出“大力发展社会企业”，要“开展专题调研，研究扶持政策，分类开展试点，大力推动以服务民生和公益为重点的社会企业发展”，为制定相关政策指明了方向。

（二）重视市场机制，注重政策引导

社会组织和商业企业的转型是当前国内外发展社会企业的主要路径。政府有关部门在制定行业政策时，并未直接提出培育发展社会企业，而是顺应其发展趋势，加大改革创新力度，优化公共服务供给结构，积极推动社会组织、商业企业向社会企业转型，支持其以市场机制、创新模式参与解决社会建设重点难点问题。

一是出台政策扶持。在医疗服务方面，2012年北京市出台《关于进一步鼓励和引导社会资本举办医疗机构若干政策的通知》，提出18条促进社会办医的支持政策；后陆续发布《北京市社会办医指南》《北京市医疗机构许可管理办法》等。在健康服务方面，发布《北京市人民政府关于促进健康服务业发展的实施意见》，出台本市加快推进健康与养老服务工程建设重点任务及分工方案，搭建54实施项目库。在养老服务方面，先后出台《北京市人民政府关于加快推进养老服务业发展的意见》《关于加快本市养老机构建设的实施办法》《关于深化公办养老机构管理体制改革的意见》和《北京市居家养老服务条例》，着力破解制约养老服务业发展难题。

二是加大政府购买服务力度。从2009年起，北京市级财政设立社会建设专项资金，其中购买社会组织服务占较大比例，主要围绕社会组织服务管理创新、社会领域党建创新、专业社会工作创新、社会建设信息服务、社区服务管理创新以及社会动员机制创新等方面，向社会组织公开购买服务，进一步提高公共服务水平和效率，让群众有更多获得感。据统计，2009年至2016年，北京市财政共拨付社会建设专项资金18.1亿元，其中4.68亿元购买社会组织服务项目3214个，撬动配套资金5.4亿元，参与社会组织5.8万家。这些项目的实施，对于解决群众最关心、最直接、最现实的利益问题起到了很好的推动作用，使社会组织成为提供专业服务的有效补充，提升社会组织承接政府购买服务能力，也为部分社会组织转型发展成为社会企业创造了有利条件。

三是加强政府与社会资本合作。按照《关于创新重点领域投融资机制鼓励社会投资的实施意见》，北京市推动社会领域多个社会办养老、社会办医、社会办教育项目落地，出台友谊医院顺义院区项目PPP方案和安贞国际医院特许经营试点方案，多次召开养老服务试点项目和试点政策研讨会，大力支持西城、朝阳区结合自身实际，推进养老服务业改革创新。

四是加快事业单位分类改革。继续转变政府职能，创新公益服务提供方式，将可由第三方提供的事务性管理服务交由具备条件的社会力量承担。对于环卫清扫保洁作业、社区服务、养老服务等事务性工作，采取政府购买服务方式提供。推动事业单位去行政化，逐步将有条件的事业单位转为企业或社会组织。

（三）科技助力，新特小企业发展迅速

借助科技发展基础厚实和研究能力突出的优势，近年来一大批规模小、符合垂直领域需求的特色企业蓬勃发展，它们中的一部分具备商业向善的潜力，尽管目前规模和影响力较小，由于发展势头迅猛，成为社会企业中值得关注的劲旅。

北京社会企业发展论坛（2021）暨首届北京市社会企业评优颁奖活动上，一批社会企业独具特色。如获奖企业北京新素代科技有限公司，其创始人柳济琛本科就读于清华大学。2018 年，他组织团队开发了“光盘打卡”微信小程序，用户只要用手机拍张照，“光盘打卡”就能识别出食物有没有被吃光。“打卡”成功后，用户会获得积分奖励，积分可以兑换环保、公益、扶贫等主题的特色商品，也可以捐赠出去，由爱心企业提供一定比例的配捐。

2018 年，柳济琛从清华休学创业，创立了北京新素代科技有限公司。2019 年，柳济琛团队面向全国高校开展的“百城千校光盘行动挑战赛”项目荣获全国青少年生态环保工作领域最高奖项“母亲河奖”，北京新素代科技有限公司正式成为共青团中央“美丽中国·青春行动”系列项目合作伙伴之一。2020 年，北京新素代科技有限公司参与开展了“重启光盘行动”“开学第一餐，我一定光盘”等一系列活动，受到了青少年的广泛支持。目前“光盘打卡”程序用户人数已超过 400 万，覆盖高校超过 1000 所，用户累计打卡逾 4000 万次，配捐善款近百万元。2020 年 8 月，柳济琛成为中国首位联合国可持续发展目标青年领袖。北京新素代科技有限公司等企业从某个侧面反映出新型社会企业的新特点。

二、北京社会企业发展面临的问题与挑战

（一）自身建设参差不齐

北京市大部分社会企业还处于早期发展阶段，符合社会企业通行定义的社会组织或商业企业数量较多，但规模普遍较小，典型经验不多，效益不高，也不具备较强的自我造血能力。工作人员普遍较少，经费收入不足，且来源不稳定；很多社会企业设施设备简陋，实力不强，其组织形式相对松散，对自身规范性建设和发展战略等长远问题考虑较少，运营管理能力也参差不齐；从公益创新看，资助方式、激励机制、问责制度及公信力等方面仍有待加强。

（二）服务水平不高，市场竞争力较弱

社会企业在激烈市场竞争中尚未形成可持续发展机制和核心竞争力，不少社会企业尚处于维持简单再生产的初级阶段，难以获得应有市场份额，其盈利模式还需进一步完善。

随着经济社会的快速发展，群众对公共服务多样化、差异化需求越来越高，社会企业作为公共服务的提供者和参与者，其服务品种和服务质量还有较大提升空间，服务体系还不完备、服务手段相对滞后，尚不能很好地满足居民需求，在很大程度上影响了功能和作用的发挥。

（三）社会理念认同程度不高

尽管社会企业概念得到了一定程度的普及，但政府、学术界、公益界等对其认识尚显不足，全社会支持社会企业发展的氛围不浓。社会企业理念的公众知晓度较低，有些群众对其以市场化方式实现社会目标的运营模式产生怀疑；主流媒体关注不多，不少从事公益事业、社会服务的个人对其了解不够；一些采用社会企业模式运作的机构也未能准确把握社会企业内涵的外延；一些机构利用社会企业概念进行炒作，骗取外部支持和声誉，获取

不法收入。这在一定程度上影响了社会企业的认知度和公信力，也影响了行业的整体发展。

（四）发展环境亟待改善

从金融生态支持网络来看，社会企业大多从小微企业或社会组织转化而来，具有规模小、经济回报率低、回报周期长的特点，与普通商业企业相比更易产生资金短缺的问题。因此，金融市场对其接受度较低。大部分社会投资机构只对具有一定规模和影响力的项目投资，缺乏真正意义上的公益创投资本。环境保护、社区服务和城市治理等方面鼓励社会创新力度仍需加大。从社会企业家教育培养来看，北京大多数高校设有创业课程，但仅有北京大学、首都经济贸易大学等几所高校设置了社会企业课程，对社会企业家缺乏专业地的教育培养。理论界主要从介绍域外经验等角度对社会企业开展研究，有关北京社会企业的战略规划、发展路径、政策体系和制度建设等方面的深度研究尚未展开。

此外，公益事业法律法规相对滞后，针对社会企业的保障和约束机制尚未建立，对其监督管理还不能跟上行业发展的需要。

三、重新审视社会企业与社区公共服务价值创造和财富责任

社会企业是以实现社会使命为首要目标，致力于以商业模式来解决社会问题的组织。英国政府把社会企业定义为，“以社会目标优先，盈余主要用于企业再投资或社区，而不是为股东和所有者寻求最大化利润的企业”。依照法律地位进行分类，社会企业大多分属公司、社会服务机构、协会、基金会、合作社等组织类型。

目前，学术界对于社会企业的概念还缺乏统一的认识和定义，但作为混合型组织，社会企业以实现社会使命为首要目标，不追求利润最大化，这不同于传统企业。社会企业致力于以商业模式来解决社会问题，这区别于非营利组织。社区是聚居在一定地域范围内的人们通过彼此间的互动所构成的社会生活共同体。以社区居民共同享有为特征的各种产品和服务，即社区公共服务，其主要领域涉及医疗卫生、教育、就业、养老、助残、家政、扶贫、文化、娱乐、住房等。

波兹卡和迪夫尼认为，社会企业贡献之一即是推动地方发展，它与基层社区紧密相连，通过把工作重心放在社区，以满足社区人口的公共服务需求，实现社区公共服务价值的创造。在社会企业发展较快的国家和地区，社会企业关注社区并以社区为主要活动范围已经成为一种趋势。在英国，政府重视社会企业在社区公共服务中的角色，许多社会企业非常关注最贫困的社区，38%的社会企业在英国最贫困的社区开展工作，而其中传统的中小企业仅占12%。

社会企业扎根于社区，致力于高效率、高质量、可持续地提供公共服务，其价值创造或其财富责任主要体现在四个方面。

（一）需以精准和精细服务满足社区居民多样化的服务需求，提升财富责任意识

由于具有独立生存的危机感和崇高的社会使命感，且运营方式灵活，社会企业对于多样化、个性化的服务需求极为敏感，能够提供居民所急需的服务，并且其服务具有精准化的特点。社会企业被看作是一种“为复杂的和持续的社会问题提供创新性的解决办法”的组织形式，所从事的社区公共服务业态极为多元，服务领域和服务内容更加精细。梅森

等人认为："社会企业使地方社区能够直接提供急需的产品和服务，它们填补了国家撤出所留下的供给方面的空白。"

（二）社会企业通过"赋权"与"授能"塑造受益对象的人格，拓展财富责任维度

社会企业不仅以公共服务的内容满足社区居民的服务需求，而且也是一种社区赋权的机制，它致力于在服务的过程中，培养与塑造受益对象乐观、独立、自信、勇于挑战等人格素质。对于那些被社会排斥的边缘群体，通过促使其个人能力的提高，提升他们的生活质量，使其尽快融入社会。

例如，纳维戈社区利益公司（NAViGO）是英国一家规模较大的社会企业，2003 年以来开展了一项名为"塔克斯"的就业和培训项目，主要业务是为具有心理健康问题且此前很少或从未接受过培训、没有资格认证或工作经验的人提供培训和就业机会。该社会企业围绕社区开展工作，旨在帮助人们发展新的技能，增强他们的信心和动力，重新使他们与劳动力市场接轨。

（三）社会企业在服务的过程中发展社区社会资本，提升财富价值

帕特南把社会资本定义为社会组织的特征，如网络、规范和信任等，并认为这些特征有助于人们之间的协调与互利合作。社会企业拓展社区社会资本，这是因为它依赖于社区文化背景，致力于在员工、社会工作者、志愿者与服务对象间的服务关系中成为可信赖的角色，促进社区服务中多方利益主体之间的交流沟通，促使更多社区居民积极地参与服务。约翰斯通和莱昂尼斯的研究发现，尤其是在较为同质化的社区，社会企业可以通过依赖一个强大而活跃的社会关系网络来重振"枯竭的社区"。

（四）社会企业通过多元化的服务致力于社区营造，扩大财富受益范围

社区营造是指社会企业采取服务多元化的策略，通过在社区人文教育、环境景观、环保生态、产业发展、社福医疗、社区就业等多个领域参与公共服务的供给，以创造社区文化特色，更新乃至重建社区的过程。社会企业以其灵活的运营方式和营销策略将整个社区的资源运作起来，凭借不同服务行业领域的关联和整合，以实现社区公共服务的规模效益，同时通过参与共建社区支持系统，从整体上推动社区的发展。

事实上，在资本市场上也有社会责任投资，投资者不仅考察投资对象的财务业绩，还考察其环境保护、社会道德以及公共利益等社会责任的履行情况，即通过综合判断形成投资决策的投资行为。

社会责任投资以关注长期回报、各方利益的协调以及鼓励互动和沟通为特征，主要形式包括投资对象筛选、股东参与和社区投资，在公共价值思潮和社会行动的推动下逐步演化、延展，目前已成为全球金融市场一种相对主流的投资理念。社会责任投资如何在我国资本市场有效推行值得关注。

四、进一步推动北京社会企业发展的对策建议

针对社会企业发展存在的情况，需继续创新理念、制度和方式，充分发挥社会企业在社会建设、改革和治理中的应有作用。

首先，进一步坚持扶持社会企业发展，推动政府转变职能。随着国家大力加强服务型政府建设，各级政府积极探索将原有部分职能转移给相应社会主体，构建公共服务多元化

治理格局。社会企业作为一种跨界模式，成为推动政府与非营利组织、企业合作互动的良好载体，有助于充分发挥社会主体的作用，有利于政府简政放权和转变职能，不断提升社会治理和公共服务水平。

其次，进一步推动社会企业提升服务能力，推进社会治理创新。社会治理创新需要更好地保障改善民生、促进社会公平正义，最大限度激发社会活力、最大限度增加和谐因素、最大限度减少不和谐因素。社会企业家具有较强的社会责任感和勇于创新意识，社会企业兼具非营利组织和企业的双重属性，是社会公益与市场经济有机结合的产物，能有效弥补政府和市场不足，缓和社会矛盾、维护社会公平。

再次，扶持社会企业发展有助于社会服务提升。社会治理归根结底是为了更好服务群众、维护群众利益。社会企业致力于关注某类弱势群体，深入调查了解群体需求，动员各类社会资源为特定群体提供专业化服务。扶持社会企业发展，让更多社会企业进入公共服务领域，有助于改善和优化社会服务供给，为广大市民提供更加优质高效便捷的服务。培育发展社会企业，要进一步深入贯彻党中央、国务院的一系列部署和要求，认真实施《北京市“十四五”时期社会治理规划》，紧密结合首都经济社会发展实际，学习借鉴国内外先进经验，始终坚持目标导向、需求导向、问题导向、改革导向，加强理念创新、制度创新和方式创新，进一步增强社会企业自我创新能力，进一步传播理念认知，营造社会企业发展良好环境氛围，努力形成政府主导、社会参与、重点突破、创新发展、作用发挥的新格局。

（一）继续做好准入退出分类认定，探索积累经验

1. 进一步优化社会企业准入退出和认定方式方法。要进一步明确社会企业概念界定、发展方向及行业布局，着力开展社会企业资格认证，从社会目标、组织类别、业务类型、治理结构、收入来源、利润分配等方面，形成首都特点的社会企业认定标准和准入退出体系。

2. 发挥好试点示范作用。分行业征集社会企业试点项目，选取家政、养老、助残等具有示范效应的社会服务机构，组织专家对其社会目标、社会效益、经济效益、商业模式、治理结构及利润分配等进行综合评审，向社会公示后开展试点。根据试点社会企业发展现状给予分类扶持，针对初创期社会企业，通过补贴人员工资、小额资助、办公场所租金减免等“造血”措施，提高初创成功率；针对发展期社会企业，加大人员培训、规范化建设、增加购买服务资金项目等“补血”力度，提高其自我创新能力和市场竞争力；针对成熟期社会企业，通过宣传表彰、打造服务品牌等“活血”方式，扩大其社会影响，激发规模化解决社会问题的强大能量。

（二）进一步创新思路，提供制度保障

1. 探索促进购买服务。政府购买服务是当前培育发展社会组织、扩大公共服务供给的主要方式。要进一步梳理整合各部门政策举措，加大工作力度，将社会企业作为专门类别纳入购买服务目录，并享受政府购买服务优先承接权，逐步提高向社会企业购买服务的份额和比例。明确向社会企业购买服务的重点领域、重点项目，逐步推进社会福利、社会救济、社会慈善、促进就业、教育培训、家政、养老、助残等纳入购买服务范畴。

2. 尝试出台财税措施。资金匮乏是社会企业面临的首要问题。由于资金不足，社会企业难以有效开展活动和维持日常运营，也难以解决更多社会问题。要发挥财税杠杆的撬动效应，允许社会企业至少享受与小微企业同样的税收优惠、行政费用减免等政策，推动以企业身份注册的社会企业享受优惠政策。增强社会创新意识，将社会创业培育发展纳入“双创”范围，积极给予扶持。运用公建民营等方式，推动养老、助残、医疗等领域的服务机构专业化、规范化、社会企业化。

3. 尝试依托北京证券交易所，探索拓宽融资渠道。允许慈善、福彩、体彩等部分公益资源进入社会企业。鼓励基金会投资社会企业，推动社会影响力投资，实现基金会和社会企业双赢。设立社会企业发展专项资助基金，支持社会企业参与公共服务能力建设。制定优惠措施，鼓励更多资本进入社会企业投资领域。探索政府参与公益创投、公益信托、社会影响力债券的创新模式机制，资助处于初创期和财务回报过低的社会企业，提升其获得社会投资的能力。

4. 进一步尝试加强产业聚集。规划建设社会企业孵化园，为入驻园区的社会企业提供免征管理费、活动场地、行业信息交流等优惠服务，降低其运营成本，为社会企业家创新创业提供良好的基础设施。吸引为社会企业提供公益风险投资、企业管理咨询等衍生服务机构入驻，使之发展成为社会企业聚集区，营造社会企业发展的良好微生态。

（作者简介：宋彤，北京城市学院教授）

Ⅱ 社会企业助推共同富裕的有效机制

社会企业在促进共同富裕的价值效力与模式嬗变

邓子纲

摘　要： 经过改革开放四十多年的发展，我国已全面建成小康社会，人民的物质生活得到极大充裕，但我国发展不平衡不充分问题仍然突出。在国家强有力的调控下，城乡和区域发展不平衡问题虽有所改善但尚未得到根本扭转，全面脱贫以后巩固拓展脱贫攻坚成果的任务依然艰巨，乡村振兴和区域协调发展仍在路上，共同富裕的“短板”急需补正补齐。而这正是社会企业推动共同富裕的主要方向和重要着力点。社会企业以社会责任为导向，以经济上的直接捐助助力缩小社会收入差距，通过捐助、志愿服务等方式在扶贫济困、扶老救孤、助残优抚、医疗救助、教育救助、灾害救助及其他公益领域发挥了积极作用，对新时期我国公益事业的发展壮大具有重要意义。基于此，应创新机制模式，做好社会企业认证评估，强化其规范运作，最重要的是推动社会企业树立“持续造血、持续公益”的发展理念，持续用商业手段提供产品或服务，解决社会问题、创新公共服务供给，并取得可测量的社会成果，从而最大程度释放其潜能、推动社会企业可持续发展。

关键词： 社会企业；第三次分配；共同富裕；价值效力；模式嬗变

共同富裕是社会主义的本质规定和奋斗目标，是我国社会主义的根本原则。共同富裕是全体人民的富裕，是人民群众物质生活和精神生活双富裕，不是少数人的富裕，也不是整齐划一的平均主义。改革开放之初，邓小平同志针对我国的经济发展形势提出：让一部分人先富起来，先富带动后富，最终走向共同富裕的发展目标。经过改革开放四十多年的发展，我国已全面建成小康社会，一部分人先富的目标已经实现，在此基础上，如何继续统筹做大蛋糕和分好蛋糕，缩小贫富差距，大力推动高质量发展成为进一步需要思考的问题。

党的十九大报告提出，到 2035 年的目标是“人民生活更为宽裕，中等收入群体比例明显提高，城乡区域发展差距和居民生活水平差距显著缩小，基本公共服务均等化基本实现，全体人民共同富裕迈出坚实的步伐”；到 2050 年的目标是“全体人民共同富裕基本实现，我国人民将享有更加幸福安康的生活”。中央财经委员会第十次会议提出“在高质量发展中促进共同富裕”，正确处理效率和公平的关系，构建初次分配、再分配、三次分配协调配套的基础性制度安排，鼓励高收入人群和企业回报社会。企业是市场经济的实体，是共同富裕的实体，在新百年、新时代，企业怎么更好地回报社会，如何更好地促进共同富裕目标的实现，成为亟待思考的时代议题。

一、社会企业在促进第三次分配、实现共同富裕的实践中大有可为

收入分配是经济社会发展的重大问题，关系人民群众切身利益，更关系改革发展稳定大局。从我国的实践来看，初次分配环节主要注重效率，再分配环节则主要注重公平。自改革开放以来，国民经济不断增长，但城乡居民人均可支配收入存在差距，不同地区、不同行业和同行业不同岗位之间的收入差距也在不断扩大。实践证明，以财政为主要手段的再分配环节，虽然在很大程度上起到了兼顾公平的作用，但是在再分配过程中仍然存在较大差距，急需以企业和个人为参与主体的第三次分配来推动实现共同富裕的目标。

（一）第三次分配是实现共同富裕的主要手段

共同富裕就是要通过补偿和矫正制度性因素导致的不平等，让全体人民有机会、有能力均等地参与高质量经济社会发展，并共享经济社会发展的成果①。市场导向下的初次收入分配在提高效率的同时，也导致了收入差距不断扩大，再分配虽然本着公平原则起到了一定的调节作用，但是对于收入差距过大的现状而言力度还很不够，急需以企业和个人为主体的第三次分配来帮助实现缩小收入差距的目标。第三次分配是缩小收入差距、实现共同富裕的重要手段②。

第三次分配是相对于初次分配和再分配而言的。初次分配是市场主导下的分配，是效率的体现，再分配则是政府主导下的分配，是为了调节市场机制作用下的不平等。初次分配和再分配是调节我国收入分配的主要手段，然而在初次分配和再分配中，促使收入均等和集中的因素同时并存，这就意味着初次分配与再分配在调节收入均衡的同时容易陷入收入均等或是收入差距悬殊的困境。再分配在缩小收入差距上具有重要作用，但其作用是有限度的。共同富裕虽强调人人享有，但绝不是靠政府大包大揽，更不允许出现“养懒汉”“等靠要”等现象，共同富裕必须依靠全体人民共同奋斗。③ 为此必须发挥社会机制的作用，充分利用第三次分配，提升实现共同富裕的持久动力。

第三次分配由中国著名经济学家厉以宁教授提出，他认为收入分配有三次分配的过程，“第一次分配是由市场按照效率原则进行的分配，第二次分配是由政府按照兼顾效率和公平原则，侧重公平原则，通过税收、社会保障支出等这一收一支所进行的再分配。第三次是在道德力量的作用下，通过个人资源捐赠而进行的分配”④。第三次分配强调资源的“优化配置”，是社会自主自发组织的互助帮扶活动⑤，在个人或企业的自愿条件下，实现社会收入从富裕人群向相对贫困人群的转移，以此对初次分配和再分配形成补充。第三次分配是基于个体自身的道德选择，资源来源于捐赠者的资助及其服务。基于社会机制的第三次分配，相较政府而言，有着更加畅通的信息获取渠道，能够更精准地实现资源的优化配置。由此可见，第三次分配对缩小贫富差距意义重大，正是第一、第二次分配之外的第三次分配，使得整个社会的分配正义得以实现。

---

① 郁建兴，任杰．共同富裕的理论内涵与政策议程［J］，政治学研究，2021（03）．

② 江亚洲，郁建兴．第三次分配推动共同富裕的作用与机制［J］．浙江社会科学，2021（09）．

③ 金观平．共同富裕先要共同奋斗［N］．经济日报，2021－08－05．

④ 厉以宁．股份制与现代市场经济［M］．南京：江苏人民出版社，1994．

⑤ 江亚洲，郁建兴．第三次分配推动共同富裕的作用与机制［J］．浙江社会科学，2021（09）：76－83、157－158．

（二）作为第三次分配的主体，社会企业大有可为

社会企业社会企业家发动并致力于运用商业手段解决社会问题的特殊企业。在强大的道德感驱动下，社会企业家专注于实现的是社会价值而非商业价值，由此公益性占据了主位，社会企业也因此成为第三次分配的重要主体，社会企业在第三次分配中大有可为。

社会企业以解决社会问题为组织使命，具有识别由政府和市场双重失灵带来的变革机会的能力，具有不同于传统公益慈善的创新的问题解决模式，并且具备行为或机制来保障对商业目标的追求而不损害社会使命的组织。社会企业出现于20世纪90年代，目的在于解决社会领域里出现的政府和社会组织双重失灵的问题。20世纪90年代以来，全球性社会问题不断增多，传统意义上的政府组织、传统商业组织和社会公益组织等社会三大部门未能给予充分、有效的解决，为弥补社会第三部门的缺位，社会企业应运而生，它以一个从未有过的形式来实现社会问题的解决——采用商业手段来创造社会价值①。

社会企业适应新时代中国经济结构调整和高质量发展转型，是现代社会的重要组成部分，是政府和企业功能的必要补充，在解决弱势群体就业、弥补社会福利不足、消减社会排斥、推动可持续发展等方面具有重要的推动作用，能够更好地担负起其应负的政治责任和社会责任。同时，社会企业是经济组织，承担着重要的经济责任，同其他所有制形式的企业一样，要参与市场竞争，讲求经济效益，努力生产更多符合社会和人民需要的产品，创造更多的财富，为国家综合实力的增强做出积极贡献。社会企业兼具社会公益性和企业性的双重特性决定了其在第三次分配中的关键性地位。首先，社会企业的企业性区别于传统公益组织。公益社会组织是一个健康社会发展的基石，然而，传统公益性组织往往因缺乏造血机制或忽略成本计算，自身的持续发展难以保证，而社会企业具有自我造血功能，构成了传统公益组织与社会企业的根本区别，也决定了社会企业在公益服务中的持续性作用。其次，社会企业的公益性区别于传统商业企业。组织运作的根本导向决定了一个组织的性质，传统商业企业以营利为导向，而社会企业与之相反，以社会使命为导向，社会企业既遵循市场经济规律，又兼顾商业价值与社会价值，开拓出以商业模式解决社会问题的新思路，将实现企业盈利与解决社会问题一起抓。同时，也正由于社会企业的企业性质，决定了它可以通过创造财富、创造就业机会、平衡就业收入等方式缓解社会问题②。

（三）社会企业是第三次分配的重要实现方式

社会治理的纵深发展使多元共治成为主流，为社会企业参与第三次分配提供了广阔的空间。企业是推动经济社会发展的重要力量，是共同富裕的重要构建者，这也意味着相较于个人或者商业性企业而言，兼具公益性与企业性双重属性的社会企业在第三次分配中发挥着至关重要的作用。改革开放以来，随着经济社会的发展，更多贫困、失业、教育、环保以及社会弱势群体的利益保障与生存发展需要一个兼具灵活性、发展力与专业化的组织

---

① 李保明，张钰静．社会企业的概念辨析及发展展望［J］．人才资源开发，2021（03）：81－82.

② 高海虹．发展社会企业：改善公共服务能力的有效途径［J］．理论探讨，2011（6）：150－153.

或机构来支撑[①]，社会治理中政府的有限性呼吁多元主体的参与。而公益组织由于资金供应来源不稳定及竞争激烈等原因，面临着效率不高和难以可持续发展的问题。由此，在越来越强调企业社会责任的企业与社会发展推动下，企业自发参与社会问题治理的呼声越来越高。兼具企业与社会组织规律的社会企业作为解决提供社会服务，解决社会问题的创新型组织有了更大的自由与广阔的空间。

中国社会企业的蓬勃发展，提供了社会企业参与第三次分配的现实可行性。社会企业是具有强烈社会责任感的企业，以解决社会问题为组织使命。《中国社会企业与社会投资行业扫描调研报告2019（简版）》显示，具有社会企业“自觉意识”的有1684家，员工总数为79148人，2017年总收入约为93亿元，这说明我国社会企业发展已经具备了一定基础。同时，中国对第三次分配的相关制度已陆续建立，中国现阶段与第三次分配慈善捐赠相关的法律法规有《中华人民共和国慈善法》《中华人民共和国公益事业捐赠法》《基金会登记管理条例》《救灾捐赠管理办法》等，为现阶段社会企业参与第三次分配奠定了良好了制度基础。2019年北京市昌平区发布《昌平区回天地区社会企业认证与扶持试点办法（试行）》，明确了社会企业业务发展支持与行业发展创新支持，通过搭建社会企业孵化培育平台、对接各界资源支持、提供免费公共办公空间支持、发放办公用房租赁补贴和人才补贴等推动社会企业发展。四川省成都市则是国内首个出台专门的培育社会企业政策的城市。2017年9月，中共成都市委、市政府发布《关于深入推进城乡社区发展治理建设高品质和谐宜居生活社区的意见》，首次提出“鼓励社区探索创办服务居民的社会企业”。2018年，成都市出台《关于培育社会企业促进社区发展治理的意见》，进一步明确了社会企业孵化的扶持政策，全面提升了社会企业培育能力。广东省深圳市福田区则将建设社会影响力投资高地提升到区域发展战略高度。2018年深圳市福田区发布《福田区关于打造社会影响力投资高地的扶持办法》，通过支持发行社会影响力债券，支持设立社会影响力投资引导子基金等方式为辖区公益创投领域的企业提供资金支持，提供落户支持、社会企业认证支持、创新项目、人才支持等，从构建生态体系的宽阔视角服务社会企业发展。2020年9月，湖南省社会科学院与湖南省朝阳公益基金会联合成立湖南省社会科学院社会企业研究中心，试图打造中国社会企业行业标杆，推动中国社会企业法制化建设进程。目前中国已经成立了多家具有重大影响的社会企业研究中心，包括北京大学公民社会研究中心、上海财经大学中国社会创业研究中心、深圳市社创星社会企业发展促进中心等，在各自的领域发挥了较好的社会影响，推动了中国社会企业理论与实践发展。可以看到，在政府的引导和支持下，我国社会企业在行业构建、培育孵化、认证倡导、政策支持等方面逐步成型，为社会企业在我国的发展与参与第三次分配提供了重要的支撑。

社会企业以其源于社会的本土属性，在社会问题的认识与了解上更加直观，更有利于真正达到缓解社会矛盾、解决社会问题的目标。与初次分配和再分配相比，第三次分配主要是针对一些高收入群体和富裕人群，鼓励他们参与一些慈善性事业，承担更多社会责

---

① 王世强．社会企业在全球兴起的理论解释及比较分析［J］．南京航空航天大学学报（社会科学版），2012（03）：66－71．

任，将其来源于社会积累的财富回报给社会，用于促进社会发展①。社会企业作为市场主体，具有充分的物质资源，充分调动了市场资源、社会资源，为社会治理提供了雄厚的人、财、物支撑。且社会企业作为社会资源的供给方，资源调配的方式更加灵活，有利于提高资源分配的效率，降低社会治理成本。社会企业参与第三次分配的主要形式是通过慈善捐赠帮助缩小收入差距，通过经济上的捐助与志愿服务等方式实现助学、救灾、济困、扶危等目标，解决社会发展不平衡问题，缩小区域差距。同时，社会企业本身作为社会组织可以更好地发挥自身的功能，调节社会矛盾、缓和社会冲突，推动社会公平、正义的建立，维持社会稳定。

二、社会企业在促进第三次分配、实现共同富裕进程中的价值效力

企业作为建设中国特色社会主义的重要力量，在履行社会责任、促进共同富裕中具有不可推卸的重要责任。社会企业在道德、文化等力量的推动下，通过捐赠、慈善事业、志愿行动等方式济困扶弱、推动公益事业发展，实现收入和财富向弱势人群、地区的合理分配，促进城乡、区域、行业平衡发展，实现先富带动后富，在高质量发展中缩小收入和财富分配差距，有助于促进社会的公平正义，增强社会凝聚力和向心力。

（一）调节收入是社会企业促进第三次分配的首要功能

中央财经委员会第十次会议强调今后要形成“中间大、两头小的橄榄型分配结构，促进社会公平正义，促进人的全面发展，使全体人民朝着共同富裕目标扎实迈进”，橄榄型分配结构意味着中等收入群体要在社会中占大多数，也就意味着实现共同富裕首先要缩小收入差距。社会企业参与第三次分配的主要形式是通过资金捐赠，进而实现调节社会收入差距，这也构成了社会企业促进第三次分配的首要功能。

第三次分配体系主要是指使用来自国内、国际的各类社会捐赠所开展的公益慈善和社会救助活动，因此第三次分配的基础是慈善捐赠②。低收入群体是促进共同富裕的重点帮扶保障人群，慈善捐赠是传统公益组织救助社会弱势群体的重要方式。传统公益组织发起的慈善捐赠是我国慈善事业的主流，但在传统的慈善组织的纯公益特性下，资金完全借力于外部捐赠，资金的连续性成为阻滞发展的重要问题，往往只能起到临时性救助的作用。社会企业是用商业的方式实现公益目标的新型组织，相较于传统的公益性组织，有了造血机制，有效地解决了资金的持续性问题，也为社会救助提供了更加长久、成熟的救助机制。《2019 年度中国慈善捐助报告》显示，2019 年中国内地接收款物捐赠共计 1509. 44 亿元，其中企业捐赠款物 931. 47 亿元，占捐赠总量的 61. 71%，其中民营企业占一半；个人捐赠 398. 45 亿元，占 26. 90%，而且个人单笔超过 10 万元的大额捐赠不断增长。从这些数据可以看出，企业是社会捐赠的重要主体，社会资金已经具备了从富裕者向相对弱势者转移的渠道，在社会企业的加持下，将会更好地提高捐赠的稳定性，从而缩小社会收入的差距。

---

① 贾康，程瑜，于长革．优化收入分配的认知框架、思路、原则与建议［J］．财贸经济，2018，39（02）：5－20.

② 江亚洲，郁建兴．第三次分配推动共同富裕的作用与机制［J］．浙江社会科学，2021（09）：76－83、157－158.

同时，社会企业作为一个商业性组织，可以通过调整内部制度安排，提升本组织内的中等收入群体比例，从而缩小收入差距。对所有社会成员来说，物质利益影响到社会成员的基本生活和发展状态，因而公平合理的物质分配制度，直接关系到一个组织乃至全部社会的和谐稳定。社会企业作为一个组织，要想维持健康的运营发展首先要对本组织内的成员负责，建立和完善公平、平等、合理的工资分配体系，提高中等收入群体在企业内部的比例，调节高低收入者之间的差距，营造一个公平正义的组织环境。

（二）扶危济困是社会企业促进第三次分配、实现共同富裕的必经途径

经过改革开放四十多年的发展，我国已全面建成小康社会，人民的物质生活得到极大充裕，但我国发展不平衡不充分问题仍然突出，城乡区域发展和收入分配差距较大，新一轮科技革命和产业变革有力推动了经济发展，也对就业和收入分配带来了深刻影响，也包括一些负面影响，需要有效应对和解决。在国家强有力的调控下，城乡和区域发展不平衡问题虽有所改善但尚未得到根本扭转，全面脱贫以后巩固拓展脱贫攻坚成果的任务依然艰巨，乡村振兴和区域协调发展仍在路上，共同富裕的“短板”急需补正补齐。而这正是社会企业推动共同富裕的主要方向和重要着力点。社会企业以社会责任为导向，以经济上的直接捐助助力缩小社会收入差距，通过捐助、志愿服务等方式实现助学、救灾、济困、扶危等，解决社会上的重难点问题，维持社会的有序高质量发展，推进社会共同富裕。

第三次分配本质上是社会机制调节的资源分配，是社会自主自发组织的互助帮扶活动①。社会企业能通过创造就业机会、创造收入和创造财富、创造社会资本等方式促进区域发展。我国社会的主要矛盾已经转化为“人民日益增长的美好生活需要与不平衡、不充分的发展之间的矛盾”，人民对美好生活的需求彰显了对高质量生活的追求，实现共同富裕面临着更加复杂和艰巨的任务。相对贫困人口的基数远大于绝对贫困人口，在消除绝对贫困、贫困群体经济收入普遍提高后，如何使其达到相对富裕、提高生活质量成为更重要也更加难以解决的问题。而社会志愿机制能够更加精准地识别共同富裕进程中存在的问题，更加快速地配置资源②。在第三次分配背景之下，社会企业作为社会机制的重要组成部分，能够通过与外界的交流，充分掌握有效、真实的社会信息，从而瞄准社会弱势群体，提升资源分配的精准性。社会企业作为经济组织可以将直接给予经济救助转为向弱势群体提供工作机会，提供志愿服务等方式，先富带后富，弥补第一次分配与第二次分配的空白，实现社会的包容性发展。同时，通过社会企业办社会事业，投资兴办普惠性或非营利性的幼儿园、职业院校、高等院校、老年学校和医疗、养老、托育、文化、体育等服务机构，可以有效实现帮老助残、扶贫济困，解决当前存在的“看病难、上学难、就业难、养老难”等诸多社会问题，提高社会基本公共服务水平，真正有助于缩小地区差异、城乡差异。同时，社会企业可以充分发挥自身优势，设计有助于共同富裕的商业模式，着力城乡区域发展不平衡，积极参与国家区域发展战略，捕捉产业发展机遇，助力区域协调发展机制建立，扎实推动区域均衡发展。企业所具有的信息技术的开发利用、技术技能、管理理念、管理方式方法等优势，有助于慈善项目的开展，提升资源使用效率，提升帮扶的专业性。

---

① 刘文．论第三次分配的本质：基于他在性视角的阐发［J］．山东工商学院学报，2021，35（01）：91－102.

② 傅小随．论社会志愿机制及其承载的第三次分配［J］．特区实践与理论，2017（06）：67－72.

（三）社会企业积极发挥社会组织功能促进第三次分配

社会企业通过资金捐赠和志愿服务等方式解决现有问题的同时，从更深层次而言，社会企业作为社会组织发挥了社会稳定剂的作用，通过解决社会弊病，推进社会的稳定发展。社会企业追求的不只是利润更是社会价值，更多的在于关注社会的平衡发展，建立合作共赢和稳定可持续的社会关系，服务于整个社会的发展，提高社会的福利水平。

社会企业本身也是社会组织的范畴，从而可以更好地发挥社会组织的功能，从西方社会建设经验来看，社会组织在社会发展中发挥了重要的作用。在英国，社会企业是“社会经济”的一部分，其目标是提升社会福利水平。在美国，社会企业以非营利组织的演变为开端，是“市场经济”的一部分，社会企业是“社会创新”和“社会企业家精神”的产物①。英国与美国的社会企业为提升政府服务社会的能力、弥补公共治理能力的缺失、改进政府服务社会的方式、培育公民社会发挥了重要作用②。第二次世界大战结束后，西方各国建立起高水平、全覆盖的社会福利体系，而经济危机的冲击给福利国家带来压力，政府难以继续承担全面的福利供给，不得不从一些领域退出。为了弥补政府服务社会的空缺，同时为了解决财政减少所导致的自身发展困境，社会企业应运而生。社会企业对社会需求的感知能力强，拥有比政府更优的技术和人才，成为提供社会服务的主要抓手，有效弥补了政府公共治理能力的缺失③。我国的社会企业作为社会组织，也对于社会的发展起着重要的作用。首先，作为第三方组织，我国的社会企业是政府与群众之间的节拍器、润滑剂，对于调节社会矛盾、缓和社会冲突具有不可替代的作用。社会企业一头连着政府一头连着群众，为政府与群众间的有效沟通提供了渠道，从而有利于化解社会矛盾与冲突，构建有利于第三次分配的社会环境。其次，我国的社会企业在儒家传统文化的影响下，秉承企业社会责任理念和“利己利他”的家国情怀意识与理念，倡导慈善理念与“利己利他”“义利合一”的精神思想，有助于推动社会公平、正义的建立，从而构建有利于第三次分配的理论舆论环境。最后，社会企业致力于将自身企业打造为具有影响力的社会企业，加强品牌建设和宣传，通过宣传扩大社会企业的影响力，形成良好的社会企业培育环境④，从而培育孵化出更多具有社会责任感的企业家和社会企业，整体提升企业的社会责任心，从而构建有利于第三次分配的社会市场环境。

三、社会企业在促进第三次分配、实现共同富裕进程中的模式嬗变

共同富裕是高质量发展的共同富裕，企业回报社会也是在企业发展的前提下——不仅要履行责任，而且企业要更好更快地发展。只有企业先发展，有了经济效益，才能更好地回报社会。因而，社会企业首先要发展自身，创新社会企业的商业化模式，建立良性的组织运营模式，从而实现中国社会企业“持续市场、持续公益”的发展要义。

（一）纯公益的社会企业是没有生命力的

中国社会企业整体起步较晚，现多处于起步阶段，大部分社会企业规模较小，以中小

---

① 余晓敏，丁开杰．社会企业发展路径：国际比较及中国经验［J］．中国行政管理，2011（08）：61－65.

② 朱圆，肖佳欣．社会企业生成逻辑：国际比较与中国特性［J］．北京邮电大学学报（社会科学版），2021，23（03）：77－85.

③ 高海虹．发展社会企业：改善公共服务能力的有效途径［J］．理论探讨，2011（06）：150－153.

④ 沙勇．中国社会企业研究［M］．北京：中央编译出版社，2013.

型企业为主。社会企业不同于传统的以利润为导向的商业企业，也与非营利组织在运营模式上存在很大差别，作为中小型企业中基础相对薄弱的一员，社会企业的生存和发展更易受到外部环境变动的影响。社会企业除了通过捐款和志愿服务等方式促进共同富裕，更注重共享价值的创造——既创造社会效益，又创造经济效益。社会企业回报社会不是简单地切蛋糕，而是创造经济与社会效益双丰收。共同富裕是高质量发展的共同富裕，社会企业首先把“蛋糕做大”，然后着重于“分好蛋糕”，只有企业先发展，有了经济效益，才能更好地回报社会。社会企业在履行社会责任的同时，回报了社会，同时也有利于社会企业自身长远的发展。

为综合实现社会效益与经济效益，社会企业要灵活运用商业企业的管理与营销策略，并以创新的方案来克服环境的阻碍与市场的局限，以追求最低经济利益来发挥其价值与竞争性①。我国现在大部分的社会企业属于中小型企业，且以服务为主导，使得社会企业与商业企业相比更容易遇到资金短缺的问题。社会企业的性质相对特殊，是处于商业企业和非营利组织之间的一种多元混合组织形式，受双重动机驱动，实现社会价值和商业化运营都是它的目标，因而其身份也呈现出更为复杂的两面性。一方面，从公益性而言，社会企业主要是为了弥补市场和政府的双重失灵而存在，因此社会责任是其行为的依归，这决定了其社会利益至上的原则；另一方面，从商业性而言，社会企业的持续发展，需要自负盈亏，因而要求具有相应的造血功能，且实现社会责任也需要大量的资金投入，要能够满足企业自身发展与履行社会责任的需要，因此营利性也是社会企业十分重要的作用。同时，这双重身份也决定了资金在社会企业中的重要作用，其目标是实现社会效益，营利虽不是目的，却是其维持生存的手段，也是保证社会效益可持续实现的基点。因而，商业性是社会企业十分重要的属性，社会企业的利润分配问题是关乎企业生命力的重要问题。社会企业的利润分配首先以实现社会利益为首要目标。社会企业运用商业手段来操作社会福利事业，要始终坚持社会利益至上的原则，尤其是在利润分配的问题上，要建立科学的分配方式杜绝利润最大化，将分配额度限定在一定的条件内，防止出现逐利行为，以实现公益性与营利性的统一②。

（二）社会企业的逻辑旨归在于“市场化+公益”模式

在新时代，社会企业践行社会责任需要用可持续的方式，为此需要在自身高质量发展的前提下，更好地分配慈善资源。纯公益的社会企业无法在激烈的社会竞争中生存下去，社会企业只有统筹好公益和商业双重身份，才能为自身发展注入源源不断的动力。因而，社会企业不仅要在高质量发展的前提下切蛋糕，而且还需要可持续地分蛋糕，其生存逻辑就在于“市场化+公益”模式。

对于社会企业而言，创新商业模式是实现自身长远发展的必要手段和立足市场的必备特点。社会企业作为市场主体，要从实际出发并结合自身所长，结合社会目标，创新商业模式。商业模式是企业价值创造的基本逻辑，社会企业要紧抓企业的核心竞争力，利用比较竞争优势资源，加快供给侧改革，不断提升所供给的产品质量和服务的水平，提升以市

---

① 白光昭．第三次分配：背景、内涵及治理路径［J］．中国行政管理，2020（12）：120－124.

② 罗文恩，黄英．构建社会企业身份：中国大陆、香港和台湾地区社企认证实践比较分析［J］．中国非营利评论，2019（1）：92－94.

场化手段实现企业赢利增值的目标，提升价值链，并更好地投身于公益事业，提高服务社会的能力。在基金融资上，作为公益性质大于商业性质的社会企业要更加注重社会效益的渠道，充分挖掘社会影响力投资和公益创投为社会企业融资的可能。做好社会企业孵化园，拓宽社会企业的融资渠道，建立数据库，为投资机构提供翔实的数据支撑。充分发挥公益创投这一利用商业风险资本进行慈善活动的新型公益资本投资方式，最大限度地提高社会效益①。在商业化运作的同时，通过基金会控股的形式提升社会企业公信力、维持社会企业公益性。建立公开透明、收支平衡、高效运转的基金会，通过基金会将企业资本与实际操作单位剥离，维护社会企业的公益性，避免出现目标替代。同时，通过基金会，培育更多的新型社会公益团体，并引入社区救助、公益演出、邻里互助等机制让社会企业的公益职能下沉，实现慈善事业的系统化。

（三）健全新型社会企业资助创新模式

推动社会企业在我国发展壮大，需要不断健全新型社会企业资助创新模式。在社会企业的内部治理、资产管理、利润分配等诸多方面，社会企业必须按照相关法律规定，通过商业化模式经营，参与市场竞争，以市场逻辑运行。社会效益是社会企业的主要目标，因而必须对社会企业的资产的转移和分配加以限制，以保证企业最初设定的社会目标的实现，社会企业在内部决策过程中，应更加注意利益相关者，即在其社会服务中受益的群体，将其纳入社会企业的内部治理。在治理的过程中，统筹考虑公益性与商业性双重目标，不断健全自身的创新发展模式。

首先，以精准和精细的服务商模式满足共同富裕下的多样化的需求。梅森等人认为，社会企业使地方社区能够直接提供急需的产品和服务，它们填补了国家撤出所留下的供给方面的空白。② 社会企业具有崇高的社会使命感，且运营方式灵活。因此，作为社会主体的社会企业对社会需求有着更为敏锐的触觉，通过整合专业技术、商业资源及社会资源，开展独立的经营活动，针对特定人群开发出精细化的服务类型，建构具有特色的、可持续的运营模式，满足多样化的需求，提供更具专业化、精准化的服务，从而实现社会企业对专业化及自我造血能力的追求。

其次，社会企业通过与政府、一般社会组织等其他服务主体建立伙伴关系的形式，发展社会资本，共同开展专业化服务模式。帕特南把社会资本定义为社会组织的特征，如网络、规范和信任等，并认为这些特征有助于人们之间的协调与互利合作③。在社会企业自身能力不足或者资源条件有限的情况下，社会企业可以寻求外界的帮助，通过与政府、其他社会组织或其他服务主体建立伙伴关系，拓展社会企业的社会资本，以其灵活的运营方式和营销策略将资源整体运作起来，实现优势互补，达成公共服务的规模效益，进而促成其目标的实现。

最后，社会企业通过综合服务商模式，提供多元化的社会服务，实现社会服务的规模效益。综合服务商模式下的社会企业涉足多个社会服务领域，其中规模较大、具备独立自

---

① 张凌竹．我国公益创投的本土化定位及法律实现［J］．法学，2020（10）．

② Mason C，Kirkbride J，Bryde D J. From Stakeholders to Institutions：The Changing Face of Social Enterprise - governance Theory［J］．Management Decision，2007，45（02）：284 - 301.

③ 罗伯特 D. 帕特南．使民主运转起来［M］．王列，赖海榕，译．南昌：江西人民出版社，2001：195.

主承担风险能力的社会企业，在已有商业运营的经验下，独自运营这些业务，自我承担责任；而规模较小、较不成熟的社会企业则通过与其他服务主体建立伙伴关系，共同开展多元化的服务供给，打通领域间的壁垒，各类服务相互补充，形成稳定的、成熟的一体化运营模式，自给自足维持营收，并将盈余继续投入社会服务之中，创造社会服务的特色，共同推进共同富裕。

（作者简介：邓子纲，湖南省社会科学院研究员）

论劳动形态演进、社会企业成长与共同富裕的实现

曹前满

摘　要： 促进共同富裕是新时代中国的新目标、新要求，共同富裕的前提是经济高质量发展，本文通过阐释劳动与幸福生活的关系、现代社会分工体系下劳动的实现条件，提供了社会企业先富带动后富的方式。通过第三次分配推动共同富裕，需要拓展第三次分配的体量和范围，探索完善第三次分配推动共同富裕的创新机制与激励机制。

关键词： 劳动形态；社会企业；共同富裕

促进共同富裕是新时代中国的新目标、新要求，共同富裕的前提是经济高质量发展。在经济内循环层面，注重化解发展的不平衡与不充分，优化资源配置，弥补共同富裕道路上的短板。坚持劳动致富的价值取向，通过发展社会企业，为“先富带动后富”提供有效渠道。

一、劳动与幸福生活的关系

劳动为一切财富、幸福的源泉，是实现幸福的手段。劳动关乎“人民对美好生活的向往”。因此，劳动成为人们必要的权利，我们要坚持勤劳致富价值观，尊重劳动、热爱劳动，充分就业，实现对幸福的追求。

劳动最初是指体力劳动，由于人类活动的目的性扩张，劳动的范围不断延伸，劳动的形式不断拓展，劳动范畴不断得到重新诠释。幸福是奋斗出来的，奋斗就成为对劳动的一种诠释，意味着付出与收获，也蕴含技能与手段。在分工化社会体系下，工作成为劳动的载体与方式，每个人为自己的生活所需而工作，一份工作代表一份社会职责。因此，在社会分工体系下，就业是最大的民生，同时也意味着社会需要提供充足的就业岗位或机会。

劳动创造财富，财富大多以物质形态呈现，并进行量化，因此财富的创造能力就能体现其劳动效率。从繁重劳动中解放出来，这一直是人类的梦想与追求，探索省力的方式以压缩必要劳动时间，从而提高劳动效率。劳动效率体现劳动技能，劳动技能的提升离不开工具的创新。工具的使用拓展了人类的需求空间，同时也推进了人类社会的文明进步。工具最初以改变受力效果而节省体力，现在的动力机器装置等更是大大提高了劳动效率。显然，经济高质量的发展依靠于技术进步、创新引领、效率驱动。

二、现代社会分工体系下劳动的实现条件

在现代社会分工的社会体系中，就业是最大的民生。科技进步带动生产方式变革，机

器设备成为对体力的替代，由此劳动形态经历从技能化、去技能化到再技能化演进。在现代产业体系下，就业要适应市场以及技术发展的需要，这一竞争格局就构成现代特殊就业条件或门槛，由于个体或家庭人力资本投资差异，在就业竞争中存在边缘化的劳动者或劳动能力的特殊人员，就需要通过辅助就业。

中国经济社会转型进入新时代，制造业企业转型升级推进"机器换人"成为一种潮流。智能机器及其配套设备将成为生产的主角，大部分一线操作工被机器取代，甚至一些高技能岗位也将被替换。在现代生产体系中，技术发展既体现为资本逻辑，亦表现为技术自身逻辑，即技术演进对技术环境有特殊要求。技术演进首先将人的劳动技能转化为物化技术（工具、机器），人只有适应技术应用环境，补缺技术运用达到目的所设条件或拓展条件外的领地，表现为新的技能。人工智能时代，改变了工作任务执行环境，高危行业的岗位由机器替代，这本身有益于保障人类权益，同时，人工智能通过改变工作内容和工人技能要求，进而重塑就业结构，造成劳动岗位极化、工资不高等问题。况且，人工智能具有通用性特征，能被广泛运用于各行各业，取代大部分工业、服务业领域的劳动力，从事规则性、程序性的重复工作。智能时代，"机器换人"趋向于进一步替代人的脑力劳动，无人工厂、无人超市、无人办公室等智能生产方式的兴起，可能让多数人成为赫拉利所说的"无用阶级"之列①。在自动化与智能技术的追逼下，劳动就业退缩至规则性较弱或非规则性脑力劳动领域。"机器换人"要求工人以新技能适应机器的运行，推进工人再技能化，增加对特定岗位高技能型人才的需求，而低端体力劳动和重复性劳动则被取代，由此打破传统就业的方式和格局。

在产业集聚效应下，地域经济呈现行政区功能区化与功能区行政区化，生产与消费地域性脱节，形成非均衡资源配置结构，呈现区域性的城市与乡村关系，要素市场受地域因素困扰而场化不足，小范围的功能区化造成城市更新动能不足，由此造成资源闲置，失去充分就业的条件。迈向共同富裕阶段，是劳动工资水平提升、高用工成本的时代。在市场经济条件下，价值递减规律使得很多传统产业因没有盈利空间，加之传统产业盲目推进转型升级，造成工作岗位流失。

全球化和信息化的发展，弱化了劳动力的组织依附关系，扩大了外部的劳动力市场规模。人工智能时代借助于平台技术，以"零工经济"形态见于各种临时项目以及非正式合作。资本在价值链分工导向下，"轻资产"化衍生出"共享经济"平台，共享经济强调充分利用社会闲置资产和资源，将家庭生活资料和劳动力再商品化或资本化。共享经济是平台资本的市场圈占，通过劳动组织碎片化、工作弹性化和去中介化，从而达到降低交易成本，提供更为廉价便利的产品和服务。

三、社会企业与劳动致富的充要条件

共同富裕是人人拥有达到富裕门槛的财富价值量，并不是财富值的同等。富裕阶段首先是生产力发达，劳动能够获得高收入。高质量发展是"共同富裕"的重要前提，科技创新走在世界前列，在对外贸易方面，我们的产品或服务要处于全球价值链的中高端，减少低端价值外溢。在内循环方面，我国亟待解决发展中的"不平衡与不充分"问题，优

① 尤瓦尔·赫拉利．未来简史：从智人到智神［M］．林俊宏，译．北京：中信出版社，2017：293.

化资源配置，化解功能区之间割裂、城市与乡村割裂，减少资源要素闲置，特别是充分就业。

“共同富裕”是“全面小康”政策的升级版。在脱贫攻坚阶段，我们实行精准扶贫，取得了一定的经验，慈善捐赠对于防止返贫现象和缩小贫富差距发挥了积极作用。共同富裕是先富带动后富，带动体现于方式、方法的创新，超脱一般救济意义上的第三次分配。推进共同富裕，需要抓住关键薄弱环节，发挥补短板效应。从弱势群体出发，精准化解累积性结构问题，强化社会投资，发展各种服务经济，推进知识服务。

党的十九届四中全会指出，要重视发挥第三次分配作用，发展慈善等社会公益事业。党的十九届五中全会进一步指出要发挥第三次分配作用发展慈善事业，改善收入和财富分配格局。然而，第三次分配在我国发展程度并不高，存在慈善机构善款使用效能低，民间捐赠热情不高，志愿者紧缺、服务水平差等三个方面的问题。中国公益组织的资金主要来源于政府资助和较少的捐赠收入。而由于公益慈善事业的公益性，其自身无法从事经营活动或者经营能力有限。

显然，通过第三次分配推动共同富裕，需要拓展第三次分配的体量和范围，探索完善第三次分配推动共同富裕的创新机制与激励机制，其中发展社会企业是其重要路径之一。社会企业是先富带动后富的重要形式。社会企业初始资金来自慈善捐赠，属于三次分配。社会企业通过商业手段，赚取利润用以贡献社会，其所得盈余用于扶持弱势群体、促进社区发展并维持自身的可持续发展。应经济社会发展阶段需要解决问题的迫切性，诸如环境、社区治理、弱势群体就业等，鼓励发展社会企业，在乡村振兴、城市更新中发挥其重要作用。社会企业一种为慈善性质的，需要政府部门减免征税，乃至政府购买服务才能维持有效运转。另一种是通过拓展经营面，实现“造血功能”，补贴用以解决特定社会问题。

社会企业是联结政府、市场与社会的纽带，也是各方力量参与社会治理、化解社会矛盾、增进社会和谐的一个有效平台。

社会企业是公益组织实现持续发展的新模式。在社会企业模式下，公益组织可以合理通过市场手段筹集所需资源，这有助于实现其持续发展和弥补志愿失灵。与传统非营利组织或社会组织相比，社会企业用商业模式提供公共产品，增强公益服务能力，为弱势群体创造就业机会，融合经济社会职能，增加经济多样性与灵活性，保障经济稳定增长。社会企业为传统非营利组织开辟发展新方向。社会企业破解了非营利组织面临的诸如资源短缺、对政府依赖过多、难以可持续发展等困局，同时利用市场资源与非市场资源，有助于培养非营利组织的独立性，增强非营利组织参与竞争和抵抗风险的能力，确保其稳定持续发展；提高非营利组织的专业化水平，减少不必要的低效或过度竞争。

社会企业在解决弱势群体就业、弥补社会福利不足、消减社会排斥、推动可持续发展等方面都取得了令人瞩目的成就。培育和发展社会企业，可以破解民办非企业单位面临的“投资人不享有财产权利、不能向银行贷款、不准设立分支机构、不能获得免税优惠”等政策限制，在独立承接政府购买服务项目方面，发挥市场在资源配置中的决定性作用，有效弥补政府治理缺失和市场失灵。现阶段，公益服务亟须引入社会力量，构建新格局。社会企业作为一种创新型社会组织，可以成为保障公益服务体系可持续发展的一个突破口。

很多结构性问题是商业资本不愿介入的，而社会企业发挥了重要作用，特别是在实施乡村振兴战略，搞活地方经济，有效对接国内经济循环，实现地域经济再生、老旧城区更新、社区治理方面，通过社会企业的专业技能与资源优势，发掘地方资源价值，充分展现人的创造性。我们需要发挥制度优势，发展社会企业，利用市场优化资源配置，借助市场均衡原理与价值递减规律，创造更多的公共资源，推进技术公共物品化，推进福利性生产，促进地方闲置劳动力充分就业，帮助其实现劳动致富。

（作者简介：曹前满，湖南省社会科学院副教授）

共同富裕、社会企业与国家治理新架构

蔡　创

摘　要：1978 年中国改革开放以来所取得的惊艳成就被浓缩于人们对"中国奇迹"的探究之中，1976 年孟加拉国尤努思教授创立的社会企业为贫困的农户提供微型贷款被浓缩于人们对"格莱珉模式"的探寻之中，本文将二者对比发现其具有惊人的同构性与逻辑性，特别是均由公共风险逻辑所推动。因此，本文试图将其同时纳入国家治理新架构之中进行系统分析、研究与设计，并提出中国特色社会企业的内涵与相关粗略建议。由此，在实现以社会企业模式破解共同富裕困境之时也同时找到破解社会企业可持续发展困境的方法，以此聚力协同实现国家或全球经济社会政治的良性循环与可持续发展、人的全面发展目标。

关键词：共同富裕；社会企业；国家治理；风险；尤努思

一、序言

1978 年改革开放以来，中国用短短 40 多年的时间取得的巨大成就铸造了令世界惊艳的"中国奇迹"。特别是习近平总书记在庆祝中国共产党成立 100 周年大会上庄严宣告，我们实现了第一个百年奋斗目标，在中华大地上全面建成了小康社会，历史性地解决了绝对贫困问题，正在意气风发向着全面建成社会主义现代化强国的第二个百年奋斗目标迈进。① 这极大地增强了中国人民的凝聚力、自豪感与幸福感，也为全球贫困问题的解决提供了中国案例、中国智慧与中国方案。1976 年以来，孟加拉国著名经济学家穆罕默德·尤努斯（简称"尤努斯"）② 创办的格莱珉银行，以无担保无抵押、只以信用为基础的小额信贷方式，每年向财富金字塔最底层的 900 万贫困人口发放 25 亿美元以上的贷款，其还款率竟高达 98.96%③。尤努斯及其格莱珉银行共同获得 2006 年度诺贝尔和平奖，格莱珉模式也迅速远播世界各地，并打破了"穷人没有信用"的固有观念，撼动了基于传统主流经济学、金融学等的银行信贷与金融运行模式，为全世界穷国、穷人的脱贫致富提供

① http：//cpc. people. com. cn/n1/2021/0701/c64094 – 32146241. html.

② 穆罕默德·尤努斯．普惠金融改变世界：应对贫困、失业和环境恶化的经济学［M］．陈文等，译．机械工业出版社，2018.

③ 穆罕默德·尤努斯．普惠金融改变世界：应对贫困、失业和环境恶化的经济学［M］．陈文等，译．机械工业出版社，2018.

了全新的案例、机制与理论。显然，格莱珉模式——利用市场机制（手段）实现社会使命（价值）的公益性社会企业，与中国特色社会主义市场经济利用市场机制（手段）实现中国从“站起来”到“富起来”到“强起来”的精神实质具有异曲同工之妙。正是基于上述初步思考，本文将从公共风险治理新框架与格莱珉模式实践视角，进一步考察研究如何通过大力发展中国特色社会企业，以防范化解在深化改革开放过程中可能会遭遇返贫或“中等收入陷阱”的风险，最终实现共同富裕与第二个百年奋斗目标，并为人类可持续发展做出中国贡献。本文分四个部分递进式探讨：（一）实现共同富裕面临的困难：贫富差距空前扩大将引发社会矛盾激化；（二）社会企业破题：以市场化（商业化）手段实现社会使命的社会企业隐含着社会风险防范化解机制；（三）社会企业需要嵌入“国家—市场—社会企业—社会”全球公共风险治理框架才可能实现其良性循环与可持续发展；（四）中国特色社会企业的系统构建势在必行也正当其时。

二、实现共同富裕面临的困难：贫富差距空前扩大将引发社会（公共）风险多米诺骨牌效应

为什么现阶段更加重视公平和共同富裕？因为共同富裕是中华民族多少年多少代的梦想，是中国无数仁人志士为之奋斗的理想，是中国共产党人带领中国人民追求的最终目标。邓小平同志指出，社会主义的本质，是解放生产力，发展生产力，消灭剥削，消除两极分化，最终达到共同富裕。习近平总书记强调，共同富裕是社会主义的本质要求，是中国式现代化的重要特征。实现共同富裕不仅是经济问题，而且是关系党的执政基础的重大政治问题。我们决不能允许贫富差距越来越大，穷者愈穷富者愈富，决不能在富的人和穷的人之间出现一道不可逾越的鸿沟。中国作为全球人口最多的发展中国家，经过 40 多年的艰苦努力，终于跃升为全球第二大经济体和第一大货物贸易国，2020 年全面建成小康社会。但联合国称 2020 年世界的不平等状况正在加剧并处于历史最坏水平。全球 12.2% 的成人人口拥有 84.9% 的财富，中国财富排名前 1% 的居民占总财富的比例升至 30.6%，财富差距极其悬殊①。按照库兹涅茨假说，发展中国家的收入差距会随着经济发展而先上升再下降，但若收入和财富差距过大，也存在拖累国家经济发展，国家陷入中等收入陷阱无法脱离的可能。中国收入差距在世界处于中等偏高水平，基尼系数高于 0.4 这一警戒线。中国财富差距在世界处于中等偏低水平，但上升快速。这表明，经过多年的发展已然累积了巨大的隐性社会风险，极有可能影响未来中国的经济社会政治良性循环与可持续发展、人的全面发展。因此，如何吸取世界各国缓（消）解贫富差距的经验教训，并调动一切积极因素实现“先富带后富、最终实现共同富裕”目标，以确保中国经济社会政治良性循环和人的全面发展，是摆在理论研究者、实践工作者面前的一个重大课题。本文认为，应该将实现共同富裕目标置于“国家（政府）—市场（传统自利企业）—社会企业（新兴利他企业）—社会（其他非企业大众）”的国家治理新架构之中，并从公共风险治理视角进行考察研究、提出相关对策与制度安排，才是长治久安之计。

近年来，中国高度重视收入分配、贫富差距冲突问题，不仅将精准脱贫列为三大攻坚战计划，并全面建成小康社会，还将共同富裕纳入“十四五”规划，同时，浙江也被选

① http://finance.sina.com.cn/zl/china/2021-08-19/zl-ikqciyzm2284174.shtml.

作共同富裕示范区。这表明了中国已正式启动全面解决贫富差距问题、实现共同富裕、防范冲突社会公共风险的试点操作阶段。

三、社会企业破题：以市场化手段实现社会使命的社会企业隐含着社会（公共）风险防范化解机制——以尤努斯开创的格来珉银行小额信贷扶弱创业脱贫模式为例

大量文献表明，2008 年美国金融危机、欧洲主权债务危机，再叠加 2020 年突发全球新冠肺炎疫情，使全球财富日益集中、社会不公与贫富差距问题加剧、社会风险空前提升。2010 年乐施会（牛津饥荒救济委员会）报告表明，世界上最富有的 388 位富翁拥有的总财富超过半数世界最贫穷人口（约 33 亿人）的财富总和。2017 年报道称，仅仅是全球 8 位最顶尖富豪的总财富，就已经超过了世界上最贫穷的半数人口的财富总和，尽管这一群体的人口数量已经增长到大约 36 亿人[①]。即使在受新冠肺炎疫情影响的 2020 年，全球 GDP 出现负增长，但全球财富总额仍然增长 7.4%，而区域间、阶层间、行业间、个人间两极分化加剧之势不降反升[②]。因此，无论是《资本论》（马克思，1817）、《21 世纪资本论》（皮凯蒂，2014）还是《新经济学》（向松祚，2020）、《普惠金融改变世界》（尤努思，2013）等，都表明了一个毋庸置疑的客观现实：市场机制不会像《国富论》（亚当·斯密，1776）等所描述的完美市场逻辑那样，对私利的追逐会自动带来国强民富。相反，弱肉强食、私利与效率至上的自由市场机制造就的是富（强）者恒（愈）富（强）、穷（弱）者恒（愈）穷的“贫富鸿沟”空前拉大并引发社会（公共）风险多米诺骨牌效应。而凯恩斯主义者的结论是“改良”——打破亚当·斯密的“市场万能论”神话、萨伊的“供给自动创造需求”铁律，代之以建构政府“扩张性财政政策干预自由市场并以财政支出刺激有效需求”从而实现宏观经济供需均衡的政策方案。“凯恩斯革命”尽管在一定程度上或短期解决了“市场失灵”问题，但同时也带来了全球经济债务化运行、金融危机、财政危机或主权债务危机（高福利国家模式失灵）、贫富差距过大带来社会冲突不断等严重的政治经济问题，出现了像“市场失灵”一样的“政府失灵”问题。第三部门或志愿行动能在一定的时空范围内发挥一定的扶贫济困、缓解社会贫富冲突、社会疏离问题的作用，但其存在高度依赖财政资源及其志愿队伍的不稳定性等固有缺陷，也出现了“志愿失灵”。“三个失灵”的客观存在，似乎已然阻断了人类文明演进的过程。显然，这是一种较悲观的态度。尤努思通过发现和激发穷人的“信用”“尊严”“创业”（而不是“就业”）等潜力所开创的格来珉银行小额信贷扶弱济贫创业造血模式，为人类文明的可持续演进开辟了新的道路、新的机制和新的希望。格来珉银行，其以商业手段实现社会目标的本质特征使之内涵十分丰富[③]，形式多种多样且具备可持续发展特征，成了社会组织

---

① 穆罕默德·尤努斯，普惠金融改变世界：应对贫困、失业和环境恶化的经济学［M］. 陈文等，译. 机械工业出版社，2018.

② http：//finance. sina. com. cn/zl/china/2021 - 08 - 19/zl - ikqciyzm2284174. shtml.

③ “a Grameen social business a non - loss, non - dividend company dedicated entirely to achieve a social goal. In social business, the investor gets his/her investment money back over time, but never receives dividend beyond that amount. The Grameen Bank is a prime example of social business, with poor people being its shareholders！” 请参见：https：//www. muhammadyunus. org/pages/1806/who - we - are。“Our mission：To empower the poor, especially women, to create a world without poverty and hunger.” 请参见：https：//grameenfoundation. org/.

谱系（或光谱）中除了政府、市场、第三部门之外的另一种新兴的企业组织类型，使企业类型光谱获得全面有效揭示，这为解决以上“三个失灵”问题提供了新的视角、理论、方案、政策与实践可能性空间。或者说，格来珉模式已然内含着一种防范化解社会风险或公共风险的内生机制——以其本身可持续循环发展的确定性，对冲社会经济良性循环与可持续发展中的不确定性。“资产锁定”+“有限分红”+“再投资原或新办的社会企业”+“五人共享受共担借贷责任”的治理结构及其运行机制，正是“确定性”的根本来源——防范化解其自身风险及社会（公共）风险的机制——以利他主义为核心的“社会道义机制”一定程度上对冲以利己主义为核心的“市场机制”，并支撑以公共利益为核心的“政府机制”，从而使“国家—市场—社会”形成了共建共享共治的“风险治理框架”。

格莱珉模式被世界各国纷纷从理论上进行研究、从政策上进行设计、从实践上进行模仿或复制，这一世界级现象的尤努斯模式与传统主流经济学模式的根本性差异可能至少有如下三点：

（一）相信穷人有信用。尤努思坚信即使穷人甚至乞丐也有信用。因为人人都想活得体面有尊严。所以，他确定的小额信贷主要目标对象是孟加拉国赤贫妇女——男尊女卑习俗下最底层的已婚妇女。这完全是反主流经济学反市场的信贷理论与实践。其之所以取得巨大成功，就在于其坚持“信人者人恒信之，爱人者人恒爱”的思想内核以及确保这一内核实现的具体机制——以“造血型”而非“输血型”机制作为保障，真正做到了“授人以渔”，从而使贫困者“就业”脱贫。

（二）循环可持续的投融资机制。格莱珉模式实现了两个良性循环。一个是“借款人贷款—就业—收入—还贷—创业（帮人）”良性循环；另一个是放款方用“收回上一批贫困失业者微贷本金—投向下一批贫困失业者”的再就业或创业循环。正如伯恩斯坦《如何改变世界：社会企业家与新思想的威力》中所述的德雷顿模式①，以阿育王的名义寻找全球“社会企业家精英”以建构“社会企业（家）孵化器”并以之整合不同领域、不同类型的社会企业，从而实现系统性“扶贫—脱贫”的良性循环及其网络扩张。这种模式或机制是一种自下而上、从微观到宏观的“社会（大众）—市场（企业）—国家（政府）”的国家治理模式或社会（公共）风险治理模式。

（三）以社会组织光谱来定位社会企业，创新了社会企业的生存发展空间。格莱珉模式的成功就在于其以社会组织光谱理论创新了新的社会组织形态，并弥补了传统主流社会组织活动的盲区，如主流信贷模式不屑一顾的弱势群体，特别是赤贫妇女。这在全世界具有普适性，因为任何社会都会相对存在各类金字塔的塔底者——残疾者、贫穷者、失业者、竞争失败者等弱势群体，这就解释了格莱珉模式在全世界都能生存与可复制的（内核精髓）根本原因。比如，在现代市场经济高度成熟、银行信贷高度发达的美国，格莱珉模式照样能够得以复制、成长与扩张。

以谱系或光谱概念定位社会企业是其成功的重要法宝。以谱系或光谱理论为基础，格莱珉银行在信贷市场上找到了其细分市场——赤贫妇女信贷市场，从而既避免了与主流信贷市场的直接竞争，也弥补了信贷市场对象谱系或光谱中缺失部分——以扶贫脱困创业维

① 伯恩斯坦．如何改变世界：社会企业家与新思想的威力［M］．吴士宏，译．新星出版社，2006.

护公平正义，实现社会价值的社会使命为其终极目标，从而兼容或平衡了效率与公平、市场与公益之间的关系，防范化解了社会风险、公共风险的累积发散，也因此夯实了国家治理基础。由此，社会企业也可以基于其所嵌入的“国家—市场—社会”治理框架而实现其以商业或市场化手段实现社会使命或社会价值目标，并促进经济社会政治的良性循环和可持续发展、人的全面发展。

四、社会企业的可持续发展需要嵌入“国家—市场—社会企业—社会”全球公共风险治理框架——以尤努斯倡导的“三零世界”目标为例

尤努斯在其著作《普惠金融改变世界：应对贫困、失业和环境恶化的经济学》中，系统回顾和总结了其“尤努斯格来珉银行模式”，并以经济学视角为切入口，提出了要构建与传统经济学体系完全不同的新经济学体系以“重新设计明日世界”。这是一个跨学科（经济学、管理学、社会学、政治学等）的“明日世界”——“三零世界”。所谓“三零”是指“终止收入不平等”的“零贫困”、“我们不是求职者而是创造者”的“零失业”以及“创造可持续发展经济学”的“零净碳排放”。这本著作不仅提供了通往更好未来的路线图，而且提供了“改变世界的超级力量”。依靠“青年”“科技”与“良政与人权”以及“法律和金融基础设施”就可以解决资本主义市场经济所带来的“贫困、失业和环境恶化”等问题，“创造新文明”。从公共风险理论视角看，尤努斯的“三零世界”实际上提出了一个明显有别于传统全球治理框架，嵌入了社会企业光谱的“国家—市场—社会”全球公共风险治理框架。各国（政府）之间也会因跨国社会企业的光谱性社会组织协同起来，共同解决涉及全球人类命运（风险、利益、责任）共同体的长期性根本性问（议）题，比如全球气候变暖的“碳达峰”“碳中和”问题。同时，社会企业也只有真正主动融入本文所提出的全球（或国家）社会风险治理新框架才能真正实现其社会企业的可持续发展与良性循环，才能真正凸现其存在的非凡价值并使其“社会目的”或“社会使命”不致中途夭折。纵观全球社会企业发展的历史、现状与未来，由于社会企业的典型特征是“以商业化手段实现社会使命或目标”即以“私人性”手段实现“公共性”目标，从而创造更优质的社会价值或公共价值，这是对主流经济学、社会学等传统认知的一种颠覆。所以，要得到全球各国、社会各界的认可，极为不易。社会企业家及其社会企业如果不能明确作为社会治理主体或要素纳入国家或全球治理框架进行系统的制度安排，那么，即使有益于人类文明进步的社会企业家及其社会企业，也有可能受到自身法律定位不明、系统理论支撑匮乏、社会正面舆论稀缺、传统治理理念与政策框架难以更新等巨大的风险考验。因此，明确建构嵌入了社会企业家及其社会企业的新的全球治理框架——“国家（政府）—市场（传统自利企业）—社会企业（新兴利他企业）—社会（其他非企业大众）”的人类社会命运共同体或风险共同体治理框架，不仅有利于社会企业家及其社会企业的良性循环与可持续发展，而且对于缓解政府财政压力与贫富冲突矛盾，破解共同富裕困境，实现经济社会政治的良性循环与可持续发展、人的全面发展具有较深远的理论与实践意义。

五、中国特色社会企业的系统构建势在必行也正当其时

经过改革开放 40 多年的发展，我国已全面建成小康社会，中国人民实现了从站起

来到富起来、强起来的伟大飞跃，多项指标位居世界前列。比如，中国是仅次于美国的世界第二大经济体，人均收入已跨入中等收入行列。当然，与先期实现了工业化的资本主义发达国家美国、日本、韩国等综合国力相比，中国仍然是发展中国家、新兴市场经济国家，也仍然存在着诸多差距，特别是高精尖技术方面。而且，多年追求发展速度的粗放式、外向型、投资驱动的经济增长方式与发展模式同样累积了巨大的公共风险，相对贫困问题还较严峻，贫富（收入、城乡）差距过大、生态环境条件恶化等全球普遍存在的公共风险难题。为此，对外，中国提出了进一步探索解决上述难题的“中国方案”——构建基于人类命运共同体理念的全球公共风险协同治理框架。中国履行自身承诺推动新冠疫苗成为全球公共产品、接受联合国会员份额增加、提出“碳达峰、碳中和”的承诺等都体现了中国作为发展中大国的责任与担当。对内，2020 年 5 月中国正式提出构建国际国内双循环相互促进的新发展格局，“十四五”规划将“更加积极有为地促进共同富裕”写入纲要。《人力资源和社会保障事业发展“十四五”规划》中也表明要“提低扩中”、缩小差距。中共十九届五中全会上，对扎实推动共同富裕做出重大战略部署，推动全体人民共同富裕取得更为明显的实质性进展。同时，还公布了《中共中央国务院关于支持浙江高质量发展建设共同富裕示范区的意见》，特别是 2021 年 8 月，中央财经委员会第十次会议研究扎实促进共同富裕问题，明确提出了要构建初次分配、再分配、三次分配协调配套的基础性制度安排。为实现先富带后富、最终实现共同富裕提供坚实支撑，既是实现中国国家治理体系与治理能力现代化的本质需要，也是构建基于“共商共建共享”原则全球公共风险治理框架的需要。总之，在国际国内形势之下，系统构建中国特色社会企业势在必行也正当其时，中国“双循环新发展战略”与“中国梦”的实现需要一个统筹发展与安全的中国社会（公共）风险治理框架。而无数中外事实表明，社会企业的确有助于解决金字塔底层百姓的普遍贫困问题、失业问题等。中国应首先在中国特色社会企业内涵的界定上进行明确。本文基于上述相关讨论初步认为，可将中国特色社会企业内涵界定为以实现共同富裕为目标并积极开展真实公益行动的合法组织。共同富裕已融于中华民族的血脉，承载着中国人民自古至今对“天下大同、天下为公”理想追求，更承载着中国共产党立党为公、执政为民的初心使命。为此，社会企业内涵宜采取广义性的具有中国特色的意蕴，这将解决中国特色社会企业的身份长期得不到明确认可的问题。目前，社会企业主要由民间组织或低层次的政府（地方规章）给予确认。这也是本文强调要将社会企业纳入“中国共产党—国家或政府—市场—社会企业—社会”这个中国特色国家治理新框架的重要原因。如何区分一个组织或个人的“活动”是否属于公益活动、是否真实且务实（区分真假社会企业及其真假公益行动）则是确认社会企业的基础、核心与关键。可以借鉴国内外已有的研究成果和实践案例，统一聚焦于上述国家风险治理新框架下，从法律、制度、政策、财务、考评认证等各个方面广泛进行研究设计、提出系统的可协同操作的方案。

六、结论

共同富裕，只有在人们找到共富的机制后才能成为可能。事实证明，受不确定性与风险的影响，社会企业持续运行不易，只有将社会企业嵌入到“国家（政府）—市场（传统自利企业）—社会企业（新兴利他企业）—社会（其他非企业大众）”的全球公共风险治理新框架之中、中国特色社会企业嵌入到“中国共产党—国家或政府—社会企业—社会”的中国特色国家公共风险治理新框架之中，才有可能实现其自我良性循环与可持续发展，也才能真正坚守其创造社会价值的使命初心。在不确定性的风险社会环境中，为人类文明演进中的经济政治社会良性循环与可持续发展、人的全面发展不断注入新的确定性。

（作者简介：蔡创，中国财政科学研究院博士生）

中国上市公司精准扶贫行为对企业风险的影响：是奉献还是共赢

潘　兵

摘　要：精准扶贫是落实乡村振兴战略的关键武器，从企业风险视角出发，以2016—2020年中国A股上市公司披露的精准扶贫公告为样本，研究企业精准扶贫行为对企业风险的影响以及股权性质和媒体关注对其调节作用，并检验企业风险在精准扶贫行为与企业绩效中的中介作用。结果表明：企业精准扶贫行为可以有效降低企业风险，与国有企业相比民营企业参与精准扶贫能降低企业风险，同时媒体关注度越高，企业风险越低；进一步分析发现，通过对媒体关注分组，企业精准扶贫行为对企业风险的影响更加显著，相对于企业其他精准扶贫方式，产业发展脱贫和教育扶贫对企业风险有更显著的影响，企业精准扶贫行为可以降低企业风险来提高企业绩效，说明企业风险在企业精准扶贫行为与企业绩效中可以起到中介作用。从以上结论来看，企业精准扶贫行为可以使企业风险明显下降，最终实现共赢。

关键词：精准扶贫；企业风险；股权性质；媒体关注

一、引言

贫困作为世界性难题，消除贫困则成为全世界共同面对的挑战，中国也不例外。近些年来，为化解人民日益增长的美好生活需要和不充分不平衡发展的矛盾，消除贫困，实现人民物质生活水平的提高，中国进行了一系列的探索和努力。2013年，习近平总书记在湖南湘西考察时，提出“实事求是、因地制宜、分类指导、精准扶贫”的重要论述，“精准扶贫”一词由此而来。2015年6月，习近平总书记在考察贵州时，提出要全面实施精准扶贫政策，到2020年实现全面脱贫的宏伟目标，“精准扶贫”再次成为中国全社会关注的焦点，也成为学术界研究的重点。2017年10月，第十九次全国代表大会再次提出，要坚决打赢脱贫攻坚战。在社会各界的积极参与和国家政策的大力支持下，中国的精准扶贫取得了举世瞩目的成效，2020年底9899万农村贫困人口已经全部脱贫，绝对贫困已基本消除，中国将进入以相对贫困为特征的后精准扶贫时代。

企业参与精准扶贫行为，一方面可以为国家实施精准扶贫政策提供新的活力，通过产业政策扶贫、教育扶贫、生态保护扶贫和健康扶贫等措施，结合当地特有资源优势，以此带动贫困地区的经济发展，改善贫困地区的医疗卫生条件，提高贫困地区人们的教育水平，推动贫困人民脱贫，助力精准扶贫政策的贯彻实施。另一方面，企业通过精准扶贫行为，把贫困地区脱贫与自身发展紧密联系在一起，与贫困地区建立了良好的纽带关系，同时，企业在实施精准扶贫过程中可以很好地向外界展示出自身的经济实力，能够提高企业的声誉，树立良好的社会形象。同时，企业参与精准扶贫行为是企业履行社会责任的一种全新的方式。以往针对社会责任的研究主要以企业捐赠为主，企业捐赠和精准扶贫的相同之处在于都是消耗企业资源，同时能为企业带来更多的声誉和影响，但与企业捐赠相比较，精准扶贫的政策性地位非常特殊，符合国家当前的发展目标。为了鼓励企业积极参加精准扶贫，国家出台了一系列的激励政策，这些鼓励和激励政策比企业捐赠力度更大。此外，企业参与精准扶贫一般是针对某一具体地区，除了"捐款捐物"外，更多的是进行产业扶贫，即向贫困地区提供更多的就业岗位、促进贫困地区支柱性产业的发展，而产业发展是缓解贫困的重要方式，同时也是实现乡村振兴和巩固精准扶贫成果的有效结合点。那么，企业实施精准扶贫行为在促进贫困地区脱贫的同时，会对企业自身产生哪些影响?企业参与精准扶贫是否会降低企业风险、提高企业绩效在中国特殊的制度背景下，非国有企业和国有企业参与精准扶贫对企业风险的影响是否存在差异？

基于此，研究中国上市公司企业精准扶贫行为对企业风险承担水平的影响具有重要意义。同时现有对于精准扶贫的研究主要都是从政府角度关注执行成效和制度设计，也有少量研究分析企业参与精准扶贫的资本市场反应、路径和对企业绩效的影响。但通览已有文献，当前关于企业参与精准扶贫对其自身风险承担水平影响的研究较少，本文拟对此进行重点探讨。

二、文献综述和研究假设

（一）精准扶贫行为与企业风险

Porter 和 Kramer 认为，企业履行社会责任的利己性和利他性并不冲突，企业响应政府号召参与精准扶贫活动能够获得经济回报和社会效益，包括政企关系、政府补助、现金物资和社会声望等重要资源。一方面，企业参与精准扶贫获得政府给予的各种资源和回馈，能够促进企业绩效的增加，以此来降低企业风险，会让企业在资本市场表现得更加稳健，以此来获得参与精准扶贫的"资源效应"。另一方面，企业主动承担社会责任，可以帮助企业获得外部支持和政府补助，这些都为企业将来的发展提供了有力保障，同时可以向外界传递企业经营状况，树立良好的企业形象和提高企业知名度，为企业后续发展提供一个相对稳定的内外部环境。同时，企业积极履行社会责任可以与利益相关者建立良好的联系，实现投资者和企业之间的价值融合，以此获得企业所需的组织能力、生育资本、人力资本、客户忠诚度以及不可或缺的竞争性资源。企业社会责任披露的信息向市场传递了大量公司的非财务信息，具有"信息沟通"效应，可以提高企业信息透明度，降低投资者预期收益评估时参数的不确定性，进而降低企业风险性。

因此，企业参与精准扶贫获得的各种资源可以有效提升企业会计信息质量、企业经营业绩，从而有效降低投资者和企业之间的信息不对称风险，从而显著降低企业市场风险。基于以上分析，本文提出如下假说 H1：中国上市公司精准扶贫行为能降低企业风险。

（二）股权性质与企业风险

企业精准扶贫行为对企业市场风险承担水平的影响受到企业现有资源的限制，而非国有企业与国有企业在资源方面存在明显的差异。对于国有企业来说，一方面，国有企业存在于国民经济命脉的关键领域和重要行业，很容易获得股市融资、财政补贴和银行贷款等方面的支持，能够轻易获得企业承担较高风险水平所需的资源。另一方面，国有企业高层比非国有企业更加追求安稳，在没有参与精准扶贫时，会将企业资源进行高风险投资，企业本身仍有大量资源留存。在此基础上，虽然国有企业参与精准扶贫投入了资源，但对于其风险承担水平的影响较小。与国有企业相比较，非国有企业在资本市场融资和银行贷款等方面都不受歧视，难以获得外部资源。此外，非国有企业比国有企业更加趋利，非国有企业为了谋求发展和生存，会把拥有的资源用于高风险投资以获取高收益，导致企业留存资源较少，所以非国有企业面对严重的资源束缚。非国有企业投入资源开展精准扶贫行为将减少高风险投资，甚至占有原本高风险项目的资源，使企业风险明显下降。

基于以上分析，本文提出如下假说 H2：与国有企业相比，中国上市公司非国有企业的精准扶贫行为能降低企业风险。

（三）媒体关注与企业风险

企业精准扶贫是一项具有重要意义的社会正能量行为，媒体对企业精准扶贫行为的正向报道，可以为其树立良好的竞争优势和社会声望，形成对企业的“声誉效应”和“声誉资本”。而媒体关注作为重要的外部监督力量，通过舆论监督和信息中介两种机制来促进企业承担社会责任和完善治理水平。一方面，媒体可以通过曝光和检举企业违法事实，以此来发挥舆论监督的重要作用，通过向企业施压约束其不正当行为。有研究表明，媒体关注可以帮助企业避免会计欺诈、环境污染和滥用职权等行为。另一方面，媒体作为信息中介将企业积极履行社会责任信息传递给投资者和市场，降低企业和投资者之间的信息不对称，影响其对企业的期望和认知。Lindgreen 等（2009）研究发现，媒体关注越高的企业越注重其外部形象，也更加在意企业社会责任。因此，媒体关注可以从以下两个方面来推动企业参与精准扶贫。第一，媒体关注度越高，企业所面临的舆论监督压力越大，政府监管和公众关注会给企业带来越多的合法性压力。第二，企业参与精准扶贫可以向政府、消费者和投资者传递企业社会责任履行的积极表现。降低利益相关者对企业的信息不对称，有助于企业建立良好的关系，为企业带来更低的资本成本、更高的消费者认可度和政府的支持，由此可知，媒体关注度越高的企业越有动力积极参与精准扶贫。

基于以上分析，本文提出如下假说 H3：媒体关注度越高，中国上市公司精准扶贫行为越能降低企业风险。

三、研究设计

（一）样本和数据

从 2016 年开始，沪深证券交易所对上市公司履行精准扶贫社会责任的信息披露规定了格式指引，上市公司要在年度报告中披露精准扶贫信息，本文以 2016—2020 年 A 股上市公司为研究样本，数据来源如下：①中国上市公司精准扶贫数据来自国泰安 CSMAR 数据库；②媒体关注数据来自中国研究数据服务平台（CNRDS）的中国上市公司财经新闻数据库；③其他财务指标数据来自国泰安 CSMAR 数据库。此外，本文对研究数据做了如下处理：①删除金融类企业。因金融类行业的特殊性，其收入水平和财务结构与其他行业差异较大。②删除 ST、*ST 类的企业。因该类公司经营状况不善，各项财务指标可能会出现异常，不具有代表性。③删除数据缺失的企业。因缺失数据对研究结果影响较大，所以删除变量异常值和缺失值的样本。同时为了保证数据的稳健性，本文对涉及的连续变量进行 1% 和 99% 的缩尾处理。在经过以上数据处理后，共确定了 2831 家上市公司、12405 个样本观测值，采用 STATA 对样本进行数据处理与分析。

（二）变量测量

1. 被解释变量

被解释变量：企业风险。参照罗党论等人的文献研究，采用综合市场年度 *Beta* 值来衡量企业风险，这一指标能全面客观的体现投资者对企业未来回报的预期，可以很好地衡量企业在当年所面临的市场风险，该数据来源于国泰安 CSMAR 数据库。

2. 解释变量

解释变量：企业参与精准扶贫行为。参照易玄的做法，本文主要采用以下两个方面来衡量企业参与精准扶贫行为：第一，企业精准扶意愿（*TA*），企业在年度报告中披露精准扶贫行为，因该变量为虚拟变量，则赋值为 1，否则赋值为 0；第二，企业精准扶贫水平（*LTA*），企业当期精准扶贫金额的水平值加 1 再取自然对数。

表 2－1　变量定义和符号

变量类型	变量名称	变量计算方法	变量符号
被解释变量	企业风险	综合市场年度 Beta 值	*Beta*
解释变量	精准扶贫意愿	企业参与过精准扶贫，赋值为 1，否则赋值为 0	*TA*
	精准扶贫力度	企业当期精准扶贫金额的水平值加 1 再取自然对数	*LTA*
调节变量	股权性质	根据股权性质的划分，1 表示国有企业，2 表示非国有企业	*SOE*
	媒体关注	企业报刊财经新闻媒体报道总数	*Sumnews*
控制变量	企业规模	企业年末总资产的自然对数值	*Size*
	股权集中度	企业前十大股东持股比例	*Top*
	上市年限	企业自上市到该年的年份数	*Age*
	财务杠杆	企业总负债占总资产的百分比	*Lev*
	公司治理水平	若董事长和总经理（CEO）为同一人则为 1，否则为 2	*Dual*
	研发投入水平	企业无形资产净值占总资产的百分比	*Rd*
	运营管理水平	企业销售费用占总收入的百分比	*OM*
虚拟变量	行业虚拟变量	按照行业分类值	*Industry*
	年度虚拟变量	2016—2020 年分别取不同年份值	*Year*

3. 调节变量

调节变量：股权性质和媒体关注。股权性质（*SOE*）是判断上市公司是否为国有企业，因该变量为虚拟变量，若上市公司为国有企业，则赋值为 1，否则赋值为 2。参照以往媒体关注的文献研究，本文采用企业报刊财经新闻媒体报道总数（*Sumnews*）来衡量媒体关注情况。中国上市公司财经新闻报刊数据库包括 600 多家重要报纸的新闻数据，可以很好地度量上市公司的媒体关注情况。

4. 控制变量

参考已有文献对企业风险的影响研究，选取控制变量。本文选取企业规模（*Size*）、股权集中度（*Top*）、上市年限（*Age*）、财务杠杆（*Lev*）、公司治理水平（*Dual*）、研发投入水平（*Rd*）、运营管理水平（*OM*）。同时为了消除行业差异和年份差异对实证结果的影响，控制了行业效应（*Industry*）和年份效应（*Year*）。

5. 虚拟变量

为了消除行业差异和年份差异对实证结果的影响，控制了行业效应（*Industry*）和年份效应（*Year*）。行业和年份对因变量的影响，每个行业和年份在模型中会有对应的，估计系数引入行业和年度的虚拟变量，以控制其对因变量的影响。

（三）模型构建

本文利用 OLS 回归对研究假设进行检验，具体估计模型如下：

$$Beta_{it} = \alpha_0 + \beta_1 TA_{it} + \beta_2 LTA_{it} + \beta_3 SOE_{it} + \beta_4 Sumnews_{it} + \sum \beta_j \text{Controls}_{it} + \sum Industry + \sum Year + \varepsilon_{it}$$

其中，i 表示研究样本，t 表示研究时间，ε 表示扰动项，α、β 表示估计系数。

为了检验企业风险在企业精准扶贫行为与企业绩效中的中介作用，本文参照 Baron 和 Kenny（1986）中介效应三步检验法，设计如下模型：

Step1：ROA = f（*TA/LTA*，*SOE*，*Sunnews*，Controls）

Step2：Beta = f（*TA/LTA*，*SOE*，*Sunnews*，Controls）

Step3：ROA = f（*Betat*，*TA/LTA*，*SOE*，*Sunnews*，Controls）

四、实证分析结果

（一）描述性统计及相关分析

从表 2 – 2 的描述性统计结果可以看出，企业风险的均值为 1.1781，说明大多数企业都面临企业风险；精准扶贫意愿均值 0.3021，表明只有 30.21% 上市企业参与到精准扶贫中去；精准扶贫力度最大值为 22.9833、均值为 5.5776，表明不同企业的精准扶贫力度存在较大差异；股权性质均值为 1.6152，说明大多数是非国有企业；媒体关注的均值为 68.0697，最大值为 1253，说明各上市企业的媒体关注度差异较大；企业规模均值为 22.5355，说明各上市公司企业规模差异较大，前十大股东持股比例均值在 59.27%，其中最大持股比例为 90.8900，说明股权集中度较高；从财务杠杆来看，各企业均存在不同程度的负债，其中负债最多的为 91.62%，大多数企业董事长和总经理不是同一人；研发投入水平和运营管理水平均值分别为 0.0472 和 0.0717，各上市公司的研发投入和运营管理投入较少。

同时，本文所选取的各变量与企业风险基本显著，且各变量之间的相关系数均小于 0.5，说明本文选取的变量都是符合的。另外从表 2 – 2 可以看出，各变量的方差膨胀因子最大值为 1.86，远小于规定值 10，平均方差膨胀因子为 1.29，小于 2，说明不存在严重的多重共线性，进一步验证了本文选取的各变量是合适的。

表 2-2 描述性统计结果

Var	Obs	Mean	Std.	Min	Max	VIF
企业风险	12405	1.1781	0.3246	0.3740	2.2253	
精准扶贫意愿	12405	0.3021	0.4592	0	1	1.14
精准扶贫力度	12405	5.5776	8.5493	0	22.9833	1.17
股权性质	12405	1.6152	0.4866	1	2	1.44
媒体关注	12405	68.0697	171.8403	0	1253	1.16
企业规模	12405	22.5355	1.3222	19.9977	26.4336	1.86
股权集中度	12405	59.2732	15.2528	24.3100	90.8900	1.29
上市年限	12405	14.2189	8.0134	1	28	1.6
财务杠杆	12405	0.4412	0.2013	0.0695	0.9162	1.42
公司治理水平	12405	1.7238	0.4471	1	2	1.1
研发投入水平	12405	0.0472	0.0540	0	0.3511	1.01
运营管理水平	12405	0.0717	0.0913	0	0.4862	1.09

（二）回归结果分析

表 2-3 为企业精准扶贫行为对企业风险影响的实证分析结果。Model 1-2 为 H1 的检验结果。从实证分析结果来看，企业的精准扶贫意愿和精准扶贫力度的估计系数分别是 -0.0105 和 -0.0007，且都在 10% 水平显著为负，表明企业参与精准扶贫行为，其企业风险就越低。企业积极参与精准扶贫行为，可以给予企业正面、积极的评价，资本市场投资者越看好该企业未来的发展前景，可以有效降低企业市场风险，支持本文 H1：中国上市公司精准扶贫行为会降低企业风险。

Model 3-4 为 H2 的检验结果。从实证分析结果来看，股权性质和精准扶贫意愿对企业风险的系数分别为 -0.0377 和 -0.0166，股权性质和精准扶贫力度对企业风险的系数分别为 -0.0380 和 -0.0010，且都在 1% 水平显著为负，表明企业股权性质可以有效降低企业风险。从股权性质来看，非国有企业比国有企业更能降低企业风险，因为相对于非国有企业，国有企业存在决策机制较为繁杂、市场性较差等问题，使得非国有企业创新运营能力比国有企业更强，这表明非国有企业实施精准扶贫工作比国有企业更具备创造性和灵活性，能够为企业节省更多的成本、创造更好的效益，进而降低风险。支持本文 H2：与国有企业相比，中国上市公司非国有企业的精准扶贫行为能降低企业风险。

Model 5-6 为 H3 的检验结果。从实证分析来看，媒体关注和精准扶贫意愿对企业风险的系数分别为 -0.00005 和 -0.0093，媒体关注和精准扶贫力度对企业风险的系数分别为 -0.00005 和 -0.0006，且都在 1% 水平显著为负，表明媒体关注可以有效降低企业风险。这是因为，媒体关注越多，企业的整体形象展现给投资者，投资这能指导更多关于企业的资讯，支持本文 H3：媒体关注度越高，中国上市公司精准扶贫行为越能降低企业风险。

从控制变量来看，企业规模、股权集中度、上市年限、研发投入水平、运营管理水平均通过显著性检验，都在 1% 水平显著为负，对企业风险都有显著的负向影响，说明可以有效地降低企业风险；公司治理水平也通过显著性检验，在 5% 水平为负，同样可以降低企业风险；虽然财务杠杆通过了 1% 显著性检验，但系数为正，说明财务杠杆的增加会增加企业风险，是因为财务杠杆是企业总负债与总资产的比值，企业总负债越大，其企业风险也会越大。

表 2－3　企业精准扶贫行为对企业风险影响的实证分析

	Model 1	Model 2	Model 3	Model 4	Model 5	Model 6
精准扶贫意愿	－0.0105* （－1.80）		－0.0166*** （－2.83）		－0.0093* （－1.61）	
精准扶贫力度		－0.0007* （－2.24）		－0.0010*** （－3.22）		－0.0006** （－2.00）
股权性质			－0.0377*** （－6.05）	－0.0380*** （－6.10）		
媒体关注					－0.00005*** （－3.41）	－0.00005*** （－3.36）
企业规模	－0.0342*** （－12.47）	－0.0337*** （－12.20）	－0.0355*** （－12.94）	－0.0350*** （－12.65）	－0.0314*** （－11.02）	－0.0310*** （－10.81）
股权集中度	－0.0032*** （－16.78）	－0.0031*** （－16.76）	－0.0033*** （－17.82）	－0.0033*** （－17.27）	－0.0032*** （－16.70）	－0.0031*** （－16.68）
上市年限	－0.0050*** （－12.90）	－0.0050*** （－12.90）	－0.0059*** （－14.03）	－0.0059*** （－14.05）	－0.0050*** （－12.92）	－0.0050*** （－12.92）
财务杠杆	0.0707*** （4.33）	0.0703*** （4.31）	0.0680*** （4.17）	0.0676*** （4.15）	0.0689*** （4.22）	0.0685*** （4.20）
公司治理水平	－0.0120** （－2.02）	－0.0120** （－2.01）	－0.0186*** （－3.06）	－0.0186*** （－3.06）	－0.0127** （－2.12）	－0.0126** （－2.12）
研发投入水平	－0.2019*** （－4.13）	－0.1999*** （－4.08）	－0.2140*** （－4.37）	－0.2121*** （－4.33）	－0.2062*** （－4.22）	－0.2043*** （－4.18）
运营管理水平	－0.2791*** （－9.58）	－0.2786*** （－9.56）	－0.2596** （－8.85）	－0.2588*** （－8.83）	－0.2668** （－9.10）	－0.2665** （－9.09）
_cons	2.3195 （40.90）	2.3089 （40.34）	2.4375 （41.05）	2.4263 （40.57）	2.260 （31.80）	2.2515 （38.07）
Industry	控制	控制	控制	控制	控制	控制
Year	控制	控制	控制	控制	控制	控制
N	12405	12405	12405	12405	12405	12405
R2	0.2266	0.2268	0.2288	0.2290	0.2275	0.2276

注：括号内数值为参数估计的标准误差，*** 表示通过 1% 显著水平的检验，** 表示通过 5% 显著水平的检验，* 表示通过 10% 显著水平的检验。下同。

（三）稳定性检验

1. 替换核心变量指标

表 2－4 表示核心变量的替换对企业风险的影响实证分析。Model 7－10 表示替换解释变量对企业风险的影响，考虑到不同企业规模的影响，本文还定义了消除规模影响的精准扶贫力度 2 和精准扶贫力度 3。精准扶贫力度 2 表示企业精准扶贫当期总投入金额现金投入与当年营业收入之比，精准扶贫力度 3 表示企业精准扶贫当期总投入金额现金投入与资产总额之比。从 Model 7－8 可以看出，在控制股权性质变量的情况下，精准扶贫力度 2

和精准扶贫力度3与企业风险的系数分别为 -0.0576 和 -0.1274，且在5%的水平上显著为负；在控制媒体关注的情况下，精准扶贫力度2和精准扶贫力度3与企业风险的系数分别为 -0.0546 和 -0.1176，且在5%的水平上显著为负，说明企业精准扶贫行为可以有效降低企业风险，进一步验证了模型的稳定性。

Model 11 - 12 表示替换调节变量分析对企业风险的影响。考虑到媒体关注分为正面报道、中性报道和负面报道，本文在控制解释变量和被解释变量的基础之上，通过替换调节变量分析对企业风险的影响。从 Model 11 - 12 可以看出，正面报道、负面报道对企业风险影响的估计系数为0.0003 和0.0011，且在1%的水平上为正，说明正面报道会增加企业风险水平，可能是因为正面报道对企业造成的有利影响不大，负面报道也会增加企业风险水平，是因为负面报道会对企业产生负面影响，进而增加企业风险；中性报道对企业风险的估计系数为 -0.0007，且在1%的水平上为负，说明中性新闻会降低企业风险概率，这是因为中性新闻在对企业进行报道时，引起了投资者的关注，从而降低了企业风险。进一步验证了模型的稳定性。

表2-4　核心变量的替换对企业风险的影响实证分析

	Model 7	Model 8	Model 9	Model 10	Model 11	Model 12
精准扶贫意愿					-0.0034*** (-5.77)	
精准扶贫力度						-0.0022*** (-6.34)
精准扶贫力度2	-0.0576** (-2.45)		-0.0546** (-2.31)			
精准扶贫力度3		-0.1274** (-2.20)		-0.1176** (-2.02)		
股权性质	-0.0348*** (-5.67)	-0.0348*** (-5.66)				
媒体关注			-0.00006*** (-3.43)	-0.00006*** (-3.40)		
正面报道					0.0003*** (3.25)	-0.0003*** (3.31)
中性报道					-0.0007*** (-5.62)	0.0007*** (-5.65)
负面报道					0.0011*** (3.88)	0.0011*** (3.89)
Controls	YES	YES	YES	YES	YES	YES
_cons	2.4584 (41.97)	2.4590 (41.95)	2.2744 (39.63)	2.2758 (39.65)	2.545 (37.87)	2.3357 (37.27)
Industry	控制	控制	控制	控制	控制	控制
Year	控制	控制	控制	控制	控制	控制
N	12405	12405	12405	12405	12405	12405
R2	0.2288	0.2287	0.2277	0.2276	0.0675	0.0680

2. 内生性检验

现实中可能存在当期解释变量可能会对当期被解释变量产生影响，即内生性问题，所以企业精准扶贫行为和企业风险面临着互为因果的内生性问题，本文通过变量滞后一期来解决这一问题。本文将精准扶贫行为和控制变量滞后一期，研究其对当期企业风险的关系，即验证2019年的精准扶贫行为是否会影响2020年的企业风险，以此来控制内生性，同时也加入了滞后一期的调节变量，来考察调节效应的稳健性。表2－5表示的是滞后一期的回归检验结果，从Model 13－16来看，在控制股权性质和媒体关注变量时，精准扶贫意愿、精准扶贫力度、精准扶贫力度2、精准扶贫力度3对企业风险的估计系数分别为－0.0621、－0.0036、－0.1044、－0.2902，且在1%的水平上为负，说明企业精准扶贫行为对企业风险仍是负向影响，其系数大小不同说明影响作用不一样。股权性质对企业风险是显著负向影响，但媒体关注对企业风险没有显著影响，说明滞后一期企业精准扶贫行为对当期的企业风险有显著影响，可能的原因是媒体关注的作用滞后期较慢。

表2－5 滞后一期的回归检验结果

	Model 13	Model 14	Model 15	Model 16
精准扶贫意愿	－0.0621*** (－7.52)			
精准扶贫力度		－0.0036*** (－7.89)		
精准扶贫力度2			－0.1044*** (－3.45)	
精准扶贫力度3				－0.2902*** (－3.94)
股权性质	－0.0497*** (－5.20)	－0.0495*** (－5.19)	－0.0398*** (－4.20)	－0.0395*** (－4.18)
媒体关注	0.00001 (0.85)	0.00002 (0.96)	0.000015 (0.65)	0.000016 (0.71)
Controls	YES	YES	YES	YES
_cons	2.2898 (26.09)	2.2636 (25.68)	2.3723 (27.30)	2.3729 (27.31)

3. 面板数据模型

表2－6面板数据模型回归结果。Model 17－18为混合效应模型，企业精准扶贫意愿和精准扶贫水平对企业风险的系数分别为－0.0435和－0.0024，且都在1%水平，股权性质和媒体关注与前文回归结果的回归系数和方向保持一致；Model 19－20为固定效应模型，企业精准扶贫意愿和精准扶贫水平对企业风险的系数分别为－0.0691和－0.0038，且都在1%水平，但股权性质和媒体关注没有通过显著性检验；Model 21－22为随机效应模型，企业精准扶贫意愿和精准扶贫水平对企业风险的系数分别为－0.0552和－0.0030，且都在1%水平，股权性质和媒体关注与前文回归结果的回归系数和方向保持一致。进一步验证了模型的稳定性。

表2－6　面板数据模型回归结果

	混合效应		固定效应		随机效应	
	Model 17	Model 18	Model 19	Model 20	Model 21	Model 22
精准扶贫意愿	－0.0435*** （－5.14）		－0.0691*** （－5.85）		－0.0552*** （－6.67）	
精准扶贫水平		－0.0024*** （－5.31）		－0.0038*** （－5.88）		－0.0030*** （－6.81）
股权性质	－0.0284*** （－3.00）	－0.0281*** （－2.99）	0.0051 （0.13）	0.0057 （0.15）	－0.0153* （－1.73）	－0.0148* （－1.67）
正面新闻数	0.0001*** （2.68）	0.0001*** （2.69）	－0.0001 （－0.06）	－0.0001 （－0.08）	0.0001** （1.96）	0.0001** （1.96）
中性新闻数	－0.0003*** （－3.85）	－0.0003*** （－3.84）	0.0001 （0.11）	0.0001 （0.09）	－0.0003*** （－3.06）	－0.0003*** （－3.05）
负面新闻数	0.0003*** （2.71）	0.0004*** （－2.70）	0.0004* （1.99）	0.0004* （1.99）	0.0004*** （－2.6）	0.0004*** （－2.59）
Controls	YES	YES	YES	YES	YES	YES
_ cons	2.4439 （26.39）	2.4219 （26.08）	5.3716 （14.10）	5.3436 （14.00）	2.5681 （27.62）	2.5416 （27.19）
Industry	控制	控制	控制	控制	控制	控制
Year	控制	控制	控制	控制	控制	控制
N	12405	12405	12405	12405	12405	12405

五、进一步分析

（一）媒体关注分组回归检验

在对各变量进行描述性统计分析时，发现企业媒体关注的最大值为1253、最小值为0、均值为68.0697，差异十分明显，为更好地研究中国上市企业精准扶贫对企业风险的影响，本文按照媒体关注的均值分组进行OLS回归。表2－7列出媒体关注分组回归结果，其中，Model 23－24列出了媒体关注小于平均值时企业精准扶贫行为对企业风险的影响，Model 25－26列出了媒体关注大于平均值时企业精准扶贫行为对企业风险的影响。从表2－7可以看出，当媒体关注小于平均值时，精准扶贫意愿和精准扶贫水平对企业风险估计系数分别为－0.0465和－0.0027，且在1%水平上是显著的，股权性质和控制变量的系数和大小与前文一致，但媒体关注的系数显著为正。当媒体关注大于平均值时，精准扶贫意愿和精准扶贫水平对企业风险估计系数分别为－0.0368和－0.0022，且在1%水平上是显著的，股权性质和控制变量的系数和大小与前文一致，但媒体关注对企业风险不显著，可能是因为样本数较小。通过进一步研究发现，表2－7精准扶贫意愿和精准扶贫水平回归系数均大于表2－3，说明当进行媒体关注分组后，企业参与精准扶贫对企业风险的影响更加显著。

表 2-7　媒体关注分组回归结果

	Sumnews < 68.0697		Sumnews > 68.0697	
	Model 23	Model 24	Model 25	Model 26
精准扶贫意愿	-0.0465*** (-6.43)		-0.0368** (-2.42)	
精准扶贫水平		-0.0027*** (-6.72)		-0.0022** (-2.81)
股权性质	-0.0350*** (-4.59)	-0.0350*** (-4.59)	-0.0542*** (-3.29)	-0.0542*** (-3.30)
新闻总数	0.0013*** (8.80)	0.0013*** (8.85)	-0.00001 (-0.61)	-0.00001 (-0.57)
企业规模	-0.0458*** (-13.43)	-0.0450*** (-13.15)	-0.0604*** (-9.23)	-0.0590*** (-8.89)
前十大股东	-0.0027*** (-11.76)	-0.0027*** (-11.74)	-0.0038*** (-6.74)	-0.0036*** (-6.75)
企业上市时间	-0.0038*** (-7.75)	-0.0038*** (-7.78)	-0.0051*** (-4.57)	-0.0052*** (-4.62)
资产负债率	0.0093 (0.52)	0.0090 (0.50)	0.2601*** (5.86)	0.2576*** (5.80)
高管权力集中度	-0.0163** (-2.29)	-0.0163** (-2.30)	-0.0166 (-0.96)	-0.0168 (-0.97)
研发投入水平	-0.1392** (-2.47)	-0.1362** (-2.41)	-0.4736*** (-3.37)	-0.4690*** (-3.33)
广告支出水平	-0.3358*** (-9.30)	-0.3353*** (-9.29)	-0.2608*** (-3.38)	-0.2589*** (-3.36)
Controls	YES	YES	YES	YES
_cons	2.5132 (34.52)	2.4219 (26.08)	2.8987 (19.40)	2.8987 (19.40)
N	10635	10635	1770	1770
*R*2	0.0602	0.0605	0.1233	0.1243

（二）企业精准扶贫细分回归

2016 年，国务院印发《“十三五”脱贫攻坚规划》，鼓励企业等市场主体参与到健康扶贫、产业扶贫、社会扶贫、生态保护扶贫等不同方式的扶贫行动中。本文按照国泰安 CSMAR 数据库提供的不同方式精准扶贫统计数据，将企业精准扶贫方式划分为产业发展扶贫、兜底保障与社会扶贫、健康及生态保护扶贫、教育扶贫、转移就业与易地搬迁扶贫以及其他方式扶贫六项。从 Model 27 来看，六种扶贫方式均对企业风险显著影响，但系数有正有负；从 Model 28 - 33 来看，只有产业发展脱贫和教育脱贫通过了显著性检验，但是产业发展扶贫系数为正，可能的原因是在进行产业发展扶贫过程中，投入了大量的资金，但是没有立即体现出企业价值来，所以增加了企业风险；教育脱贫对企业风险系数为 -0.0005，且在 5% 水平为负，说明教育能降低企业风险。综上所述，相对于企业其他精准扶贫方式，产业发展脱贫和教育扶贫对企业风险有显著影响。

表 2-8　企业精准扶贫细分对企业风险的影响

	Model 27	Model 28	Model 29	Model 30	Model 31	Model 32	Model 33
产业发展脱贫	1.81e-06** (2.49)	1.37e-06** (2.04)					
兜底保障与社会扶贫	-0.00002** (-2.84)		-2.68e-06 (-1.17)				
健康及生态保护扶贫	0.00002** (2.71)			3.81e-06 (0.09)			
教育脱贫	-0.00004* (-1.72)				-0.0005** (-2.28)		
转移就业与易地搬迁脱贫	-0.00007** (-0.59)					-0.00008 (-1.58)	
其他项目	6.01e-06* (2.03)						-1.42e-06 (-1.34)
股权性质		0.0142 (0.76)	0.1590 (0.85)	0.0147 (0.79)	0.0181 (0.79)	0.0162 (0.79)	0.0152 (0.79)
新闻总数		-0.00008* (-1.98)	-0.00007* (-1.91)	-0.00008* (-2.00)	-0.00008* (-1.92)	-0.00008* (-1.96)	-0.00008* (-2.00)
Controls	YES	YES	YES	YES	YES	YES	YES
_cons	1.1010 (34.89)	2.4265 (15.08)	2.3962 (14.84)	2.4127 (14.95)	2.4072 (14.98)	2.3968 (14.87)	2.4046 (14.93)
Industry	控制	控制	控制	控制	控制	控制	控制
Year	控制	控制	控制	控制	控制	控制	控制
N	12405	12405	12405	12405	12405	12405	12405
R2	0.1450	0.2470	0.2391	0.2383	0.2413	0.2397	0.2393

（三）企业风险是企业精准扶贫行为与企业绩效的中介作用

企业风险与企业财务绩效是息息相关的，其理想的计算方法为公司所有未来现金流的折现值之和，所以，企业财务绩效较好，其对应的财务风险就会降低。在现实中，企业绩效往往与公司的市值和股价联系起来，相比单纯的财务绩效，企业风险更能反映出市场的预期，对于本文而言，如果企业精准扶贫公告能促进企业的财务绩效，其对应的企业风险会降低。基于此，本研究进一步研究验证企业风险是否为企业精准扶贫行为与企业绩效的中介变量。

本文选取总资产净利润率（ROA）作为企业绩效的代理变量。是用来衡量企业利用资产获取利润的能力，用企业在一定时期内的利润额除以资产平均总额来表示。从表2－9Model 34－35可以看出，精准扶贫意愿和精准扶贫行为与ROA分别在1%的水平上显著为正，这表明企业精准扶贫行为确实能够提高企业绩效；Model 36－37可以看出，精准扶贫意愿和精准扶贫行为与企业风险分别在1%和5%的水平上显著为负，这表明企业精准扶贫行为确实能够降低企业风险；从Model 38－39可以看出，我们在解释变量中进一步控制企业风险，精准扶贫意愿和精准扶贫行为与ROA分别在1%的水平上显著为正。由此可见，企业精准扶贫行为可以通过降低企业风险来提高企业绩效，进一步说明了企业风险在企业精准扶贫行为与企业绩效中起到了中介作用。

表2－9　企业风险是企业精准扶贫行为与企业绩效的中介作用

	ROA		企业风险		ROA	
	Model 34	Model 35	Model 36	Model 37	Model 38	Model 39
企业风险					－0.0051* (－2.08)	－0.0051* (－2.07)
精准扶贫意愿	0.0067*** (4.09)		－0.0093* (－1.61)		0.0067*** (4.04)	
精准扶贫水平		0.0004*** (4.04)		－0.0006** (－2.00)		0.0004*** (3.98)
股权性质	0.0051*** (－2.92)	0.0050*** (－2.88)			0.0049** (－2.81)	0.0048** (－2.76)
媒体关注	－3.12e－06 (－0.71)	－3.34e－06 (－0.75)	－0.00005*** (－3.41)	－0.00005*** (－3.36)	－3.43e－06 (－0.78)	－3.64e－06 (－0.82)
Controls	YES	YES	YES	YES	YES	YES
_cons	－0.3016 (－18.99)	－0.2994 (－18－73)	2.260 (31.80)	2.2515 (38.07)	－0.2895 (－17.11)	－0.2874 (－16.90)
Industry	控制	控制	控制	控制	控制	控制
Year	控制	控制	控制	控制	控制	控制
N	12405	12405	12405	12405	12405	12405
R2	0.1768	0.1767	0.2275	0.22765	0.1771	0.1770

六、研究结论和启示

本文基于企业风险理论视角，以2016—2020年A股上市公司为研究样本，实证分析了中国上市公司精准扶贫行为对企业风险的影响以及股权性质和媒体关注对其调节作用，并检验企业风险在企业精准扶贫行为与企业绩效中的中介作用。研究结果表明：第一，无论是精准扶贫意愿和精准扶贫力度，都会有效降低企业风险；与国有企业相比非国有企业的精准扶贫行为越能降低企业风险，同时媒体关注度越高，其精准扶贫行为越能降低企业风险。第二，在稳定性检验中，在替换解释变量和控制变量，将精准扶贫行为和控制变量滞后一期，研究其对当期企业风险的关系，进行面板数据回归分析后，本文的结论依然成立。第三，通过进一步分析发现，在对媒体关注按照平均值进行分组回归后，企业参与精准扶贫对企业风险的影响更加显著；通过将企业精准扶贫细分后发现，产业发展脱贫和教育扶贫对企业风险有积极影响；企业精准扶贫行为可以通过降低企业风险来提高企业绩效，说明了企业风险在企业精准扶贫行为与企业绩效中起到了中介作用。从以上结论来看，企业精准扶贫行为可以使企业风险承担水平明显下降，最终实现共赢。

（作者简介：潘兵，淮南师范学院教授）

社会企业法律形态与制度创新

中国社会企业宏观制度发展框架构建及应用

成丽姣　赵培烜

摘　要： 本文选取了 RE - LOOK 社会创新工作室（深圳市见新文化传播有限公司）作为研究对象，以历史制度主义为研究视角，结合柯林开发的宏观制度社会企业框架，从国家和政策在塑造社会企业上发挥的作用为切入点，探究国家与社会关系，即中国的制度环境如何形塑社会企业发展，在中国制度环境下，社会创业者如何充分利用好资源禀赋优势，实现社会性和商业性的有机统一。研究表明，集体主义文化、马克思主义人民群众观和义利兼顾的儒家传统思想是中国社会企业发展的文化根源。坚持以人民为中心工作理念的中国政府，创新驱动经济发展的时代特征，以及福利善治的中国公民社会模式形塑了我国社会企业创新发展模式的雏形。社会创业者应当在制度环境框架内，充分利用好自身的知识结构、社会网络等资源禀赋优势，实现社会企业的创新发展，为服务国家治理格局贡献力量。

关键词： 中国；社会企业；宏观制度发展框架；建构

一、问题的提出

构建活力与秩序兼具的有机社会，是推进国家治理体系和治理能力现代化的重要方面和必然要求。习近平总书记在十九大报告中指出，经过长期努力，中国特色社会主义进入了新时代，这是我国发展新的历史方位。社会力量将在第三次分配和共同富裕的阶段将发挥重要作用。近年来，国外既有相关研究主要聚焦在社会企业与制度环境的关系上，研究表明社会企业的发展受到制度环境的显著影响，制度环境已被证明可以影响决策者的创业活动，通过调整制度语境影响创业活动的数量和形式。国内关于社会企业发展的研究发展迅速，并取得了一些成绩，但既有相关研究在宏观上忽略了中国独特的制度与文化情境，微观视角上也缺乏社会企业组织发展过程中遇到的瓶颈和困境研究。本研究在柯林开发的社会企业制度发展框架的基础上，结合中国特色社会主义的国情，构建出了中国本土化的宏观制度发展框架。以 RE - LOOK 社会创新工作室（深圳市见新文化传播有限公司）作为研究对象，试图回答以下研究问题：中国的制度环境如何形塑社会企业创新发展模式？社会创业者如何在现有制度框架内充分利用好资源禀赋优势，实现社会性和商业性的有机统一？

二、理论分析框架构建

制度是国家与社会互动环节中至为重要的社会要素，国家对社会的介入乃至影响的程度和力度都是通过制度才得以实现的。因此，从制度分析的视角进行考量，国家就是一套深度嵌入社会之中的制度结构。历史制度主义既是当代西方以经验为基础的政治科学的主要分析范式之一，也是新制度主义政治学内部的一个重要流派。历史制度主义在解释行为者的利益—权力关系时，非常重视背景的作用。历史制度主义认可制度在政治生活中的重大作用，但并不认可制度是唯一因素。社会经济的发展程度、观念都应当放置在政治因果链之中。制度会影响个人和集体的信仰、规范性承诺和偏好，在宏观层面的影响体现在创造和平衡权力差距，并结构性的建立共同利益和对立利益。国家中心范式中的历史制度主义重点考察制度结构的作用机制，具有宏观主题的中层理论、制度结构的比较分析、因果探求的历史向度等范式特征。

目前，柯林开发的社会企业宏观制度发展框架已经在国际上被广泛使用，包括荷兰、韩国、西班牙、智利等国家。本研究以柯林开发的社会企业宏观制度发展框架为基础，构建了中国社会企业宏观制度发展框架。社会企业宏观制度发展框架把文化、政府、经济、公民社会、国际影响五个要素整合进来。柯林把经济划分成了创新、效率和要素驱动三个发展阶段。在创新驱动型经济中，高收入社会不断增长的财富和欲望支持着公共服务部门的发展，同时知识和研发机构也支持着创新企业家的愿望。西方所指的公民社会是处于政府和私营企业之间的社会组织，这些组织一般处于政府与企业之间，并发挥着服务社会的职能。而在我国公民社会的概念不等于社会组织、非营利组织，而是社会力量。

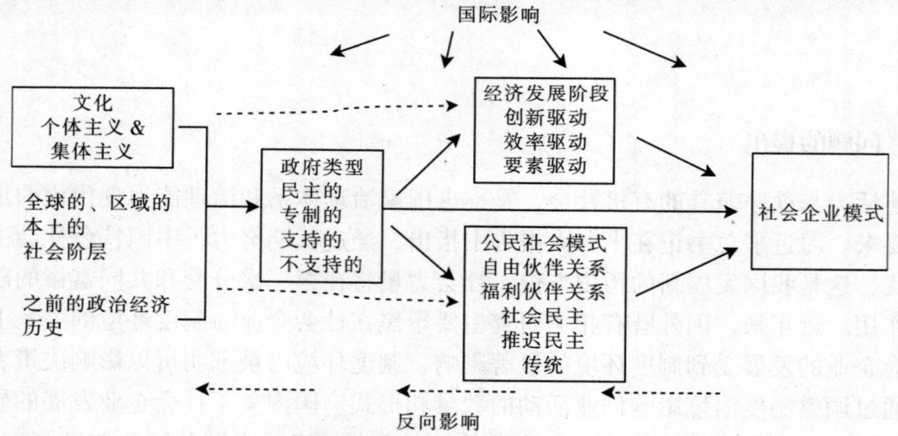

图 3－1　宏观制度进程和社会企业发展路径

三、中国社会企业创新发展的制度环境分析

制度环境是社会企业发展的基础和决定性因素，要促进社会企业发展，激发社会企业活力，就必须优化社会企业成长的制度环境。

（一）中国义利兼顾的传统文化根源

社会企业的思想根基来源于儒家“义利兼顾”的思想。中国人强调“以佛修心，以道养心，以儒治世”。传统儒家教化曾经在历史上持续、稳定、封闭地对中国社会各个方面产生着影响。孔子主张“君子义以为上”。《论语·里仁》认为不能依利行事，对求利活动须以义制约，要“见利思义”。

（二）以“善治”为终极目标的福利治理模式

党的十九届四提出，要重视发挥第三次分配作用，发展慈善等社会公益事业。为了人民的美好生活，要把改革的成果惠及每一个人是十九大报告中党中央向民众的庄严承诺。以共同富裕为目标，充分发挥第三次分配的作用。有学者指出，我国在养老服务、社区流动儿童救助等方面已经呈现出了适度普惠型的福利取向，以适度普惠为基础的福利制度已显现基本雏形。与西方国家不同，中国是社会主义国家，持续为民众创造福利，保障民生福祉，实现共同富裕是国家治理的重要内容。善治是政府与公民之间积极而有成效的合作，以“善治”为最终追求，实现福利资源优化配置，在持续加大投入福利资源的同时，最大化福利的积极效应，是我国新时代福利治理的发展方向。

（三）国际社会企业文化的影响

20世纪下半叶，西方国家由福利国家向新自由主义国家转型，政府缩减福利开支，为社会企业兴起提供了广阔空间。社会企业作为社会领域解决政府失灵和社会组织志愿失灵的创新组织，自20世纪90年代以来，在全球化进程中得到了快速发展。2012年里约热内卢举行的联合国可持续发展大会提出可持续发展目标以来，用科技和创新促进可持续发展成为联合国开发署和国际组织高度重视的行动指南。2018年10月，全球企业社会责任基金会（GCSRF）成立；2019年联合国开启了全球企业社会责任峰会，为各国政策制定者、城市管理者、社会企业家建构了具有全球视野的高水准对话空间。近年来，中国人民大学尤努斯社会事业与微型金融研究中心、中外社会企业研究中心等研究机构相继成立，具有中国特色的社会企业理论话语体系正在逐步建构。

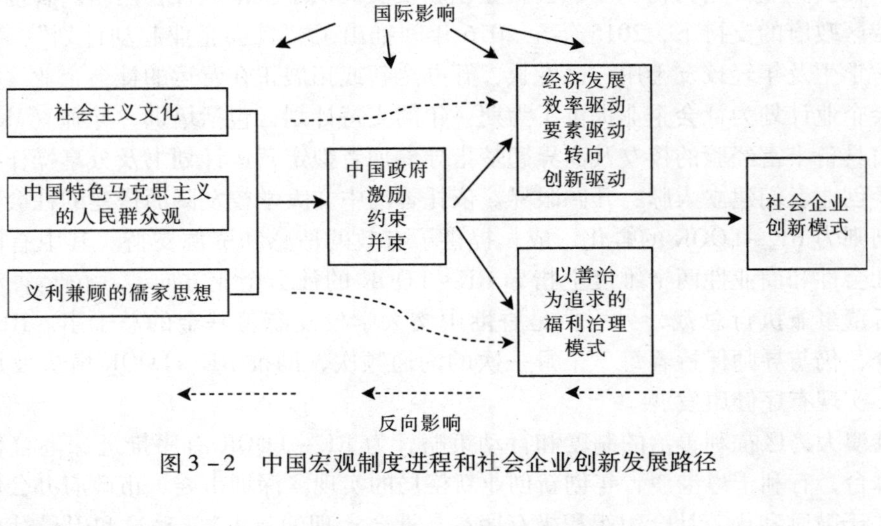

图3-2　中国宏观制度进程和社会企业创新发展路径

四、中国粤港澳大湾区发展战略与社会企业的创新发展

作为改革开放的先行地，新时代的深圳坚持创新驱动发展，开启高水平对外开放新格局。从创办经济特区发展市场经济到粤港澳大湾区建设，中央关于改革开放的战略设想在

粤港澳大湾区不断变为现实。建设粤港澳大湾区和中国特色社会主义先行示范区，是党中央赋予广东的重大使命和重大任务，也给了社会力量高起点参与经济发展、公共服务、社会治理等事务，并为其自身高质量创新发展，提供了重大机遇。粤港澳大湾区包括香港特别行政区、澳门特别行政区和广东省广州市、深圳市、珠海市等珠三角九市，是我国开放程度最高、经济活力最强的区域之一。粤港澳大湾区建设是新时代推动形成全面开放新格局的新尝试，是新时代“一国两制”实践新篇章，是我国实施创新驱动事业发展的战略要地。2015 年 5 月，广东省委、省政府印发的《加快推进创新驱动发展重点工作方案（2015—2017 年）》，把大力培育发展创新型企业、加快自主创新重大平台建设等内容作为创新驱动发展的重要举措。

RE－LOOK 社会创新工作室（简称“RE－LOOK”）的演化发展得益于大湾区建设，是内地和香港在社会治理、社会创新中深度合作的重要体现。RE－LOOK 在 2018 年成立于香港中文大学社企计划，是立足粤港澳大湾区以体验的方式协助个体成长的社会企业，通过多元链接，创造有意义的社会创新体验和教育内容，推动青年人更好地认识自我、建立关系、提升社会参与。截至 2020 年 12 月，RE－LOOK 已举办近 170 场线上、线下体验活动，活动参与人次已达 12200 多人，发展出覆盖广深港青年合作网络。RE－LOOK 的业务范围包括但不限于承接政府购买服务项目、企业公益营销咨询、社会创业团队赋能、青年公益社群运营等。

香港高校创新创业平台的推动，深圳社会组织孵化平台的支持，以及位于浅海的大湾区青年创新创业中心的搭建，凝聚成了 RE－LOOK——公益性和商业性兼具的创新型组织形态。1997 年，亚洲金融危机爆发之后，香港财政压力巨大，开始重新考虑以资助社会服务的方式推动社企发展。2007 年，香港特别行政区行政长官曾荫权在《施政报告》中称，香港要培养更多社会企业家，透过企业家的思维，利用商业策略达至社会目标。香港中文大学社会企业计划为初创型社会企业创新发展提供了丰富的社会网络。香港中文大学在香港特区政府的支持下，2015 年至 2016 年间推出了“社会企业起动计划”，支持香港中文大学学生及年轻校友善用一己专长，开办全新或拓展正在营运的社会企业。香港中文大学社会企业计划为社会企业提供了为期一年的支持计划，包括培训、导师（Mentor）支持等，由具备丰富经验的校友及商界翘楚指导参加者拟定营运计划书及分享操作技巧，并帮助社会创业者们建立人脉、开阔眼界。依托香港中文大学校友圈而搭建的社会企业导师陪伴计划则为 RE－LOOK 的孵化、成长提供了有效的情感和资源支持。其中有两位导师分别从社会性和商业性两个维度上指导 RE－LOOK 的社会企业方向，一位是香港某上市公司执行董事兼执行总裁，另一位是香港中文大学校友慈善基金的总干事。RE－LOOK 发展迄今，仍与导师保持着每 3 个月一次的沟通频次，助推 RE－LOOK 解决发展过程中的瓶颈，实现有序健康发展。

粤港澳大湾区福利善治的制度和行动策略，为 RE－LOOK 有序推进深港合作提供了更大的舞台，有利于粤港澳青年创新创业新格局的实现。深圳市委、市政府办公厅联合下发了《关于鼓励和规范社会组织积极有序参与社会治理的意见》，动员和引导社会组织积极有序参与基层治理，实现政府治理和社会调节、居民自治良性互动，夯实基层治理基础。同年，深圳市委六届七次全会提出推动建设“青年发展型城市”，全新定位了城市发展与青年发展关系。深圳发布的《深圳青年发展规划（2020—2025）》则为青年发展型城市建设绘制了“路线图”。不断加强对港澳青年之间的联系和服务，促进湾区青年多层次多领域交流互动，已成为深圳福利善治的重要实施领域。RE－LOOK 也持续获得了来自大湾区核心地块广东省的福利倾斜。RE－LOOK 在广东省连续 3 年获得由共青团广东省委员会等单位主办的“益苗计划——广东志愿服务组织成长扶持行动”（粤港澳大湾区专项赛）的经费支持，有效赋能社会企业。

（作者简介：成丽姣，上海交通大学国际与公共事务学院博士生；赵培烜，香港中文大学硕士研究生）

中国家族基金会：文化传承与创造性转化的路径

吴新叶　江荣荣

摘　要：中国家族基金会发展中“爱有差等”的慈善观念、家族至上的治理结构、关系化的组织管理网络等，都得益于传统家族文化的传承与发展。独特的发展历程表明，中国家族基金会已经实现了慈善的文化立意，现在正处于对慈善事业的文化省察阶段。从内部治理与外部环境的角度看，文化自觉是实现家族基金会创造性转化的必然路径。在文化资源的角度，更新现代慈善价值观、建构以治理为架构的现代公益组织制度，以及丰富以家族为支柱的慈善符号系统等，是中国家族基金会发展的现实选项。

关键词：慈善中国；家族基金会；传统文化；创造性转化

在全球范围来看，作为现代慈善事业的重要形式和有效载体，家族基金会在积累家族企业财富、增强家族凝聚力、弘扬家族文化、促进公益事业发展等领域发挥至关重要的作用。然而，与西方成熟的现代公益慈善组织发展与管理模式相比，中国家族基金会的发展仍处于起步阶段，而发展过程中又遭遇动力不足的挑战。这些问题不仅迟滞了中国家族基金会的成长进程，而且不利于我国现代公益慈善事业的可持续发展。

相较于实践议题的紧要性，学术界目前围绕中国家族基金会可持续发展这一主题开展的研究并不多见，而对企业社会责任问题的研究则有大量间接性成果。大多数学者围绕企业慈善行为的动机、影响因素、实施策略及其功能发挥等内容展开研究，并得出了不同视角的研究结论。也有学者聚焦于企业慈善行为的政治和制度力量动机，借用政治关联相关理论，研究企业慈善捐赠的政企纽带效应。无疑，这些研究成果对于解释“非家族企业”的慈善行为具有很强的说服力，但是家族基金会作为“家族”与“基金会”的结合，必然会衍生出许许多多“非家族企业”所不曾面临的特殊问题。因此，家族基金会的研究自然不能漠视“家族”这一社会经济文化载体的特殊性。尤其对于中国的家族基金会而言，它更多地承载了中国传统社会的“家文化”因子。

现阶段，随着我国公益慈善领域第一部专门性法律——《中华人民共和国慈善法》的正式实施，中国家族慈善事业正面临新一轮的转型升级。这一过程中，中国家族基金会该何去何从？面对古今中外丰富多彩的慈善文明，如何取其精华，弃其糟粕？如何有效履行中国家族慈善基金会的“现代”使命？都是值得深思的问题。对此，有学者指出，传承中国古代慈善的优良传统，创新当代慈善发展理念，以及加强当代慈善文化建设是当代中国慈善发展转型中的重要抉择。也有学者基于中国慈善从“传统”到“现代”的生成和发展轨迹，提出要培育具有中国特色的现代慈善精神，以及营造“家”“国”互益的慈善生态。诚然，不同学者对于当代中国慈善事业的发展提出各种各样的转型路径，但是，所有的发展路径背后都无法回避文化因素的功能发挥。因此，基于文化视角衍生出的发展路径，将为中国家族慈善事业乃至家族企业永续传承提供一个可解读的方案。

一、中国家族基金会溯源

（一）中国家族慈善事业的历史积淀

中国传统文化典籍不乏有关慈善思想的论述。譬如，以“仁爱”为核心的儒家思想，以“积德行善”为核心的佛教思想，以及主张“赏善罚恶，善恶报应”的道家思想等。各方流派虽在表述上不尽相同，然义理相近，都含有救人济世、劝善去恶、乐善好施等慈善理念。这些慈善理念在数百年前已经有了实践，北宋时期中国出现了传统家族基金会雏形——义庄。据史料记载，范仲淹在1050年设立范氏义庄。义庄在范氏宗族长者的管理下，发挥救济贫困族人，兴学劝善，保持宗族凝聚力的作用。此后，像义庄之类的慈善组织，如社仓、社学、义仓等逐渐发展起来，尤其是在宗族制度特别发达的地区极其盛行。这类组织通常由以乡、街为单位的小型地域社会中的望族或者乡绅发起，一般围绕族内救济、乡里乡亲的“常规帮衬”以及宗族祠堂的修缮等内容开展慈善活动。值得强调的是，受中国特有的宗法社会制度影响，这些慈善行为始终遵循由亲及疏、由近及远的宗法社会法则，这就导致中国古代家族慈善事业携带着天然的“排他性”，难以在宗族以外的全社会范围内形成互惠互利、平等博爱的慈善氛围。对此，学术界的观点认为，中国家族慈善事业实践路径与宗法血缘关系有不解之缘，根据血缘的亲疏来划分“仁爱”的层次。

基于以上内容，可以得出结论：中国古代慈善事业源于悲天悯人的情怀，成型于家族慈善，其核心是家族文化。同时，家族慈善同士绅地位形成了互动，这是现代家族基金会的文化立意的基础。必须看到，中国传统家族文化并非十全十美，始终沿着“家”的差序格局而展开，受制于宗法血缘关系的优先性约束，但并没有囿于此而不去触碰“周济天下”的愿景。

（二）现代家族基金会在中国的兴起及其演进

作为现代公益慈善组织样式，家族基金会最先在我国港澳台地区兴起，并由此向内地拓展。从发生学的角度看，这是中西慈善文化碰撞后文化省察的结果，因为港澳台的家族基金会渗透着跨文化的因子。以香港为例，建立慈善基金会成为香港家族企业践行社会责任、开展家族慈善事业的普遍做法。李锦记家族慈善基金会就是其中的典范。作为一个已经有130多年品牌历史的家族企业，李锦记同其他家族企业一样，在代际更替的关键时期，经历过因分家而导致家族内部矛盾激化的惨痛经历。两次分家的经历不仅给李锦记家族企业带来巨大的负面影响，更破坏了家族内部成员原本亲密和谐的亲情关系。基于“思利及人”的家族文化根基，在家族第三代传承人李文达的倡导下，设立李锦记家族慈善基金会，以此增强家族凝聚力，促进家族企业的传承与发展。李锦记家族基金会个案反映出传统家文化在时代变迁中的困境与思变：家族企业内部代际传承的矛盾因家族成员内部分裂而激起，同时又因家族精神的唤醒而得到解决，由此推论，尽管戴着“基金会”这一西方组织样式的帽子，但李锦记家族基金会的根基却是中国传统的家文化，这是家族永续传承的重要因子。

内地家族企业涉足公益慈善领域有其特殊的时代背景。改革开放初期，中国家族企业尚处于孕育初创期，社会责任意识淡薄。之后，随着西方企业社会责任运动在国内的扩展，政府部门介入企业社会责任建设，通过《中华人民共和国公司法》《中华人民共和国劳动法》《中华人民共和国环境保护法》等相关法律规定，要求包括家族企业在内的现代企业组织必须履行相应的社会责任。比如，2006 年实施的《中华人民共和国公司法》第 1 章第 5 条就明确规定：公司从事经营活动，必须遵守法律、行政法规，遵守社会公德、商业道德，诚实守信，接受政府和社会公众的监督，承担社会责任。

正是在这样的大背景下，不少家族企业纷纷涉足公益慈善领域，践行企业社会责任。老牛基金会就是其中的先行者。自 2007 年创立以来，老牛基金会先后在环境保护、文化教育、医疗卫生、救灾帮困等多个领域积极履行社会责任。经过多年的实践之后，如今老牛基金会致力于积极推动国内公益慈善行业的发展。基于老牛基金会的慈善行为，可以看出：尽管当前国内家族企业已经普遍具有社会责任意识，少数家族基金会也开始探索新的发展模式，但多数都是出于积极响应和遵守现代企业制度中的公司伦理要求，对传统家文化的省察并不占优势，更多是潜移默化的内在作用机制。这在大多数家族基金会的公益慈善行动上能够看出端倪，很多公益行动仍停留在模仿（西方模式）阶段，因此家族基金会可发掘的动力空间仍然巨大。

二、中国家族基金会的慈善文化特质

研究家族基金会的慈善行为，自然绕不开中国传统文化的本质问题。李锦记家族慈善基金和老牛基金会分别代表了中国两类不同家族基金会的发展模式，二者的发展历程存在差异，成长环境也不尽一致，但两位企业家精英对于慈善行动所显示出的文化自觉是共性。老牛基金会的牛根生具备中国本土成长起来的浓厚“家—国—天下”传统特质，而李文达则具有受西方公益慈善文化熏陶的现代公益精神，二者的慈善行动结果是一致的。这说明文化的濡化功能并没有地缘差异，不同文化因子对于家族基金会管理方式的偏好与取舍造就了这种特质。梁漱溟认为，家文化是中国传统文化的核心，“任何一处文化，都自具个性，惟个性之强度则不等耳。中国文化的个性特强……中国人的家之特见重要，正是中国文化特强的个性之一种表现。”应用于解释家族基金会，能够发现其实施的慈善行为及其运作机制都深深地烙下了“家文化”的印记。因此，在这里，试从以下三个方面透视家族基金会的慈善文化特质。

（一）“爱有差等”的传统慈善观念

就中国家族企业设立慈善基金会的观念和动机而言，出于对家族的热爱与责任，无论是主要动机还是次要动机，都可以在中国家族基金会的慈善行为中表现出来，并且这种行为自始至终呈现出与中国乡土社会结构相一致的“差距格局”特征。“爱有差等”的慈善次序观反映出费孝通关于“同心圆波纹”类比的样态，而所有受惠于家族基金会的人则形成了一个特殊网络。通过对基金会运转的考察，能够进一步发现维系这一社会网络秩序所用的力量，也是中国儒家最考究的伦理纲常。在费孝通看来，“差距格局”的社会结构与儒家的人伦差序具有内在同一性，两者都是从亲疏有别的宗法观念推衍而来。这种格局同样适用于慈善公益的伦理秩序。总之，“爱有差等”本质上是中国人“推己及人”“克己复礼”“修齐治平”价值观念的具体体现。

概言之，家族基金会可以看成是“个绵续性的事业社群”，其组织行为围绕亲属伦理而展开，形态上凸显出中国乡土社会差序格局的特征。基于此，家族慈善行为必然次序分明，呈现由近及远、由亲及疏的变化过程，即首先要“爱”与自己有血缘关系的亲属，然后再扩展到去“爱”其他人。这一过程概括起来就是儒家“爱有差等”的仁爱观，如“立爱自亲始”，“仁者，人也，亲亲为大”等，都充分显示出“仁爱”的差等特征。不可否认的是，这种慈善理念具有程度不同的封闭性和狭隘性，家族以外的其他社会成员受惠机会次之，这与强调“利他主义”的现代慈善理念不尽相同。

（二）“家本位”的文化引领

从历史与现实来看，国内家族基金会与传统的“家族主义”文化有着千丝万缕的联系。这就使得家族因素涉足慈善基金会内部治理成为可能：在基金会的所有权结构、组织架构设置、决策机制，以及继任者的选择机制等方面，都渗透着显著的“家本位”文化嵌入的特征。正因为如此，家族基金会内部治理结构也往往表现出“家族至上”的特点。

首先，所有权的“家族”特征。从管理学角度看，所有权结构是家族基金会治理结构的核心要素，故对家族基金会的界定多以所有权结构为基本轴线。只要基金会的所有权为家族成员（共同）所有就可以将其认定为家族基金会。这充分体现了家族基金会作为“家族利益共同体”的特性。其次，“家法”渗透于基金会的制度体系之中。同其他社会规范、企业正式制度相比，“家族宪法”在整个制度体系中占据绝对主导地位。以李锦记家族基金会章程为例，这一“家族宪法”的制度化形式将家族成员共识上升为家族基金会的最高行动指南，引导家族基金会有序运转的同时，强化家族成员的规则意识。最后，从家族基金会组织部门的设置来看，“家长”权威得到巩固。家族委员会（有的也称“家族理事会”）处于整个家族基金会组织架构的核心位置，掌握家族基金会重大事务的决策权和领导权，并且绝大多数情况下中国家族委员会的委员长（理事长）这一职位由家族内部成员出任。从中国家族基金会的发展经验看，基金会继任者的选择机制多为“子承”机制。在家族基金会发展初期，所有权和经营权尚未分离，一般情况下，都会遵循子承父业的选择机制，从家族内部成员尤其是上一任领导人的子女中选择合适的继任者。随着慈善基金会专业化管理趋势的出现，家族基金会的所有权与经营权逐渐分离，一些家族基金会将经营管理权适当剥离，选择从外部聘请职业经理人，参与家族基金会的日常运作与管理。现阶段，由于我国家族基金会所有权与经营权高度集中的问题尚未得到明显的改善，加之自古以来中国人的行为选择具有明显的血缘偏好，致使绝大多数家族基金会不会轻易将经营管理权交给家族之外的人。从某种程度上来说，这种封闭、内循环的继任者选择机制不利于家族基金会向市场化运作转型。

（三）“关系治理”的网络结构

从现实来看，契约治理和关系治理是家族企业普遍存在的两种治理模式，因而在开展公益慈善活动时家族基金会也多沿用了这两种策略。契约治理主要是借助正式的制度契约，如公益慈善类的法律法规、基金会章程，以及一系列的项目合同，以此来规范家族成员涉足基金会的各种行为，使家族基金会朝着制度化、规范化的方向发展。而关系治理则是基于非正式契约，主要是家族成员之间的道德规范、互惠规则，使家族成员在交往过程中自行协调组织分工，彼此间形成良好的互动与合作。当前，对于中国家族基金会而言，关系治理模式比契约治理模式更具有优先性，因为它与家族基金会内部“家文化”特质更加契合，成为社会文化网络的结构性存在。这种契合性主要体现在以下三个方面：

第一，关系治理契合“差序化”的慈善理念。“差序格局”本身就是一张社会关系网络。而所谓的关系治理就是依据“差序格局”背后的伦理道德，促成家族成员之间开展有效合作，进而支撑家族基金会的有序运转。第二，关系治理在家族基金会运作过程中降低了边际成本。当前，我国家族基金会制度化建设仍处于起步阶段，无法依据现有的法律和正式制度确保每一个公益慈善项目都能够有效运作。而以家族成员为核心的内部决策机制，能够及时迅速地对公益项目中的不确定问题做出回应，极大地节约了决策时间和沟通成本。第三，借助社会关系网络，家族内部的社会资本积累机制得以拓展。正如马克思·韦伯所言，中国社会的信任问题，不是建立在契约制度上，而是以人与人之间的关系尤其是亲戚关系为基础。在家族基金会的日常运作过程中，具有亲缘关系的成员所获得的信任程度和重用机会都显著高于其他基金会成员。与此同时，家族主要成员还会围绕基金会发展问题定期开展交流互动，在不断接触过程中进一步固化这种信任机制。

尽管在制度学派的理论框架下，作为一种“自我实施”的非正式规则，关系治理具有很强的依赖性、脆弱性以及不确定性。但是，现阶段中国家族基金会普遍采用的关系治理模式仍然具有合理性，是家族基金会有效治理的优先选项。建立在关系治理之上的信任关系越是牢固，越是有可能强化这种社会关系网络结构，作为一种互补结构，这种模式仍然是无法替代的。

三、中国家族基金会可开发的传统慈善文化资源

在现代组织管理的角度，慈善事业对专业性、自觉性、共享性、发展性等组织文化层面有新的赋权，如何实现对传统慈善文化的自觉开发是中国家族基金会的现实课题。

（一）“相对利他主义”的传统资源开发

利他主义伴随物种起源而存在和发展。生物学家威廉·汉密尔顿在对有性繁衍物种开展研究的过程中发现：“他们对待亲戚时是利他的，利他程度与他们分享的基因成正比。”后来有些西方学者拓展了威廉·汉密尔顿的研究成果，他们认为：“互惠利他不一定发生在有血缘关系的人之间，个体之间通过长期互动，也能自发产生互助合作行为。”根据大卫·霍顿·史密斯对利他主义的解释和划分，可以将现代公益慈善组织视为一种相对利他组织。这类组织具有满足他人意图和需要的特征，同时也具有自我满足的成分，从利他行动中，组织不仅能够获得内在的自我满足感，而且能够维持和提升组织自身的功能。

同“爱有差等”的慈善差序格局相比，中国传统家文化的“先后观”和相对利他主义是契合的。当然，传统的糟粕也是需要甄别和祛除的。比如，片面将家族基金会视为“事业社群”，客观上是强化了家本位的观念，难免会在基金会的运转中出现借用“慈善”之名而刻意拓展家族外部社会资本等现象的发生。正如有学者所指出的那样，任何背离了“公益”原则的慈善形式都是自利性“伪”慈善。这种扭曲的功利导向目的是美化家族形象，提升家族社会声望。因此，需要对这种放大的利己（家族）主义价值进行改造，否则不仅会阻碍家族基金会自身的发展，而且影响家族慈善“公益”的属性定型。相对利他的公益价值要求家族基金会能够遵循“利他—利己—利他”的目标实现逻辑，经过反复循环，最终使家族基金会能够超越

“纯粹利己主义”，去追求和实现更广泛的公共利益。

（二）基于传统：慈善文化的“创造性转化”

如前所述，我国大多数家族基金会的成立始于政府的政策宣导，其内部各项机制缺乏内生性。再加上起步较晚，在其初创过程中，受到资本、技术、人才和知识积累等多种因素的限制，逐渐形成了模仿西方慈善组织的路径依赖。也就是说，中国家族基金会的成立初始即追求在组织形式上同西方的接轨，因此传统家族慈善的文化符号等系统开掘有限。

毋庸置疑，这种被动模仿有其历史合理性。在中国家族基金会创立初期，模仿西方组织模式的中国家族基金会的确发挥了至关重要的作用，但随着业务拓展到公民领域，家族基金会所处的公益慈善环境已经呈现出越来越高的不确定性。唯有创新才能发展。而中国家族基金会首要的创新路径就是走出刻意模仿西方基金会的路子，从中国传统文化中寻找“中西合璧”的新动力。基金会的捐赠规模、目标与方法、组织与制度等，都应该也能够在传统文化中获得不可替代的资源支撑。回顾近二十年西方公益慈善组织发展所走的道路，可以清晰地看到“扬弃”的生命力。建立在传统文化基础之上的慈善创新，应该围绕价值创新、制度创新，以及活动方式创新等方面汲取营养，使现代慈善组织能够有效应对各种不确定性因素的同时，也为自身的能力建设开拓更为广阔的空间。

（三）超越传统：从“社会救助”到“回应社会”与“团结社会”

家族基金会的“回应性”是指慈善行为满足社会需求、价值与机会的有效程度。有研究以“授人以鱼”与“授人以渔”来比较这种有效性的回应程度。概而言之，以公益慈善行动促进人的发展是家族基金会的终极价值目标。这是一种全新的社会问题解决模式，摆脱了传统慈善“悲天怜悯”的施舍情怀以及“应急救助”的价值主张，目标是积极吸纳受助者参与到经济价值和社会价值的创造过程之中，以帮助受助者提升自我可持续发展的能力。这种“助人自助”的救助方式，不仅在最大程度上维护了受助者的尊严，而且能够可持续地解决社会问题，更凸显了现代慈善对平等、正义、自由、发展的价值追求。正如卢德之所言，“21 世纪慈善不仅仅是一种价值伦理，而且是一种责任伦理、一种发展伦理”。对于家族基金会而言，要想从传统慈善转型到现代公益慈善，在“价值伦理”层面，需要形成“共享发展”的理念，追求全球共享的价值目标。在“责任伦理”层面，可以通过吸收就业、创业支持、技能培训以及提供对外交流平台等项目，履行社会责任。而在“发展伦理”层面，则需要家族基金会基于人与社会可持续发展的价值追求，完成从“生存型”向“发展型”救助方式转变。与此同时，更加关注影响社会发展的深层次问题，并通过慈善资源的优化配置，实现人与社会的可持续发展。

“团结社会”是共同体意义上的价值关怀和追求。根据法团主义的观点，国家与社会融合所形成的法团化组织，是社会良好运作的中介，它不仅能够帮助国家制定并开展相关政策，而且起到维护社会整合与团结的作用。在组织发展的角度，内部治理能力是促进社会团结的基本机制。比如，作为连接国家与社会纽带的西方家族基金会，其功能发挥与政府职能目标之间具有高度契合性。此外，这类组织往往能够通过基督教博爱思想的传播、移民国家互济文化的影响，更好地培养公民的社会责任感，进而造就了实现社会团结的心理基础。这从宏观层面诠释了西方家族基金会的社会整合功能。然而，与西方家族基金会相比，中国家族基金会的形成与发展过程更多侧重于社会问题的回应。这种发展策略能够在一定程度上缓解社会压力，但其所提供的“暂时性”慈善行为输出方式最多只能发挥社会发展稳定器的功能，难以充当社会价值的凝聚器。因此，要想从根本上解决社会问题，并且实现中国慈善事业的可持续发展，家族基金会理应在创新“回应社会”具体方式方法的同时，主动采取“团结社会”的发展策略，例如，通过唤起全社会开展各种形式的社会责任运动，在实践中培养“大同社会”的潜在客户。这应该成为当前中国家族基金会面临新一轮转型升级的理性选择。

四、中国家族基金会发展的文化路径

文化作为伴随人类文明演进的重要历史现象，具有“解释世界”与“改造世界”的功能。正如国学大师钱穆所言：一切问题，由文化问题产生；一切问题，由文化问题解决。因此，基于文化研究范式寻求的问题解决路径，往往能够有效治愈社会科学中的复杂问题或者疑难杂症。当前，在治理现代化的大背景下，探讨传统资源的开发问题对于中国家族基金会的可持续发展具有积极意义，文化路径在传统资源的开发中自然是不可替代的必然选项之一。这一文化路径体现出传承与整合的主观努力，张岱年称之为文化的“综合、创新”，而林毓生则直接冠以“创造性转化”来表述，都表明中国家族基金会的文化路径选择注定不是一个简单的、一蹴而就的过程。这里以文化的三层结构为依据，提出基于“价值观定位—制度建构—丰富符号体系”框架的三分法路径建议。

（一）核心层次：培育基于慈善文化的现代家族价值观

“公益慈善”作为一种现代社会或者学术话语，实际上是由“公益”和“慈善”两个独立概念合成的复合词汇。既然是两个独立概念，自然有其特殊的内涵。结合“公益”“慈善”在我国的发展历程，我们可以看出：慈善更多地停留在个人修身、伦理道德范畴，而公益则超越了慈善文化对于公民个体道德束缚，更加关注公民的慈善意识、责任意识、参与意识以及志愿精神的塑造与培育。后者正是公共精神在现代公益慈善领域的集中体现。从这层意义来说，从“慈善”到“公益”的发展，实际上伴随着现代公民公共精神的形成，与此同时，也意味着中国公益慈善文化的现代性转化。值得注意的是，公共精神作为现代化的精神文化诉求，它的形成是一个复杂的过程，这就需要发掘多种渠道来培育公共精神。

首先，要科学处理好本土与世界、传统与现代的关系，即坚持以现代公益文明发展的总体取向为坐标，实现西方现代公益慈善理念与中国传统慈善文化的有机融合；要坚持对中国传统慈善文化科学扬弃的原则，汲取中国家族慈善文化精华并加以传承，以此塑造家族成员的责任意识、公德意识、志愿精神，推动中国家族基金会的慈善理念由传统向现代的转化。其次，加强慈善文化教育，培育具有现代慈善理念的公益人才。通过家庭、学校以及社会三位一体的慈善文化教育机制，将现代慈善理念培养教育渗透到社会生活的方方面面，使受教育者在潜移默化中形成现代的慈善理念。最后，建构一种既体现制度约束又不失志愿精神的社会规范体系，鼓励公民参与公益慈善，在实践中逐步培养包括公共精神在内的公民慈善文化基质。

（二）加强家族成员的身份认同与边界管理

在查尔斯·蒂利看来，身份是一种社会关系，是有边界的，也是动态的，当人们从一种关系转向另一种关系时，他们的身份也随之发生变化，依附在身份上的权利义务结构也会发生变化。这种以身份的多样性、动态性和差异性为基础的分析范式，对于差异化管理进入家族基金会的家族成员的多重身份、增强家族凝聚力、优化家族基金会的治理结构具有重要的指导意义。

对于进入家族基金会的家族成员而言，他们既是家族事业的缔造者、传承者，也是家族基金会的所有者、经营管理者。若以组织名义的归属对上述身份进行划分，就会形成两种不同的身份认同，即家族身份认同和职业身份认同。这就导致家族成员之间兼有亲情和职业的双重社会关系。因此，需要家族成员基于自身所处的活动场域，合理界定自我身份，以免模糊了家族身份和职业身份的行为边界。具体而言，在家族内部治理场域中，应当以家族成员的身份来管理自身的行为边界，如建立有效的家族成员在基金会中的日常沟通机制，增强家族成员彼此间关于慈善公益的情感交流，在此基础上，形成高效的基金会发展共识机制。而在家族基金会治理场域中，应当适当弱化家族成员的身份，更多地以职业经理人的身份来管理自己的行为边界，如基于平等的契约信任关系，同外部引进的职业经理人展开合作，并借助一系列的制度规范，明确双方的委托代理关系及其相应的权利义务承诺，以此促进家族基金会治理结构的有效运转。

（三）注重“符号”的功能，提升家族慈善文化的品牌效应

“家族慈善文化的品牌效应”这一主题隐含一种过程，即让更多的社会成员对家族慈善文化从“无知到认知，再到认同”的过程。一般而言，需要借助以下两个途径：其一，家族慈善文化的物化传播途径。传播学的观点，文化传播需要借助媒介，这种传播媒介大多以符号的形式呈现，更容易被公众认知。这就需要传承者从众多抽象的家族文化内涵中提炼出能够反映家族慈善形象的核心概念符号（术语），并借助物化的形式将概念符号表现和传播出去。基金会会标、标语、富含意识形态的宣传话语、纪念性的宣传物件以及践行家族理念慈善的公益项目，和项目运行过程中向人们呈现的更为直观的学校、医院、敬老院等公共设施都是家族慈善文化传播过程中最常见的物化符号。其二，家族慈善文化的价值生产途径。正如有些学者指出：文化必须由符号来表现，文化对社会结构影响的实质体现为符号价值的运用。因此，家族基金会的品牌建设过程就是通过各种符号化的形式，将家族慈善理念嵌入社会公众认知的过程。社会公众在频繁接触各类慈善符号的过程中，对慈善文化建立与之相关的间接经验。与此同时，在公益项目的亲身体验过程中，对于慈善文化有了更为直观的感受。这种间接和直接的经验，在某种条件的作用下就会转化为对家族慈善文化的认同。这不仅有助于家族慈善文化的传承，而且有助于提高公民的慈善认知度和参与度，最终营造出全体社会成员广泛参与慈善的文化氛围。

五、结语

中国家族基金会在发展中借用了西方现代组织的有益形式，在经历了刻意模仿阶段之后，寻找新的动力需要回到传统发掘资源。对于尚处起步阶段的家族基金会而言，其使命与运转方式都无法无视文化的潜在影响。在结构论的角度，传统文化因子贯穿于家族基金会的价值观、制度体系与符号生产的全部环节，因此必要的文化省察并不够，还需要有充分的文化自觉。正如费孝通所言：现代化应当是一个“文化自觉”的过程。

（作者简介：吴新叶，同济大学教授；江荣荣，华东政法大学政治与公共管理学院博士生）

推动湖南社会企业发展的几点建议

周海燕

摘　要：文章对国内外社会企业的行政管理机构进行了系统梳理，并对社会企业中介服务机构和研究机构的服务效能进行了深入探讨，在此基础上提出，推动湖南社会企业发展需要明确社会企业发展的主管部门；加快成立中介服务机构并促使其发挥两头连作用；促进研究机构走向社会实践，推动理论与实践相结合。

关键词：湖南；社会企业；管理；发展对策

与社会企业发展相关的机构有行政管理机构、中介服务与研究机构。本文对国内外社会企业的行政管理机构进行梳理，旨在探讨如何从社会企业管理方面如何建立健全管理机构，以及如何改善提升现有的管理；对社会企业中介服务机构的服务效能进行研究，旨在探讨如何发挥中介机构作用，为社会企业发展营造良好环境，引导社会企业为解决社会问题发挥重要作用；对社会企业研究机构进行研究，旨在探讨如何从理论层面研究如何促进社会企业发展。

一、行政管理机构没有固定模式

社会企业的发展逐渐进入了地方政府的视野，并开始获得政策支持。世界各国经验已经证明，政策支持是社会企业得以发展的重要基石。当前及未来社会企业发展的走向在很大程度上取决于政策导向及扶持力度。然而，世界各国管理社会企业的行政机构不同，目前尚没有统一的管理机构。

（一）国外有明确的管理机构但却各有差异

国际上已有 22 个国家具备较完整的社企认证体系，部分欧洲、北美国家创立了多个认证模式。从主管部门的业务领域来看，绝大多数国家社会企业主管部门都与劳动与就业、经济部门有关，表明这些国家都将社会企业作为同时追求社会就业和经济增长双重目标的工具，纯粹放在第三部门领域管理的只有英国。从具体机构设置方面来看，各国的主管部门大概分为三种类型。第一种是传统的部门直接作为社会企业主管单位，第二种是在传统部门下设专门的社会企业主管司局或处室来负责社会企业管理；第三种是直接成立跨部门的协调平台，直接隶属于议会或者总统（国王）。还有少部分国家没有建立统一的协调平台，而是采用多个部门联合管理的方式，葡萄牙、希腊、匈牙利等国家的管理便是。

总体上看，社会企业的法律地位明确，政策支持明显。

（二）近年来我国地方政府开始探索引导社会企业发展

社会企业认证在中国的“破冰”，始于顺德。社会企业认证在中国变成全国性的认证，始于深圳，是民间行为。官方的情况是，已经开展了认证管理的三个地方政府，社会企业的登记主管部门存在较大差异性，北京是由社工委（目前已经和民政局合并）登记主管，成都是由市场监督管理部门登记主管，广东顺德是顺德区社会创新中心登记主管。受不同部门职责同构的影响，在管理其他类型组织法律实体时不可避免地面临业务交叉的难题。我国当前可以作为社会企业主管部门的有发改委、社会保障部门、商务部门、民政部门、工商、编办、扶贫办等部门。以往学者努力进行政策倡导的方向是民政系统，笔者认为民政系统可能不一定是最适合作为社会企业主管部门，尽管它具有保障民生的职能和优势，但在市场化领域不具备开拓性，可能会限制社会企业的市场开拓能力。

二、中介服务机构

社会企业中介服务机构主要包括第三方服务机构，能够受政府委托开展相关服务工作，评估认证企业是否为社会企业，宣传社会企业政策，对获得社会企业称号的企业进行授牌，建立社会企业信息平台。也有社会企业中介服务机构它本身就是社会企业。

（一）服务平台主体多元化

多由研究平台与有关企业联合打造。如我国第一个综合性社会企业服务平台由北京大学公民社会研究中心、中国人民大学尤努斯社会事业与微型金融研究中心、电子科技大学慈善与社会企业研究中心 3 家研究性机构和北京亿方公益基金会、深圳市中国慈展会发展中心、恩派公益、深圳市社创星社会企业发展促进中心、成都共益社会企业认证中心 5 家事务性机构共同发起成立。

（二）服务内容逐渐多元化

主要集中在政策咨询、社企认证、社企孵化、能力建设、传播、产品对接和社企金融服务。平台拥有社企认证、社企信息展示及查询、社企资讯、社企案例、培训课程等核心内容。如成都市社会企业综合服务平台，是成都市市场监督管理局按照《成都市人民政府办公厅关于培育社会企业促进社区发展治理的意见》（成办函〔2018〕61 号）建立的，旨在以倡导社会创新理念、推动品牌体系建设、提升专业赋能、建构跨界合作网络、优化社会投资环境为目的全市统一的社会企业综合服务平台。服务社会企业对外宣传、能力提升、业务拓展、交流合作、金融对接，提高社会企业群体的品牌意识，争取社会各方的广泛认知与支持，开辟志愿者服务通道，积极支持和促进志愿者参与社会企业服务，营造有利于社会企业有效运作的良好社会氛围。

（三）服务能力不断提升

借助互联网平台，充分利用互联网数据，社会企业服务平台不断提升服务能力。如深圳市社创星社会企业发展促进中心作为一家社会企业有超过 2000 家的公益数据库、超过 500 家的社会企业数据库和超过 50 位的社会影响力投资人数据库，可为社会企业链接“新一代社会企业家创新与领导力建设高级研修工坊”和“原力觉醒社会企业研习营”，为社会企业链接前海种子期孵化器，发起全国第一档社会企业的电视节目“社责之星”。

三、研究社会企业的机构越来越多

对社会企业进行研究的机构大多是依托高等院校、科研机构成立的，也有是基金会联合研究机构进行研究。事实上，不少社会企业研究机构除了研究之外，还积极参与到社会企业创办实践，拓宽社会企业领域，创新社会企业发展模式，走出一条理论研究与实践探索并重的路子。

（一）研究与教育、实践相结合

社会企业的研究主要是依托高等院校成立的研究机构，这类机构同时也开设了社会企业运营课题，基于公益事业培养学生创新创业。如 2007 年 4 月成立的湖南大学中国公益创业（社会创业）研究中心，是国内第一家批准成立的公益创业研究中心，集公益创业（社会创业）教育教学、研究和实践于一体。该研究中心率先将国外公益创业引入大学教育领域，整合海内外丰富资源，取得了一系列研究成果，一定程度上推动了公益创业和社会企业理念的传播，并创造了中国公益创业教育的多个第一，如在国内首次申请以社会（公益）为主题的系列课题、首次开设“社会（公益）创业学”课程、创建中国公益创业网拟建成国内公益创业类门户网站、创建明确以公益创业为名称的滴水恩大学生公益创业社团等。

研究与教学和实践有机结合起来，培养了一批用社会企业理论武装起来的学生，一定程度上推动了社会企业发展。教学方面：构建基于集群的“公益助学 + 就业 + 创业”产学研一体化的公益创业教育新模式，以授人以鱼（公益助学）+ 授人以渔（就业）+ 授人以业（创业）+ 授人以智（研究）的四个层次来构建整个公益创业教育系统，达到经济效益与社会效益的双赢。侧重分析大学生对公益创业的认知和需求；针对大学生需求和公益创业课程特点，研究大学生公益创业教育模式；开展教材建设和教学改革研究，建设公益创业课程体系；组建专业的公益创业教师队伍；与国际组织、教育部等部门以及湖南省教育厅等各单位合作，进行教育师资队伍培养、教育培训等。实践方面：组织并鼓励学生参加国家和省级“创青春”等大型比赛；组织开展湖南省大学生公益创业节、创业大讲堂等系列活动；组建和完善相关公益创业学生社团；帮助大学生创办公益性非营利企业和营利性企业。

（二）研究机构联合开展研究

不同的研究机构有不同的优势，开展联合研究有助于互为补充，针对某个特定领域，或者交叉学科，或者边缘学科，成立研究机构。社会企业的研究涉及多个领域，恰恰为研究方向的选择形成了多个空间。中国社会治理研究会与上海交通大学中国公益发展研究院联合成立的中外社会企业研究中心，充分发挥两个智库机构各自的优势与特长，形成强强联合态势，为中外社会企业的研究发展提供强有力的支撑性平台。中外社会企业研究中心成立的宗旨是打造一个产、学、研一体化的综合服务平台，围绕社会企业发展、理论研究与实务综合、国际合作与人才培养建成国内领先的社会企业研究基地。

（三）科研力量与社会力量结合共同研究

衢州学院社会企业研究中心是衢州学院经贸管理学院教师和社会有识之士共同发起成立的一家社会企业研究机构，既有专职研究人员，也有兼职研究人员，该研究中心特别注重引导道德嵌入市场经济，以实现经济价值和社会价值目标并重，以“让经济人道德起来，让道德人经济起来”为宗旨，致力于传播社会企业理念、服务社会企业发展、推动社会企业繁荣。一方面，科学、真实地评估企业综合实力及社会责任的履行，推动社会对企业社会责任的关注和企业对社会责任及其价值的理解与交流，同时以构建非营利组织商业化操作和市场化运作，促进非营利组织提高自身效率，提高公益服务能力；另一方面，针对经济社会转型中出现新的社会问题开展应用对策研究，为政府和有关部门提供决策参考。创建于2008年的上海财经大学社会企业研究中心，由学院教授、商业精英和媒体人士共同发起，是一个关注中国社会企业的专业研究、教学和培训的领军机构。通过开展社会创业和社会投资理论研究及相关活动，旨在构筑一个学界与业界、理论与实践、政府与校企的合作交流和资源对接平台，广泛融合智慧，凝聚社会各界资源，为推进中国社会创业与社会投资工作，提供理论支撑与智力支持。该研究中心完成了超过80个本地社会企业案例研究及重要的基础性研究。2013年，上海财经大学社会企业研究中心与北京大学公民社会研究中心、21世纪社会创新研究中心、美国宾夕法尼亚大学社会政策与实践学院共同撰写完成第一份中国社会企业白皮书《中国社会企业与社会影响力投资发展报告》，并在博鳌亚洲论坛发布。这篇报告的出世填补了社会企业白皮书的空白，在社会企业行业里有重要影响力。

（四）研究与公益基金会相结合

友成企业家扶贫基金会是国内首家由中国大陆、香港和台湾的著名企业家发起，以构建以人为本的和谐社会为目标、以参与式资助为主要运作模式的创新型非公募基金会。其愿景是“探索社会创新之路，成为推动人类社会更公平、更有效率、更可持续发展的重要第三方力量”。友成企业家扶贫基金会与中央编译局联合出版的《“友成”社会创新与社会企业译丛》，包括《社会企业家的战略工具》《探求社会企业家精神》等书，推动了社会企业研究的发展。2014年，友成企业家扶贫基金会提出了社会价值的概念。“所谓社会价值，是指组织和个人通过物质和精神成果的创造，通过创新的方式，为全体社会成员带来的共同利益。”友成认为，“所谓社会企业家其实就是最能创造社会价值、增进社会福祉、推动社会进步的一群人”。同年开始筹建社会价值投资联盟。2016年友成联合几十家投资机构、研究机构和企业组织，正式发起成立社会价值投资联盟。

另外一个值得一提的研究机构是湖南省社会科学院社会企业研究中心。为进一步加强社会企业的理论研究与实践探索，为我国社会企业发展开辟新的道路，湖南省社会科学院与湖南省朝阳公益基金会联合成立湖南省社会科学院社会企业研究中心。在朝阳公益基金会的支持下，该研究中心致力于加强社会企业理论研究、推广社会企业理论研究，形成具有影响力的成果；进行社会企业试点探索，打造中国社会企业行业标杆；通过理论与实践的双重探索，推动中国社会企业法制化建设进程。湖南省社会科学院社会企业研究中心学习先进省份社会企业发展的先进经验，加强湖南社会企业组织宣传推介，编写了《社会企业发展理论与实践研究报告（蓝皮书）》，助推湖南社会企业建设。

四、推动湖南社会企业发展的几点建议

从上述对相关机构所产生的作用分析，笔者认为，社会企业的发展，在社会主义核心价值观的引领下，需要相关机构形成合力，形成良好的制度环境，共同营造浓厚的氛围。

（一）需要明确社会企业发展的主管部门

从目前的情况看，不同的机构有不同的侧重。社会保障部门直接作为社会企业的主管部门，可发挥其在就业和促进社会发展方面的重要作用。在发改委下面设置社会企业委员会，可发挥其强势推动作用。在地方党政一级政府下直接设立社会企业委员会，可发挥协调作用，动员和整合与社会企业相关的职能部门参与到促进社会企业发展中来。建议省里进行充分调研之后，确定社会企业的主管部门。企业首先是在市场监督管理部门登记注册的，若明确了社会企业主管部门之后，一旦其身份改变，那么需要避免多头管理。

（二）加快成立中介服务机构并促使其发挥两头连作用

当前，湖南只有7家社会企业（中国慈展会认证的），尚没有专门的社会企业中介服务机构。社会企业中介服务机构，一头连着政府管理部门，一头连着社会企业。一方面，需要为政府做好服务工作，切实为社会企业服务；帮助政府做好企业信息管理，社会企业是动态变化的，经过评估认证之后，必须保证社会企业方向不变，一旦方向偏离，就应该摘除社会企业称号。另一方面，也要对社会企业进行宣传，宣传政策，宣传社会主义核心价值观，引导社会企业发展。

（三）促进研究机构走向社会实践，推动理论与实践相结合

湖南省的高等院校对社会企业开展研究始于21世纪初，在这方面培养了大批理论性人才。学生毕业后，有成功创办社会企业的，但失败的也不少。这实际上提出了一个问题，我们的理论如何与实践紧密结合，如何研究出能够转化为实践的成果。高等学校的科研力量如何将研究成果向实践转化，笔者认为高等院校的社会企业研究机构要将研究成果与推动大学生创新创业相结合，政府也在这方面出台政策，比如进行创办社会企业的大学生给予政策支持，鼓励大学生大胆探索。科研事业单位的研究要与实体经济相结合，鼓励开展产、学、研、商联合研究。一方面，理论从实践中汲取营养，另一方面，多出应用成果，推动湖南省社会企业发展。湖南省朝阳基金会和湖南省社会科学院已经探索出了一条合作的路径，这种一对一的合作，是否可以提炼出一种模式，政府是否可以牵线搭桥，引导有办社会企业意愿的企业家与科研单位建立合作。

（作者简介：周海燕，湖南省社会科学院副研究员）

社会公益组织如何向社会企业转型

吴益德

摘　要： 文章以“自助循环商店项目”为案例，深入剖析了社会公益组织向社会企业转型的可行性模式及其可持续性问题，并就如何化解转型过程中的技术风险、市场风险、经营管理风险以及品牌风险，提出了系列对策建议。

关键词： 社会组织；社会企业；转型；对策

一、项目背景

为深入贯彻实施“三高四新”战略，助力生态文明建设，倡导和培养广大居民勤俭节约、绿色低碳的生活方式，湖南社企科技有限公司、长沙树和氧循环科技有限公司、长沙绿色潇湘环保科普中心联合发起成立自助循环商店项目。

自助循环商店项目的目的是打造一个基于24小时自助循环商店的城市低碳三公里可持续生态圈。在自助循环商店运营管理过程中，消费者、志愿者、捐赠者、支持者在循环商店参与各项活动都是不可缺少的一部分。我们把现有的两家自助循环商店（岳麓区阳光100树＆氧循环商店、雨花区华银园树＆氧循环商店）打造成24小时自助循环商店，由支持者、志愿者、消费者等共同维护和管理时，或许自助循环商店会对生活方式产生更多积极而奇妙地改变。

自助循环商店将由管理团队负责循环商店闲置物品流通跟回收、旧物改造、商店活动组织等。全职服务团队担任协调参与者、门店推广和服务之间的关系，并提供志愿者培训。自助循环商店的日常运营，如商店陈列优化、商品上架、顾客接待、环保宣传、垃圾分类、闲置好物流通、活动策划和执行等交由志愿者管理。社区居民、参与者、消费者在相互协作下开展相关循环商店的志愿工作，提倡本地社区解决本地商店运营问题。

自助循环商店是湖南首家围绕以环保/回收、寄卖、销售、社会实践、志愿服务教育场景等来打造的三公里低碳生活圈。个人和团体要参与循环商店的志愿活动，可以直接申请到相关门店做志愿服务，让自助循环商店成为社区生活更有温度的可持续生活方式空间。

二、问题分析

由于回收与循环利用意识的淡薄及相关技术的不完善，导致物品回收与循环利用方面并没有取得较大进展。专业机构甚少，回收环节断层。有这么多闲置物品，扔了可惜，放着又占地方，怎么办？日常生活中，你一定有过这样的烦恼。有没有一个好方法能帮助这些“沉睡中”的物品重新发挥其最大的价值？我们认为可以让消费者参与到物品的周期循环中来，注重物品的保管和再使用，通过“故事”和循环经济，改变物品的意义和人们的消费方式。同时接受衣物回收，减少资源的囤积和物品浪费现象，更大程度地使用商品的现有价值。

随着闲鱼、转转、拍拍等大型闲置物品交易平台的发展，闲置物品已成为一个万亿级的市场赛道，例如二手书籍销售平台多抓鱼，衣服回收平台飞蚂蚁、白鲸鱼等发展都很迅速。接下来，移动互联网时代对慈善商店模式的改造，将深刻的改变闲置物资分发和流转模式，也将以更具效率的流转实现闲置物品的交易。

随着近些年国内经济的快速发展，人们生活水平和个人素质不断地提高，市场上很多“无人自助商店”被认为是“文明之花”“社会和谐”的表现，自助循环商店将会是居民消费的一种新的选择。自助循环商店的发展目前处于萌芽状态，在国内推出这项计划，具有相当广阔的发展空间。自助循环商店以其独具的优势为大家提供更为便捷的服务，始终把消费者/捐赠者/志愿者/参与者作为运营的主体。目前，自助循环商店每件商品都有价标，消费者看到心仪的商品，直接自助扫码付款把商品带走，整个过程全自助完成。随着消费者自我意识的觉醒，他们还是很乐意接受这样一种以消费者为中心的自助循环商店，即购买就是做公益的新商业模式。

三、模式设计

自助循环商店以移动互联网技术创新为基础，以活动创新为重点实施宣传推广。用公益活动与循环商店营销相结合的方式，让消费者能够在消费活动中感受到商店的公益品牌，点滴消费汇聚成河，消费越多捐赠金额越多。我们希望通过循环商店的方式，为中国更多组织提供便捷高效、可持续发展的筹资模式，提倡全民公益，善意捐赠和购买都是做公益。基于消费场景实现循环商店造血模式，让每一笔消费都有温度。自助循环商店成为可持续生活方式倡导者，赋予物品循环再生与爱心传递的使命，实现“公益＋商业”的循环发展、协同助力。

自助循环商店以打造可持续生活方式为理念，通过产品流通置换、宣传推广、闲置好物义卖、物品再生和公益筹款等，打造人人可以参与的二次循环场景。通过大家共同参与传播正能量，践行公益服务理念，实现可持续的生活方式。同时，循环商店作为一个综合性的场域，可以定期举办实践教育活动、知识讲座、公益系列志愿活动，举办主题集市、物品置换等活动，接受政府、企事业单位、社区及其他组织委托倡导可持续生活方式等公益服务项目。

自助循环商店以社会企业模式为初心，借助 24 小时自助循环商店跟互联网技术开发创新进行线上和线下结合，将爱心人士、居民、公益组织、企事业单位、社区青少年、受助人群等相关方密切联系起来，将其日常消费跟生活行为与慈善公益消费行为有机结合起来，动员大家流通闲置物品。该业务模式体现了公益＋商业的社会企业创新，在实现多方共赢的基础上，以一种可持续的方式实现组织社会价值的最大化。

自助循环商店以管理团队为决策机制，为了最大限度地发挥管理团队的创新能动性，自助循环商店对理事会和管理层的职责进行了明确区分。其采用社会企业治理模式，遵循创业管理层决策机制，即凡在每个创新阶段做出卓越贡献的人士都可以竞选为创业管理层成员。管理层成员由理事会投票选出，此外，自助循环商店重大决策时，会邀请利益相关方代表出席会议发表意见，将民主决策的治理方式引入自助循环商店内。

四、实施计划

（一）自助循环商店门店运营计划

自助循环商店为规避门店运营成本过高，人员服务薄弱等众多问题，采取开源节流的方式，让自助循环商店成本可控。自助循环商店通过小米智能设备实现远程控制，同时店内装有摄影头，可以起到全天摄像监管作用。接下来，技术团队还会实现循环商店直播化，定期举行论坛、讲座等直播活动进行商店的推广宣传。组织线上安全志愿者和督导员，对门店物品安全跟其他安全进行线上督导，让更多参与者可以通过形式多样的方式加入志愿活动，推进自助循环商店数字智能化管理。自助循环商店虽然没有正式店员，但是会不定期组织志愿者到门店进行社会实践和志愿体验。通过互联网技术把人员组织到线上参与幕后的志愿工作岗位，这样可以打破区域限制，可以真正实现大家低成本参与志愿活动。

（二）自助循环商店志愿者管理计划

自助循环商店开发的线上志愿者管理系统，把志愿者上岗培训进行线上标准化的打造，让志愿者通过线上指导和线上课程资料就可以自助完成门店和相关工作岗位流程的学习。这方面在岳麓区阳光 100 社区店和雨花区华银园社区店做了尝试，通过线上沟通与指导，志愿者完成线上设定的视频资料和理论学习，并独立完成工作任务后，系统通过识别自动生成电子志愿者证书，这也是通过互联网数字化来实现志愿者专业化管理的创新实践。

（三）自助循环商店衣物回收计划

自助循环商店开发打造的衣物回收管理系统已经投入使用，通过衣物回收预约表中姓名、联系电话、物品重量（市区 15kg 以上预约上门收货）、物品类别、物品数量、就近闲置物品回收送达地址等信息的填写，获取用户回收信息并进行数字化管理，取代之前人工统计、人工清点、人工分类、人工沟通、人工称重、积分计算等烦琐的环节。衣物回收管理系统以 1kg 减排二氧化碳 3.6kg、节约水 6000L 的换算方式计算，通过数字化的呈现来计算其环保贡献，用户通过线上完成衣物回收就自动生成电子证书、环保价值贡献和积分兑换，让衣物回收的价值体现变得自助智能化与数字化。

（四）自助循环商店物品管理计划

循环商店正在研发一物一码化功能，通过一物一码来管理每一件用户的物品。回收衣物到店后将用户信息、产品名称、产品定价等重要数据输入到物品管理工具，通过工具生成专属二维码贴到每一件物品上，实现每件回收物品都有一个专属二维码。自助循环商店线下收银系统与第三方平台付呗进行战略合作，收银系统可以对每个门店进行单独管理、单独结算、数据统计、用户画像呈现，其数据可以与自助循环商店无缝对接，实现一物一码制物品智能数字化管理。

（五）自助循环商店销售平台建设计划

自助循环商店技术团队打造的线上拍卖、寄卖、义卖等销售功能，可以很好地把寄卖者、消费者、志愿者、参与者等进行互动链接。拍卖活动、义卖活动和寄卖形式多样的主题活动（如学校、企业、社区、单位等）销售场景打造，把自助循环商店销售线上场景化、故事化和互动化。不以情怀或道德去绑架消费，遵循市场准则，用公益的心态、商业的手法来实现社会企业销售平台的创新。

（六）自助循环商店社区实践计划

自助循环商店作为一个社区综合性的场域，可以为社区提供不同的实践活动场景，成为社区可持续生活方式倡导者。在社区发挥闲置物品流通、宣传推广、闲置好物义卖、物品再生和公益筹款等实践活动。定期举办社区可回收物实践、知识讲座、公益系列志愿等活动。通过大家共同参与传播社区正能量，践行社区公益服务理念，发挥自助循环商店社区实践活动中心的创新价值。

（七）自助循环商店移动市集建设计划

移动场景围绕义卖筹资、环保、就业、公益普及开展公众参与和倡导工作，紧密结合自助循环商店移动商业模式，通过在人流量大的地方举办，增加自助循环商店的影响力和宣传力。自助循环商店市集活动把用户转变成摊主，店内销售和店外销售活动相结合，线下销售和线上销售主题活动同步，让用户从一个点的销售增加到一个面的移动销售场景，通过移动链接更多消费者进行爱心购物，打破以往慈善商店销售单一的局面。利用移动三轮车打造小而美的车上销售场景，打造公益网红三轮车移动销售空间，定时举办丰富多彩的主题市集，让模式变得灵活多样，打造成人人可以参与的移动市集场景化模式。

五、可持续性

自助循环商店自成立以来，一直提倡可持续的生活方式，且具备丰富的活动能力和即有经验。倡导本地社区参与解决本地自助循环商店运营问题实现可持续生活方式，我们认为通过控制人的物欲，从而减少购买或多流转闲置物品。让闲置衣物循环起来，可以实现每循环 1kg 减排二氧化碳 3. 6kg、节约水 6000L。目前，自助循环商店在湖南起到了宣传、推广绿色生活的效果。同时，我们一直在探索自助循环商店可持续运营模式，摸索自助循环商店成为可复制的推广模式，最大限度地提高效率、扩大自助循环商店的社会影响力，倡导可持续生活方式。自助循环商店是非常好的践行平台，也是探索碳达峰、碳中和、垃圾分类、社区环保发展的有利实践。

自助循环商店的主要资金来源一是自营性收入，主要包括回收物品和公益产品（包括门店义卖、线上义卖以及其他寄卖的公益产品）销售收入；二是项目性收入，即公益捐助、公众筹款、好物循环日、移动集市等，组织大家参与物品再生和艺术创作，进行以物筹款，通过销售资金保障自助循环商店的可持续发展。自营性收入与项目性收入始终是循环商店的主要收入来源，自助循环商店以一种资金可持续的方式实现社会价值的最大化，体现了自助循环商店收入结构方面的典型特征。同时整合北京守望者基金会、湖南财信公益、湖南现代集团、湖南一起公益慈善事业发展中心、长沙群英会、湖湘自然等资源，抓住每一个问题的“可持续生活解决方案和服务意识”，通过服务不断加强信任，用心对待好每一个服务的用户，让闲置好物循环起来，发挥出闲置物品的最大价值。

自助循环商店将一部分利益回馈社会开展各种公益活动，不仅满足了社会公益活动中对资金的需求，而且将良好的道德伦理思想与观念带给了社会，提高了社会道德水平。这将形成一笔可观的无形资产，其业务模式体现了公益捐赠市场和消费市场的创新。在实现多方共赢的基础上，以一种财务可持续的方式实现组织社会价值的最大化。其中爱心捐赠者与善意购买者构成了市场的供求双方，通过自助循环商店产生良性的循环社会效应。

六、挑战及应对

技术风险：互联网技术平台开发周期过长，开发成本过高。对策就是把技术团队变成项目技术合伙人，让技术团队参与创业。通过管理团队决策机制来解决技术风险问题，保障互联网技术开发的可持续性、技术更新迭代的时效性、互联网数字化的创新性，让社企创业因科技赋能而不同。

市场风险：进入市场需要探索社企市场运营模式。对策是细分领域，加强与全国社会企业的交流学习，整合资源建立长期的立体营销体系。以市场需求为导向，抓住市场机遇；针对市场风险，加强公关工作，加大宣传力度，扩大社会影响。

经营管理风险：经营管理费用的上升，人力成本的投入会逐步增加。对策是开源节流，提高工作时间的利用率，跨行业学习和引进人才。加强本行业服务社会、服务国家、服务民族的意识，以减少政策对本行业的约束。

品牌风险：这几年，很多商业公司打着公益的名义，到处投入捐赠箱收集衣服，收集后按吨销售给衣物分拣厂，引发消费者对衣物公益品牌的信任危机。自助循环商店品牌的知名度不高，其回收与销售市场尚待开发。对策是通过公益品牌不断增加影响力，打造自助循环商店的知名度与平台忠诚度。根据市场的需求，注重内容和服务的多元化，把握好公益与商业的边界，做到社企事业可持续化发展。

（作者简介：吴益德，湖南社企科技有限公司董事长、长沙树和氧循环科技有限公司总经理）

Ⅱ 社会企业法律形态与法制化

创新社会治理背景下社会企业形态的法律识别

郭子寒　邓子林　白竞也

摘　要：创新社会治理即打造共建、共治、共享的社会治理格局，其中“共建”指全体社会成员参与社会事务协同治理，强调参与主体多元化；“共治”指政府、企业、社会组织结合彼此优势，协调治理机制，满足社会需求，强调公共服务多样化；“共享”指社会成员对创新治理成果的合理享有，强调资源配置灵活化。多元社会企业形态参与社会治理，符合多元化参与主体要求的同时，阻碍了治理结构的明晰；社会企业创新解决边缘化群体问题，符合多样化公共服务要求的同时，忽视了自身“造血性”价值内核；社会企业享有多渠道收入来源、可以自主化分配利润、宽松化处置资产，符合灵活资源配置要求的同时，模糊了自身与非营利组织的界限。只有从治理结构、组织目标、收入来源、利润分配、资产处置等维度入手，将创新社会治理背景下的社会企业形态识别为：具有民主治理结构、法定社会使命、最低商业收入比重，不禁止利润分配、资产处置的组织类型，并根据商业收入在总收入中的占比，对利润分配以及资产处置的限制程度，进一步区分社会企业级别，才能有助于上述困境的解决，为我国社会企业监管和激励机制的完善打下坚实基础。

关键词：创新社会治理；社会企业；法律形态

党的十八届三中全会提出“全面深化改革的总目标是完善和发展中国特色社会主义制度，推进国家治理体系和治理能力现代化”。党的十九大结合社会治理实践经验和理论成果进一步提出“打造共建共治共享的社会治理格局”，从国家发展全局确定了创新社会治理的重要地位，谋划了社会治理事业。作为现代社会创新治理的重要载体，社会企业融合商业战略与社会目标，实现了经济与社会效益的价值创造。其作为一种通过商业手段解决社会问题的组织形态充分体现了“企业为体、社会为用”的深刻内涵，迎合了创新社会治理的核心意旨，为国家在现代化与全球化过程中产生的诸多社会问题提供了新的解决途径。明晰社会企业形态这一外在表现形式对于社会企业内涵的厘定至关重要。察乎现状，现有学派众说纷纭，各国情况差异显著。传统非营利组织、社会合作社、营利性商业公司、社会商业反映了理论上的意见分歧；社区利益公司、社会团结经济、共益公司、低利润有限责任公司折射出实践中的光怪陆离。放眼国内，社会企业形态亦存在非营利组织、企业类型及新型组织形式的论争，阻碍了社会企业形态法律识别的进一步明确，影响了社会企业在我国的推广适用，滞后了创新社会治理的完善发展。

一、社会企业形态的理论渊源与制度实践

（一）学术源流

社会企业形态的相关理论源起于欧洲，相继产生了 EMES（欧洲社会企业网络）学派、光谱学派、动物园学派等理论学派。上述理论学派从不同视角对社会企业形态予以了解读与探究，在丰富社会企业形态的同时也影响了社会企业形态的统一化进程。

EMES 学派以四个经济指标和五个社会指标为基础提出了社会企业的理想模型，围绕“持续地生产并（或）交易产品与（或）服务；高度的自治水平；承担显著的经济风险；确保一定的有偿工作岗位；具有明确的社区利益导向；公民集体自发行为；集体决策；（治理模式）具有参与性特征；有限的利润分配”① 等特征，提出社会企业形态主要表现为传统非营利组织、社会合作社以及有着明确社会目标或社会投入优先于利润分配机制的商业组织。该学派通过一系列工作，于 20 世纪 90 年代中期将缘起于意大利的社会企业概念广泛运用于欧洲大陆，欧盟也在 2012 年完全采纳了 EMES 学派关于社会企业识别标准的研究结果。

光谱学派的代表人物狄兹认为社会企业并非只为财政目标而存在，而是处于纯慈善性质的传统非营利组织与纯营利性质的商业企业之间的连续体，这些组织在动机、方法、目标以及主要利益相关者等方面各有不同。② 他进一步提出，社会企业形态应当包括：慈善支持的非营利组织、主要靠市场收入支持的商业非营利组织、对社会负责任的社会组织以及完全追求利润最大化的商业组织。该学派符合美国学术界对于社会企业的认知，即社会企业通常被理解为由一系列形态各异、商业性和公益性配比迥异的企业组成的连续光谱，并被美国一流大学商学院（如哈佛大学商学院的社会企业发展中心、哥伦比亚大学社会企业家精神发展研究中心等）以及多家社会企业咨询公司广泛采用。

动物园学派集各家所长，认为“社会企业动物园”里有以下六种“动物”：一是营利性商业公司，其通常致力于提升企业社会责任、环境可持续发展能力以及企业慈善计划的发展，总体目的是最大限度地提高其私人所有者的长期利润；二是社会商业（企业形式），其致力于平衡营利与社会使命之间的关系；三是社会合作社，其是在欧洲流行的社会企业形式，建立在消费者和生产者合作社悠久的传统之上；四是商业化非营利组织，其服务于特定社会使命并包括大多数慈善的非营利组织，如收取学费的大学、雇佣问题人员的面包店以及博物馆礼品店；五是公私合营伙伴关系（Public - Private Partnerships，PPPs），其由营利性、非营利性以及政府实体依据契约合意组成，其中的每一个成员都有自己的目标：商业合作伙伴寻求利润，非营利合作伙伴追求社会使命，政府合作伙伴追求社会公益。各个合作伙伴作为一个整体共同追求社会目标和商业目标的平衡；六是混合形态，如非营利性组织拥有的营利性企业和控制非营利性子公司的营利性企业。③ 该学派虽

---

① Defourny J, V introduction. From Third Sector to Social Enterpris ［M］ //Borzaga C, Defourny J. The Emergence of Social Enterprise. London and New York: Routledge, 2001: 16 – 18.

② Dees J G. Social Enterprise Spectrum: Philanthropy to Commerce ［M］. Boston: Harvard Business School, 1996: 9 – 396 – 343.

③ Dennis R. Young, Jesse D. Lecy. Defining the Universe of Social Enterprise: Competing Metaphors ［J］. VOLUNTAS: International Journal of Voluntary and Nonprofit Organizations, 2014 (05): 1320.

然汇集了前述学派的优点，囊括了社会企业的大部分形态，却忽视了对于新兴社会企业的扶植与保护。

（二）域外经验

对应理论，域外实践也呈现出形态多样化格局，英国、法国、美国、日本在各自法律文本中规定了不同种类的社会企业形态。上述做法一定程度受到了不同学派的影响，同样使得社会企业形态的法律识别工作面临严峻挑战。

原英国商业、创新和技能部规定：社会企业是以社会目标为根本追求的企业，盈利主要按照它们的社会目标再投放于其业务本身或所在社区，而非为企业股东和所有人赚取最大利润。① 为规范和促进社会企业发展，2004 年英国政府颁布的《公司（审计、调查和社区企业）法案》中增设了一项新的公司类别，即社区利益公司（Community Interest Company，以下简称 CIC），其作为社会企业的独有形态属于有限公司的一种，可以采用担保有限公司或股份有限公司两种形式：前者以借贷为基础不能发行股份、亦不能向成员分红，利润只能用于企业自身再投资；后者以股份为基础可以发行股份，股东也享有投票权和分红权。作为为“商业手段，社会目的”量身打造的一种新型组织形式，CIC 一经推出便广受欢迎，相关企业注册数量如雨后春笋逐年上升。

法国是一个具有悠久合作社传统的国家，因此社会企业生长所依赖的文化和社会基础非常深厚，当地也存在大量实质意义上的社会企业（如诸多合作社和互助组织）。为促进社会企业在本国的发展，法国于 2013 年出台的《关于社会融合经济法案》中以社会团结经济（Socialand Solidarity Economy，以下简称 SSE）代替社会企业包含了行会组织、合作社、互助组织以及基金会等法律形式。传统的商业企业欲成为 SSE 还需要满足以下条件：①拥有利润分配以外的目标；②组织成员间一定的民主参与，而且不是按照资本投入的多少来决定话语权；③机构的管理需要满足两点规定：一是多数收益都必须给公司作为管理和发展之用途；二是有一笔保证金，且该保证金不能被分割和重新分配；④财政盈余必须优先分配给社会目的和按比例强制性留存储备；⑤公司的股票不能在资本市场上交易；⑥公平的工资政策（工资标准，其中最高工资不超过最低工资的 10 倍）。②

美国没有统一的社会企业认定标准和监管、激励体系，而是交由各州出台法案具体规定，截至 2018 年 12 月 31 日，美国有 38 个州制定了至少一项社会企业法。美国社会企业形态主要有共益公司（Benefit Corporation，以下简称 BC）、低利润有限责任公司（Low - profit Limited Liability Company，以下简称 L3C）、利润限制有限责任公司（Benefit Limited Liability Company，以下简称 BLLC）、社会目的公司（Social Purpose Corporation，以下简称 SPC）等类型。其中 BC 在 35 个州和哥伦比亚特区获得承认，L3C 在 8 个州获得承认，BLLC 在 5 个州获得承认，SPC 在 4 个州获得承认。③ 就美国公司法实践而言，公司董事对股东的信托责任要求其在经营决策时应以股东利润最大化为目标，为实现社会目的而牺牲

---

① Department for Business Innovation and Skills. A Guide to Legal Forms for Social Enterprise [M]. Great Britain: London Department for Business Innovation & Skills, 2011.

② Law on Social and Solidarity Economy [EB/OL]. (2014 - 07 - 31) [2020 - 11 - 20]. http://www.legifrance.gouv.fr/affichTexte.do? cidTexte = JORFTEXT000029313296&categorieLien = id.

③ Dan Brown, Hanna Downing & Ava Haghighi. Mapping the State of Social Enterprise and the Law (2018 - 2019) [R/OL]. [2020 - 11 - 20]. https://socentlawtracker.org/#/map.

股东私益的行为会面临股东起诉的风险。在某种程度上而言，美国的社会企业即是为克服上述问题而生的。

日本没有出台统一的社会企业法，官方文件中对社会企业的定义也仅具有统计价值（而非用于规制），社会企业依据组织形式不同分别受不同的法律监管，无须因为其社会企业身份受到额外监督。实践方面，日本社会企业的组织形态多样，以法人为主要形式。根据日本经济产业省2015年的数据显示：日本社会企业的类型主要是非营利组织（NPO）法人类，约占总数的一半。其他为公司类组织形式（株式会社和有限公司）约占总数的1/3以上。根据 Mitsubishi UFJ Research and Consulting 发布的《2009年地区经济产业振兴对策调查》显示：在社会企业诸类型中，营利法人所占比例为62%，无法人资格组织占比12%，其他类型的组织占比21%，非营利法人（NPO法人、社会福祉法人、一般社团法人/公益社团法人、一般财团法人/公益财团法人）占比3%。①

（三）中国实践

与域外理论实践相较，我国社会企业的产生与发展相对较晚。学界围绕社会企业形态存在以下三种观点：一种观点由社会企业的公益性出发，认为社会企业是非营利组织适应时代需要发展出的新形式，倾向于将其归为非营利组织②；另一种观点着眼于社会企业的组织形式，认为社会企业是一类以社会目标和社会效益而非利润最大化的特殊企业，仍然属于企业的一种类型③；还有部分学者认为社会企业既非非营利机构也非企业，而是一种具有鲜明特征的新型组织形式④。上述学者观点均具有一定的合理性，反映了社会企业形态在我国的现状。囿于我国社会企业实践部门局限于地方政府以及社会组织，其专属法律身份一直难以得到中央政府与立法部门的确认。根据《中国社会企业与社会投资行业调研报告》与《北京社会企业发展报告》中的数据，结合课题组的进一步分析，社会企业法定组织类型可分为农民专业合作社、个体工商户、社会团体、社会服务机构、股份有限公司和有限责任公司。其中不同组织类型间的社会企业数量差距极大，最多的股份有限公司和有限责任公司型的社会企业有215家，占据我国社会企业总量的68.47%；其次是中国特有的社会服务机构（民办非企业单位）型社会企业，有86家，但也仅占据总量的27.39%；再次则是社会团体类型的社会企业，仅有10家，占据总量的3.18%；最后是个体工商户与农民专业合作社类型的社会企业，各有3家，分别占据总量的0.96%。

结合域内外理论实践成果，不难发现社会企业形态尚无定论。理论的百家争鸣与实践

---

① 三菱UFJリサーチ&コンサルティング株式会社：平成21年度地域経済産業活性化対策調査［R/OL］.（2009-12-01）［2020-11-20］. http：//www.meti.go.jp/policy/local economy/nipponsaikoh/itakuhoukoku.htm.

② 如李晓南认为"社会企业是一种'运用商业手段、实现社会目的'的非营利组织，社会企业是非营利组织在当代社会自发进行的创新之举"；舒博认为"尽管社会企业如营利性企业一样参与市场交换和市场竞争，但是社会企业并不能被等同于营利性企业一样的市场主体，而是国家福利政策的组成部分，是非营利部门或者公益组织的一员".

③ 如沙勇认为："社会企业是在相关的特定法律规范下，在社会问题相对突出的领域活动，介于公益与赢利之间的企业形态，是社会公益与市场经济有机结合的产物，是一种表现为具有非营利组织和企业双重属性和双重特征的社会组织，主要致力于解决社会问题、社会创新和实现社会效益为目的的企业"。

④ 如王名、朱晓红认为"从本质上讲，社会企业既不是企业也不是非营利组织，它是对企业的营利机制的否定和超越，也是对非营利组织的公益机制的否定和超越。"胡亦武、石君煜认为"社会企业是一种新型的社会组织形式，明确的区别于传统商业企业和公益性社会组织；""社会企业不是纯粹的商业和慈善机构，是一种采取商业化、创新的方法提供公共服务的混合组织"。

的百花齐放在丰富社会企业组织形态内涵的同时，增加了其识别的模糊性。这一方面体现出社会企业作为舶来品自身内涵的复杂性，也从另一方面给予了我们在相关领域实现创新研究的可行性，为创新社会治理背景下社会企业形态的法律识别创造前提。

二、创新社会治理与社会企业形态的法律识别困境

创新社会治理即打造“共建、共治、共享”社会治理格局，其核心内涵表现为以下三点：一是多元化参与主体。其体现了“共建”“共治”的概念本质，强调来自不同阶层的社会群体广泛参与创新社会治理格局建设，积极发挥除政府以外的社会组织参与社会治理的能动性。二是多样化公共服务。其反映了“共治”的方法论要旨，强调共建、共治、共享社会治理格局的参与者、建设者在党总揽全局、协调各方的前提下，将企业的市场竞争优势、社会组织的群众动员优势同政府的资源整合优势相统一，加强治理机制的协调性，充分满足社会多样化需求。三是灵活化资源配置。其迎合了“共享”的目标指向，强调通过收入来源、利润分配以及资产处置维度，实现“共建”“共治”成果社会成员“共享”的自然延伸。下文针对目前我国实践中社会企业形态的表现形式，结合上述要素揭示社会企业形态法律识别的困境。

（一）多元化参与主体导致的识别困境

当前存在的社会服务机构、农民专业合作社、社会福利企业等社会企业形态作为参与社会治理的主体，满足了一定社会群体的生产生活需求，解决了一些社会生活中的棘手问题，符合“共建”“共治”对于多元化主体参与社会治理的要求，有利于创新社会治理模式的构建，却阻碍了社会企业形态的法律识别，模糊了社会企业的治理结构。从另一方面而言，创新社会治理要求社会主体的广泛参与、协同共建，单一社会企业形态的识别，单一治理结构的确定是否会违背创新社会治理需要多元化主体参与的初衷，也是需要面对的问题。

社会服务机构的“前身”即民办非企业单位，其通过商业活动获得利润，规定所得不得在出资人之间进行分配，具有创办主体私人性和组织目标公益性的特点，与社会企业的要求符合，故民办非企业单位通常被视为“准社会企业”。而这一形态本身存在不同的法律分类规定，在《社会服务机构登记管理条例》与《中华人民共和国民法典》中，社会服务机构被界定为“非营利性法人”。实践中，“爱心智慧特殊儿童康复中心”与“武汉市江岸区爱特特殊儿童教育培训中心”作为非营利性民办单位，也被冠以“好社企”的称号。但是，作为社会服务机构之一的民办学校，却存在“营利性法人”的形态①，影响了社会服务机构型社会企业的识别。农民专业合作社作为不同于传统农村集体经济组织，也不同于以公司为代表的一般企业法人的新型农业经营主体，应认定为营利性法人中不同于一般公司的法人。② 现实中，“成都市郫都区战旗蔬菜专业合作社”作为农民专业合作经济组织，也被评选为社会企业。③ 但是，根据我国营利法人分为公司法人和非公司

① 《中华人民共和国民办教育促进法》，第19条。

② 《中华人民共和国农民专业合作社法》，第5条。

③ 慈展会．2018年中国慈展会社会企业认证总结报告［R/OL］．（2018-09-25）［2020-11-20］．http://www.cncf.org.cn/cms/content/13262.

企业法人的现状，若将其认定为企业形态社会企业，会冲击企业形态的类别，增加法律的不确定性。福利企业自负盈亏经济实体的性质，与社会企业形态的内涵相仿，但随着其资格认定的取消，此类型社会企业如何归类的问题也愈发模糊。

治理结构方面，社会服务机构以理事会作为自身决策机构，依法行使章程规定的职权。通过召开有2/3以上理事出席的会议，并经全体理事过半数通过，实现理事会决议的执行。农民专业合作社强调成员地位平等并实行民主管理，以由全体成员组成的成员大会作为自身的权力机构，每年至少召开一次成员大会，并经本社成员表决权总数过半数，以通过一般事务的执行。有限责任公司则以股东会作为自身的权力机构进行日常的生产经营决策，股份有限公司也采取相同的治理结构。不同形态的经济实体采取独立于彼此的治理结构本是理所当然，但对于社会企业形态识别而言无异于难上加难。

至于单一社会企业形态是否可以承载所有社会企业的问题，答案无疑是否定的。倘若将社会企业形态局限于企业法律形态，会导致一些潜在的社会企业无法划入其中，违背了创新社会治理对于多元化参与主体的要求。在独资企业、合伙企业和公司三种企业法律形态中，由于国有和集体所有独资企业易与私人资本混淆，社会企业很难以这两种形态存在。个人独资企业、合伙企业成员对于企业债务承担连带清偿责任的特点导致社会企业面临的风险增加，不利于社会企业的规模化。公司作为社会企业形态虽可以减轻社会企业承担的风险，但是由于目前公司企业形态的单一，一些符合社会企业特征的组织形态同样无法纳入其中，阻碍了社会企业在创新社会治理格局中的发展。同样，单一形态社会企业采取的治理结构模式也无法涵盖所有的社会治理主体，过度局限于某种治理结构的探讨影响了社会企业形态的识别与明确。

（二）多样化公共服务导致的识别困境

社会企业中的成员大部分来源于社会弱势群体或社会边缘化群体，社会企业家或来源其中，或大多对该类问题有过研究。因此，社会企业提供的服务有利于更好地满足这一部分人群的需求，迎合了创新社会治理中“共治”方法论的内涵，即通过提供多样化的、更具有针对性的公共服务实现共同治理、协同治理。然而，由此导致的社会企业组织目标漂移是需要引起我们重视的问题，即由于社会企业一味强调解决弱势群体面临的困难，继而无法摆脱“盈利能力匮乏”的桎梏，最终走上沦为政府财政负担抑或被市场淘汰的老路。组织目标的漂移将混淆社会企业与非营利组织的界限，若越来越多的非营利组织被识别为社会企业组织形态，将动摇社会企业赖以存续的“造血性”根基。问题的另一面则是社会企业与营利组织的辨析困境，即社会企业责任与企业社会责任的区分。当一家商业企业注重社会责任的承担、提供多种公共服务以满足社会需求时，如何将其与社会企业进行区分，是需要探讨的，这也是多样化公共服务导致的识别困境之一。

不同于国外的非营利组织，我国目前的非营利组织多依赖于政府部门的资金拨付，缺乏自身创造经济利益的功能。如包括基金会、社会团体和社会服务机构的慈善组织，其财产主要来自捐赠而不是商业经营。在现代慈善事业由“募捐—捐赠—服务”构成的运作模式中，慈善服务的提供虽然满足了社会群体对公共服务的需求，但带来的利润无法满足企业营运资本的需要。此外，我国非营利组织形式的社会企业依据“非营利性”价值目标难以实现自身的可持续发展，在该价值指引下的问题解决模式趋于被动。针对当前学界关于“非营利性”的不同论争，无论站在哪一派都不难发现，非营利组织利润不允许在所有者之间分配的特点导致其无法发行股票进行融资，一些追求利润的风险投资者会因此缺乏注资渠道。非营利组织剩余资产禁止在所有者之间分配的规定导致其扩大经营规模优势的缺乏，一些追求回报的企业所有者也因此望而却步。然而实践中以非营利组织形式存在的社会企业比比皆是，过度强调公共服务的提供动摇了社会企业营利性组织目标内涵，阻碍了社会企业形态的明确。

对于社会企业与营利组织或商业企业的辨析，即如何平衡公共服务承担与企业社会责任履行的问题，取决于我们对二者关系的理解。一般认为，企业社会责任（Corporate Social Responsibility，简称 CSR）的概念是由英国学者欧利文·谢尔顿在 1923 年最早提出的。其所著的《管理哲学》一书中写道，企业经营者不仅要满足股东等出资人的需要，还要满足企业内外其他各种利益需要。他把这种责任称为“企业社会责任”。[①] 我国学者在引进“企业社会责任”概念的同时，提出了自己的观点。有的学者将企业社会责任定位为企业“维护和增进社会利益的义务”。[②] 有的学者将企业社会责任分为两个层次：第一层次包括企业必须履行的经济责任和法律责任，第二个层次包括企业自愿履行的道德责任和慈善责任。[③] 不难看出企业社会责任在性质方面有强制与非强制之分，而社会企业责任应否理解为一种强制性的法律责任尚待论证。内容方面企业社会责任与社会企业责任存在诸多交集，据数据显示，社会企业在广泛的社会与环境领域实现其社会使命：包括教育（21%）、社区发展（13.4%）、就业与技能（12.3%）、环境与能源（9.8%）、公益或社企行业支持（9.3%）、医疗与健康（7.4%）、老年服务与产业（6.5%）、扶贫（5.7%）、艺术文化体育（4.6%）等。[④] 这些也可以视为一般企业社会责任的范畴。在组织目标方面，传统的企业社会责任重点关注中产阶级，忽视占人群中相对少数的特殊群体。社会企业责任从弱势群体的实际需要出发，既解决了问题又获得了利润。但是一家积极承担社会责任的商业企业与一家承担社会责任的社会企业间的区别却并不明显。在运营模式方面，企业社会责任体现为企业对社会的投资以及企业与非营利组织间的合作。企业通过对慈善事业的投资目的是提升企业自身的竞争力，企业对非营利组织的捐赠也是为了自身利益的发展。社会企业积极开展社会公益，同样通过对社会的投资获得自身可持续发展的资金，通过与非营利组织间的合作维护社会的公共利益，这种运营模式的高度相似也增添了识别的困难。

（三）灵活化资源配置导致的识别困境

聚焦社会企业日常生产运营，在收入来源方面，社会企业拓宽了传统意义上经济实体的收入来源范围，如佛山市顺德区社会创新中心于 2014 年 9 月出台的《顺德社会企业培

① 金奇，郑大俊．论企业社会责任的意涵、内容发展与结构模型［J］．企业管理，2012（15）：36.

② 卢代富．企业社会责任的经济学与法学分析［M］．北京：法律出版社，2002：45.

③ 殷格非，于志宏等．中国企业社会责任调查报告［R］．WTO 经济导刊，2005（09）：135.

④ 参见：http：//www.cseif.cn/category/77，最后访问时间：2020 年 11 月 20 日。为全面客观，调研采用高、低两个方案来估算社企的数量，低方案为 1684 家，高方案为 1750420 家。低方案即统计“自觉意识”的社企数量：根据各种社企名录，统计出自己认同社企身份且被行内认可的社企；高方案即统计“无意识”的社企数量：按照宽口径，纳入一定比例的民非和农民合作社（因中国中小企业数量庞大，难以甄别其是否有公益目标，暂无法纳入估算范围）。这里采用高方案进行计算分析。

育孵化支援计划》强调将社会投资、社会购买纳入社会企业收入来源的范畴。① 利润分配方面，社会企业不同于营利或非营利组织，规定了限制和非限制利润分配两种模式，拓宽了投资者获取经济利益的途径。资产处置方面，社会企业并没有规定严苛的资产锁定条款，在保障社会资本价值的同时兼顾了投资人收回资金的可能性。上述三方面使创新社会治理中资源配置更具灵活化的同时，增加了社会企业识别的困境，如一家不以商业收入作为主要收入来源的企业能否评价为社会企业？过于宽泛的利润分配规定、资产锁定要求如何作为社会企业的识别依据？以上均是面临的难题。

社会企业以提供商品和服务获得的报酬作为主要收入来源，社会捐赠、企业捐赠、政府支持也会构成收入来源的一部分。在多样的收入来源中，如何衡量主要收入来源的比例是社会企业形态识别中面临的问题之一。纵观现状，大多数“社会企业”提供的产品和服务过于低端，缺乏和市场上同类产品竞争的实力，甚至有些没有具体产品。有些产品销售是基于社会对公益的支持，利用人们购买产品时的道德情怀而不是真正通过产品优势赢得社会的青睐。这些所谓的“社会企业”体现的更多是“社会性”而非“盈利性”。将这类过分依赖捐助生存的经济实体作为社会企业形态的一种，会偏离社会企业本身“造血式”的价值内核。识别出这些缺乏经营能力的社会企业形态，让其在收入来源方面获得广泛的捐助又会进一步阻碍市场的公平竞争秩序。

在利润分配方面，允许分配符合营利性的特点。实践却表现出截然不同的两种情形：一种是严格限制利润分配，如曹军创办的工作整合型社会企业“喜憨儿洗车”，该公司不进行利润分配，而是把所获得的利润与来自其他渠道的捐赠一起作为企业运转和扩大规模的资金来源。英国社会企业家艾瑞克·山缪尔创办的社区食物企业在2004—2005年度盈余4万英镑，其把盈余用于维持企业发展之外的社区居民成人教育等公益项目。② 2005年意大利政府颁布的有关社会企业的法令中对利润分配同样做出了禁止性规定。③ 另一种是允许利润分配，如2004年英国政府颁布的《公司（审计、调查和社区企业）法案》中仅对社区利益公司利润分配比例上限做了规定。④ 西班牙在《社会经济法》中规定“企业的利润应主要根据其合伙人或成员所贡献的工作或所提供的服务进行分配”。⑤ 若将“禁止利润分配”这一条件当作社会企业形态法律识别的门槛之一，势必会模糊社会企业与非营利组织的界限，若将此条件取消，当前现存的社会服务机构型社会企业便不再属于社会企业的范畴，也会冲击创新社会治理“主体多元化”的理论要求。同样，此条件取消后应否对利润分配比例进行规定、规定多少同样阻碍了社会企业形态的法律识别。

在资产处置方面，资产锁定有利于社会企业资产的保持，经过锁定的资产减少了被私人占有的可能性，解散时将资产转移给具有相同性质的企业也为社会资本的流通提供了保

---

① 佛山市顺德区社会创新中心．顺德社会企业培育孵化支援计划［R/OL］．（2014-09）［2020-11-20］．http：//www.ss-ic.org.cn/BrandItems/BrandColumns/1292.

② 詹姆士·鲁波特，贾斯汀·罗．平凡创传奇——社会企业妙点子［M］．钟慧元，译．香港：商务印书馆（香港）有限公司，2008：22.

③ European Commission. A Map of Social Enterprises and Their Eco-systems in Europe Country Report：Italy［R］. London. 2014.

④ 李健．社会企业政策：国际比较与中国选择［M］．北京：社会科学文献出版社，2018：103.

⑤ King of Spain. Law 5/2011 on Social Economy［R］．（2011-03-09）［2020-11-20］．https：//www.eesc.europa.eu/resources/docs/the-spanish-law-on-social-economy.pdf.

障。但是资产锁定规则与营利性企业运作模式相悖，企业作为营利性主体，资产应归投资人所有，在清算时也应当将剩余资产向股东分配，反之，如果一味强调资产锁定，社会企业与非营利组织间的界限也将变得模糊，阻碍其自身的发展。在我国目前具有官方和半官方性质的社会企业认定标准中，中国慈展会发布的《社会企业认证手册2018》规定社会企业应履行与社会目标相关的资产锁定①，2018年北京社会企业发展促进会出台的《北京市社会企业认证办法（试行）》及成都市工商行政管理局印发的《成都市社会企业评审认定管理工作试行办法》对资产锁定提出了相关的建议。② 不难看出，实践中的做法同样五花八门，一定程度上影响了社会企业对于创新社会治理资源配置的优化。

三、创新社会治理背景下社会企业法律形态识别标准

针对以上困境，本部分从以下三个维度入手，提出解决的具体措施：一是治理结构维度，其重在解决社会企业形态法律识别中的主体问题，进一步明确适合现代治理格局的社会企业形态；二是组织目标维度，其重在解决社会企业形态法律识别中的组织使命问题，明确现代治理格局中社会企业组织形态的经营目标；三是资源配置维度，其重在解决社会企业形态法律识别中的运营模式问题，细分为收入来源、利润分配、资产处置三个子维度，进一步明确社会企业组织形态在现代治理格局中的运营规则。只有通过识别机制的明确，才能真正走出社会企业形态法律识别的困境，找到适合创新社会治理的社会企业。

（一）治理结构维度

社会企业的治理结构通常表现为：由股东及作为股东利益代理人的经理层掌控的股东控制型，或者以会员自我管理为主要组织运营机制的会员自治型治理结构。但从当前现状来看，这两种治理结构并不能完全适应创新社会治理的要求。股东控制型强调股东对公司的增资、减资及发行债券等重大行为通过在股东会或股东大会上表决并由股东会或股东大会做出决定，这与合伙企业、个人独资企业的治理结构不相符。会员自治型注重多方利益相关者、员工以及成员之间的利益调和，作为代表的农民专业合作社由于无法与当前的企业形态对应，同样出现了归类的困境。如果严格按照股东控制型与会员自治型治理结构划分社会企业形态，会阻碍我国社会企业的发展，明确这两种治理结构内核以及社会企业治理结构的本质具有重要现实意义。

目光转向当下的实践会发现，相当一部分社会企业并未采用现代公司制企业“资本决”的表决方式，而是采用各种民主决策模式。例如国外社会企业广泛采用利益相关者参与治理、员工和成员参与治理、社员“人头决”治理等多种方式，社会企业投资者、

① 慈展会．中国慈展会社会企业认证手册2018［R/OL］．（2018－09－25）［2020－11－20］．http：//www.cncf.org.cn/cms/content/13237.

② 罗文恩，黄英．构建社会企业身份：中国大陆、香港和台湾地区社企认证实践比较分析［J］．中国非营利评论，2019（01）：91.

管理者、员工和被援助对象共同参与到社会企业发展和社会问题解决当中。[①] 穆罕默德·尤努斯创办的格莱珉银行让贷款的农民成为企业股东，在解决自身问题的同时完成了企业资本运转；英国社会企业家艾瑞克·山缪尔创办的社区食物企业让社区成员加入企业管理，在解决蔬菜供给的同时实现了企业治理优化。因此社会企业治理结构并非拘泥于股东控制与会员自治两种类型，凡是体现民主决策的治理模式均符合社会企业的治理结构要求。

这种民主式的治理结构应存在以下特征：在参与主体方面，明确利益相关者的范围。将社会企业组织使命针对的目标群体视为利益相关方，在决策机构中保证利益群体的占有比例。在投票表决方面，采用“一人一票”制模式或对每名成员投票权设置上限以保障表决的民主性。因此目前的股东控制型、会员自治型以及一些符合民主治理结构要求的治理模式都应视为符合社会企业形态的治理模式。据此符合创新社会治理背景下的社会企业形态应包括个人独资企业、合伙企业、公司以及一些具有民主治理结构的法人与非法人组织。

其中，对于规模较大的个人独资企业需要对治理结构进行规定，以防发生偏离社会企业价值追求的情况。赋予个人独资企业利益相关者可以与投资者相制衡的决策权，是理想的选择。对于合伙企业，合伙人依照《合伙企业法》的规定和合伙协议的约定管理合伙企业事务，为进一步确保治理结构的民主性，可在合伙协议中增设投票表决方面的规定。对于公司而言，无论是有限公司还是股份公司，股东会具有决定公司经营方针和投资计划的职权。在股东会中保障相当比例的利益相关群体，并在章程中规定表决模式可以有效保障治理结构的民主性。

（二）组织目标维度

纵观各个国家社会企业的实践情况，不妨把其组织目标分为广义、狭义两个层面。美国的社会企业往往具有广泛地组织目标，从残疾人帮扶到国家环境治理，充分体现出美国“小政府、大社会”的国家背景。政府倾向于将公共职能赋予社会组织，充分调动社会资源参与社会的治理。相比之下，意大利的B类型社会合作社的组织目标重在促进弱势群体的工作整合，英国的社区利益公司则更为重视解决某一社区成员的诉求。[②] 社会企业参与公共政策实施和服务，虽然克服了传统营利企业忽视社会问题唯利是图的弊端，解决了

---

① 如王世强在梳理各国社会企业的治理结构后发现，许多社会企业采用民主式的治理结构，注重利益相关方参与决策，而不只是由股东进行决策，主要涉及利益相关者、会员、志愿者和投票权：（1）多方利益相关者参与治理。作为合作社的一种独特形式，多方利益相关者合作社在欧洲越来越普遍，已被各国立法所承认，这是社会企业治理的重要原则。意大利规定社会企业的工人和受益者应通过信息咨询或参与机制来参与机构决策过程；（2）员工和成员参与治理。社会企业十分重视员工和成员参与治理，希腊规定有限责任合作社员工的构成中应至少有15个是精神病患者，占成员总数的35%，其余成员来自精神病院工作人员（最多45%）或公共机构（最多20%）。法国的集体利益合作社协会中，员工和受益人必须在董事会中有代表。比利时规定社会目的公司员工有权在工作一年后成为会员。韩国规定员工或客户应参与决策过程；（3）规定个人的投票权。投票权的规定影响着机构的最终决策，是确定组织权力分配的首要问题。社会企业的投票权并非基于资本所有权，一些国家的法律明确规定了成员的投票权。比利时规定社会目的公司每个人的投票权最高是10%。就合作社而言，通常采用“一人一票”制。葡萄牙规定社会团结合作社只有有效会员才有在董事会的投票权.

② Jacques Defourny, Marthe Nyssens. Social Enterprise in Europe: At the Crossroads of Market, Public Policies and Third Sector [J]. Policy and Society, 2010, 29 (03): 231.

非营利机构运行效率不高的痼疾，但是模糊了自身在日常经营管理中对待经济利益的态度，即应当以解决社会问题为主？还是以赚取经济收益为主？

我们认为以后者作为组织目标是毋庸置疑的，继而应当将创新社会治理背景下的社会企业组织形态限定为：在中国境内，依照《中华人民共和国公司法》及有关规定设立的公司制企业、按照《中华人民共和国农民专业合作社法》依法设立的互助性经济组织等营利性法人或非法人组织。理由如下：其一，学界通说认为，社会企业不是纯粹的企业，亦不是一般的社会服务机构，社会企业透过商业手法运作，赚取利润用以贡献社会。它们所得盈余用于扶助弱势社群、促进小区发展及社会企业本身的投资。从中可见我国的社会企业具有企业经营性、增值性与独立性的基本属性。所谓经营性，指的是社会企业主要从事与商品服务的生产、流通相关的经济活动并通过其具体的经营活动增加商品服务附加价值的属性；所谓增值性，指的是在经济活动和经营活动中不断创造和增值利润并积累资本的属性；所谓独立性，指的是在经济活动中具有独立自主、自负盈亏的能力并拥有核心竞争力。其二，农民专业合作社以节省交易费用、增强市场竞争力、增加成员收入为自身组织使命，通过为其成员提供农业生产资料产品的购买、使用服务，指导成员有效进行农产品的生产、销售、加工、运输、贮藏等具体活动。通过为其成员提供产前、产中、产后全方位服务，使成员团结联合，进入市场形成规模经济。至于一些营利性非法人组织（如个人独资企业、合伙企业），允许其作为社会企业形态符合社会企业“造血性”核心价值目标的要求，有利于社会企业经营成果的测量与评价，有助于创新社会治理“共治”目标的实现。

对于另外一个问题，即当一家商业企业创立社会企业，或者当一名社会企业家同时经营着商业企业与社会企业时，可以根据商业与社会目标间的关系，对社会企业进行如下分类：其一，商业与社会目标相重合的社会企业。这类企业将社会使命与商业经营完全重合，服务的目标群体具有同一性。典型的是全国唯一一家获得“共益企业”国际认证的第一反应，其经营范围和组织目标均指向急救领域，开创的“黄金四分钟”急救系统更是被东京马拉松采用。其二，商业与社会目标相互交叉的社会企业。这类企业的商业与社会目标不完全统一，但在经营中有或多或少的资源共享。如乔丹·卡萨罗在 2001 年创立的 Vision Spring，其一方面为贫困者推广平均每副只售卖 4 美元的矫正眼镜，另一方面采用交叉补贴形式，通过将有设计感的镜架卖给经济能力较好的消费者，获得收入以补贴低价眼镜的成本支出。① 其三，商业与社会目标相分离的社会企业。这类企业完全将商业作为服务于社会公益的手段，公益事业的服务对象往往与商业活动没有直接关系。由于第三类在现实中表现较少且缺乏独立性，不应归为创新社会治理社会企业法律形态的范畴。

关于社会企业在实现组织目标时如何调节与其他企业社会责任的关系问题，我们认为应将其自身的社会使命确认为一项法律责任，承担的其他社会责任视为一种道德责任而非法律义务。诚然社会企业不以盈利为主要目的，但如果过分强调社会企业的责任无疑会阻碍其自身的发展。根据深德公益 2013 年的调研数据显示，早期的社会企业主要活跃于较为传统的特殊儿童服务、扶贫、老年人和残障人群服务领域，近年来则涌现出了越来越多关注青少年成长与就业、妇女发展、社区发展的社会企业，以及为其他公益组织提供服务

① 社企流．社会企业的力量［M］．北京：九州出版社，2015：48.

的机构。① 如果要求以上社会企业在做好本职工作的同时加强环境保护、农业服务等领域的投入，无疑会造成组织目标的漂移，阻碍其参与社会治理的积极性。

（三）资源配置维度

没有一个经济实体可以完全依靠自有资金运营发展，资金的匮乏将影响社会企业有效活动的开展与组织机构的日常运转，但过度依赖政府采购、社会捐赠、企业捐赠又会使社会企业丧失“造血式”发展本质。利润分配作为社会企业发展的重要一环决定了其发展的可持续性，禁止利润分配无疑违反了营利性的本质，但能否对社会企业进行利润分配限制也是需要考虑的问题。资产作为社会企业的核心，决定了其发展的方向以及运营的模式，各国对社会企业剩余资产处置也存在不同的规定。以下将通过三个子维度解决创新社会治理背景下社会企业法律形态识别的困境：

1. 收入来源维度

商业收入是企业为完成组织目标从事生产经营活动而取得的营业性收入，社会企业除商品销售以外的其他销售或其他业务收入不应认定为社会企业的商业收入。在2018年通过社会企业认证的109家机构中，有103家机构填写了资金募集的情况：其中47家仅有一种资金来源方式，另外56家有两种及以上的资金来源方式。而在盈利状况方面，有50家机构尚未实现收支平衡，59家机构为收支平衡或能够实现盈利。缺乏对社会企业主营业务收入在总收入中占比的规定，导致了当前的识别乱象。资金来源的多样性虽然有利于社会企业初期的规模化，但并不利于社会企业的长远发展。只有依靠自身主营业务创收的企业，才是真正意义上的社会企业。郑卫宁作为残友集团创办者充分利用残疾员工在电脑应用方面的特长开拓公司业务，在同业竞争中获得一席之地。格莱珉银行基于对“信用”在传统商业银行模式中的创新应用，迅速在孟加拉国和全世界扩张。

具体做法可以借鉴《北京市社会企业认证办法（试行）》，其规定申请认证的社会企业应具有可持续性发展的能力，具体指企业能够提供有价值的产品或服务，有清晰的商业模式并实现财务的可持续性与营利性。根据商业营收在收入来源中占据的比重将社会企业划分为不同的等级，如收入来源的30%来自商业可以归为一星级社会企业，收入来源的50%来自商业可以归类为二星级社会企业。不同星级的社会企业会获得不同力度的支持，体现在人才培养、资金支持、技术引进等诸多方面。至于商业收入在总收入中的占比问题，不同地区根据当地的经济发展水平可以设定不同的标准，低于该标准的企业无法申请社会企业形态认证，符合该标准的社会企业则进一步根据商业收入比例的高低分为不同的等级，享受不同的政策支持。

2. 利润分配维度

允许社会企业分配或有限制地分配利润是较为可取的做法。纵观各国现状：丹麦的社会企业可以有限制的分配利润，② 芬兰的社会企业也做了类似规定。③ 英国《大问题》杂

---

① 深德公益．社会企业领域发展新趋势［R/OL］．（2013－11－08）［2020－11－20］．http：//www.ventureavenue.com/va_insights/zh/2013/11/08/社会企业领域发展新趋势/.

② European Commission. A Map of Social Enterprises and Their Eco－systems in Europe Country Report：Denmark［R］. London，2014.

③ European Commission. A Map of Social Enterprises and Their Eco－systems in Europe Country Report：Finland［R］. London，2014.

志的股东或投资者享有分红的请求权，旨在让残疾人、长期失业者等边缘性群体在企业中接受培训并获得适应市场工作技能的工作整合型社会企业允许企业股东获得红利，也是应有之义。① 社会企业在解决劳动力就业困境问题上，结合岗位的要求，通过技能培训使就业弱势群体提升了自身的职业生存能力，避免了过分依赖社会救济的现状，通过分红等利润分配模式有助于提升社会弱势群体的生活条件与生存品质，使被排斥在市场外的劳动者重新进入市场，使已经边缘化的群体重新融入社会治理的现代化格局。

根据对利润分配是否进行限制，可以将社会企业法律形态分为限制利润分配型以及允许利润分配型企业形态。根据利润分配限制的不同程度，又可以对限制利润分配型企业形态予以进一步的划分。个人独资企业、合伙企业、公司均允许企业利润的分配，合伙企业与公司可以通过在协议章程中规定利润分配的模式，对企业利润分配进行相关的限制。合伙企业允许对利润进行必要的提存，各合伙人通过在合伙协议中约定可以实现限制利润分配的目的。即使实践中出现合伙协议未约定利润分配办法或者实际情况不能完全适用合伙协议约定的情形，也可以由合伙人协商决定有关事项。有限公司股东按照其出资比例、股份公司股东按照其持有股份比例分红，但是股东约定或章程规定可以有不同的分配原则。作为公司设立的法定必备文件之一，公司章程具有特定的法律地位。无论是有限公司的公司章程还是采取发起、募集方式设立的股份公司公司章程均须由全体股东、全体发起人共同制定，或由有代表股份总数二分之一以上的认股人出席的创立大会表决通过。企业成员形成合意并在协议章程中明确对利润分配的限制，有利于社会企业初期规模的迅速壮大、社会企业形态的法律识别以及企业成员自身利益的维护。

因此应将“不禁止利润分配”作为社会企业形态识别的基本条件之一，根据利润分配是否受到限制以及限制的严苛程度将社会企业形态进行不同的评级，并予以相应的激励配套措施。具体可参考《中国社会企业认证指引》（社会企业服务平台），其认证标准1.0中规定，采用企业形态的社会企业应当设置“针对社会目标的分红条款”，其认定标准2.0中同样提出上述界定。

3. 资产处置维度

资产锁定有利于社会资本在社会中流通，只有在公益事业中运营，才能保证其自身的社会性。公共资金的流通与运营有利于促成社会企业资本市场的出现，继而吸引来源于营利企业、个人、基金会、政府和国际国内的非政府机构的公益创投资金，促进社会企业的进一步发展。但这一规则仅适用于非营利组织的资产处置，并不符合企业营利性的规定。贸易、生产商品以及提供服务是社会企业主要的收入来源，其从公共部门获得的资金支持是其以较低成本提供高质量服务的对价，禁止资产的处置并不利于社会企业自身的发展。

允许或限制资产处置更适合创新社会治理中社会企业的发展。个人独资企业的财产为投资人个人所有并以其个人财产对企业债务承担无限责任，当企业的资产与负债不相抵时，个人独资企业投资人以其全部财产承担保证进行清偿。若禁止资产处置，企业资不抵债时债权人的利益便无从保证。合伙人按照合伙协议的约定或者全体合伙人的决定，可以增加或者减少对合伙企业的出资。如果规定资产锁定，并不利于企业应对经营规模扩大或

---

① Jacques Defourny, Marthe Nyssens. Social Enterprise in Europe: Recent Trends and Developments [J]. Policy and Society, 2012, 29 (03): 240.

财力不支的情况。合伙企业对于退伙时返还资产的规定也是对“资产锁定”制度的冲击，即经由合伙协议约定或全体合伙人决定，全体合伙人可以选择以退还货币或实物的方法返还出资。对于公司形态而言，公司的合并、分立、增资和减资均涉及资产的处置，禁止资产的处置并不利于公司在市场经济中的运营。但是，为了保护初创的社会企业，在公司章程中规定相应的限制资产处置条款不失为合理。一方面不会阻碍企业的营利性本质，另一方面保护了社会企业的发展，有利于信息的公开化、透明化，吸引更多优质资本的注入。

因此应当将“不禁止资产处置”作为社会企业形态识别的基本条件之一，根据资产处置是否受到限制以及限制的严苛程度将社会企业形态进行不同的评级，并予以相应的激励配套措施。在创新社会治理背景下，社会企业的核心不是对分红的限制或资产的锁定，而是清晰的民主治理结构、组织目标，从而才能更有利于实现社会资源的合理配置。

四、结语

通过治理结构维度，我们识别出创新社会治理背景下社会企业形态包括个人独资企业、合伙企业、公司以及一些具有民主治理结构的法人与非法人组织。通过组织目标维度，我们明确以上形态不应偏离自身“造血性”经营目标，并将社会企业责任法定，作为与商业企业区分的标准，对于一些兼具社会目标和商业目标的复杂经营体应分为社会与商业使命重合、相关以及无关的类型。通过收入来源维度，我们认为社会企业形态的商业收入在总收入中的比例应存在最低标准，符合标准的社会企业形态再根据比例高低划分为不同的类型。通过利润分配维度，我们认为社会企业形态不应禁止利润分配，根据利润分配限制的不同程度，又可以对限制利润分配型社会企业形态予以进一步的划分。通过资产处置维度，将社会企业形态分为允许资产处置的企业形态以及限制资产处置的形态，根据限制的程度不同，又可以对后者做进一步的分类。

正如创新社会治理格局强调多元化参与主体、多样化公共服务以及灵活化资源配置的有机统一，以上五个维度在识别社会企业法律形态时也应统一考量。因此我们提出，社会企业形态是一种具有民主治理结构、法定社会使命、最低商业收入比重，不禁止利润分配，允许资产处置的组织类型，其以企业法律形态、农民专业合作社为主要表现形式。根据商业收入在总收入中的占比、对利润分配以及资产处置的限制程度，可以进一步划分社会企业的级别。随着创新社会治理体系的进一步推进，社会企业对于法律形态识别的需求愈发强烈，只有将各项指标标签化、标准化，才能拨开云雾，为社会治理理论的丰富以及经济转型期中国特色社会治理模式的理论研究提供坚实的基础。

（作者简介：郭子寒、邓子林、白竞也，西南政法大学硕士研究生）

就业视角下大学生公益创业政策支持体系构建研究

唐 华 林爱菊

摘　要：社会企业在世界范围内作为弥补公共部门提供社会服务能力不足，以及改善私人部门在社会公益方面“市场失灵”的一种新型企业形式，正在受到越来越多的政府关注。本文对具有代表性的国内外社会企业政策进行了文本分析，探讨了政府可以采取的供给型、需求型或环境塑造型等政策工具，运用政策多源流模型得出温州“政策之窗”可以开启的结论。最后，根据构建的本土化三层九因素模型，分别面向基础元素、增长杠杆和市场创造提出了具体的政策建议。

关键词：大学生；公益创业；政策

在世界范围，社会治理领域自20世纪末以来相继出现市场失灵、政府失灵和志愿失灵，兼具社会性和营利性双重特征的混合体制组织社会企业逐步在全球范围崛起，越来越多的国家和地区都看到社会企业在创造就业和解决社会问题方面的巨大价值。公益领域不仅存在庞大的社会需求，还能创造更多的就业机会，有利于拓宽就业途径，缓解就业压力。著名管理学家彼得·德鲁克（Peter Drecker）认为，创业型就业是美国经济发展的主要动力之一，是美国就业政策成功的核心。各国经验都表明，公益创业对增加就业有重大作用。每年的全国两会上就业话题都非常重要，其中疫情下的应届大学生的就业问题显得尤为重要，而公益创业是化解大学生“结构性失业”风险的手段之一，值得深入研究。纵观其他国家及我国港台地区的社会企业发展历程，可以发现社会企业发展较好的国家或地区基本建立了符合自身环境的公共政策体系。

目前围绕政策研究议题，已有研究主要从三个方面展开：一是政策形成过程，主要回答社会企业政策是如何出台的；二是政策制定内容，主要回答有哪些社会企业支持政策；三是政策影响，主要评估政策施行效果。本文借鉴国内外社会企业政策实践，致力于分析温州社会企业支持政策的可行性，并在此基础上提出构建温州大学生公益创业政策体系。

一、国内外社会企业政策分析

（一）国外社会企业政策

1. 英国社会企业政策

目前英国并没有设立特定的社会企业法，但是有针对社会企业不同组织形式的规定。英国在2005年7月1日颁布《2005年社区利益公司规定》，从法律、税收、金融等各方面为社会企业的发展构建支持性的环境，并成立专职负责部门，促进社会企业发展。英国政府对社会企业的广义定义为："以社会目标为优先的商业，在理论上盈余全部重新投入该商业活动或是相关受惠群体，而非为股东和持有人产生利润。"英国社会企业组织形式多样，呈现多组织形态混合运作的特点。英国的社会企业分为三种：社区利益公司（专门为社会企业设置的商业模式），工业与储蓄协会担保有限责任公司，慈善组织身份的组织结构。在英国，社会企业的运营领域涵盖教育、卫生、交通、住房、服务等各个方面，它们的社会目标涉及就业平等、教育平等、健康问题、环境问题等诸多方面。政策支持包括：①立法支持。2004年英国政府颁布《公司（审计、调查和社区企业）法案》中增设了一项新的公司类别，即社区利益公司，这是专门为社会企业创立的一种法律身份，开创了社会企业发展新模式。②战略规划。2002年，英国政府出台了名为《社会企业：走向成功的战略》的政策文件，标志着英国政府首个社会企业战略问世。2010年卡梅伦政府启动"大社会"（Big Society）项目，将第三部门办公室改为公民社会办公室，并发布了名为《建设更强大的公民社会》的新发展战略，该发展战略为政府制定了一个非常清晰的计划，以支持社会企业、慈善组织、志愿组织和社会团体更广泛地参与提供公共服务。政府将社会企业发展提升到国家战略层面，是英国社会企业得以大规模快速发展的基础和前提。③社会投资。自1997年起，英国政府开始大力推广公益创业和社会企业，英国内政部投资成立了"风险资本基金"（Adventure Capital Fund），向社会企业提供金融支援和商业指导。2012年4月，英国政府推出了"大社会资金"（Big Society Capital），这是世界上首家社会投资银行，其定位是为社会企业提供更大范围的金融服务。同年7月，英国政府又启动了一项"社会孵化器基金"（Social Incubator Fund，SIF），主要用于资助初创期的社会企业，使它们有能力吸引社会投资。④税收优惠。英国政府2002年出台了"社区投资税减免计划"给予社会企业的投资者最高达25%的减税待遇，以鼓励更多社会资金投向社会企业。⑤能力建设。政府建立"业务通"（Business Link）网站，为社会企业员工提供商业资讯和特定培训。2006年4月，英国政府公布了"能力建设者"（Capacity Builders），该项目包括面向社会企业员工提供各种类型的指导和培训，以提高其专业技能，增强竞标和执行服务项目的能力。贸易与工业部资助成立了"社会企业培训支持联合会"，汇集了多家社会企业培训机构，为社会企业员工提供大师培训课程。公民社会办公室（内阁办公室）、经济社会研究委员会和巴罗吉百利信托成立了第三部门研究中心。中心致力于发展公众对第三部门最大化贡献的认知。与此同时，英国政府还与大学密切合作，在大学开设社会企业课程，鼓励大学生投身社会企业，发掘和培养青年社会企业家（陈雅丽，2014）。牛津大学义赛商学院、南安普顿大学、约克大学都建有社会企业研究中心，并开设相关课程。⑥公共采购。政府主要通过经济杠杆，鼓励社会企业参与到公共服务的供应链中。2013年1月，英国政府颁布了《公共服务（社会价值）法案》，要求英国公共部门在购买服务时，不能只考虑价格因素，还必须考虑社会、经济与环境价值，以公平的价格购买真正造福于当地社区的公共服务，在服务项目竞标时必须优先考虑社会企业。英国贸工部通过积极宣传和奖励成功案例来提高社会企业在政府、金融界和商业部门的影响。英国地方、区域和国家级别的媒体都对社会企业进行了大量和持续的报道。贸工部和苏格兰皇家银行设立了国家社会企业奖项—企业化方案奖。其他政府支持的奖项还包括“内城 100 奖”“社会企业新星奖”等（赵萌，2009）。⑦财政支持。英国财政部发表了一份关于志愿组织在协助政府提供公共服务方面的评估报告。报告认为已经有许多社会企业积极参与公共服务的供给，将起到更加重要甚至是变革性的作用。政府设立了一项名为“建筑未来”的 1.25 亿英镑专项基金，用于资助社会企业和志愿与社区部门的组织在公共服务领域的发展。

2. 新加坡社会企业政策

在社会领域，新加坡的社会福利系统在亚洲国家中与我国十分相似，被很强的家庭观念维系并注重国民储蓄（Holiday，2000）。在由政府主导进行社会管理的新加坡，既不是政府又不是市场的“第三部门”的概念原本就很淡薄，影响力也十分有限。新加坡政府没有将社会企业纳入立法体系，而是采用更加放松的规制认可各种类型以其他名字存在的社会企业。社会企业支持政策分散在各个部门的碎片化法规和规范性文件中。目前，新加坡的“社会企业”一词没有明确的法律定义，大多数的社会企业都是自我认定的。只有合作社会受到以《合作社法》为准则的合作社注册管理机构管理（Roshini Prakash & Pauline，2014）。在新加坡的社会企业中，以合作社为主体提供社会服务最为普遍，占到所有社会企业的 41%。现有的新加坡社会企业大致可分为工作整合模式、利润回流模式、补贴服务模式、社会需求模式。政策支持包括：①财政支持。新加坡政府修订了社会企业基金的原则、要求和指导方针，增加社区关怀基金的资助额度，将资助期限延长到两年，并允许经营良好的社会企业进行利润分配，为社会企业在计划阶段、初创阶段、运营阶段和成长阶段分别开发出不同的融资模式（Ministry of Community Development，2007）。②公共采购。新加坡政策制定者认识到社会企业也可以担负起实现政府目标的角色，对那些运行在以公共部门为主要消费者的市场上的社会企业来说，政府可以成为他们有效的合作者，并且可以一起来实现共同的目标。③社会投资。政府在传统社会部门所依赖的补助和捐赠融资手段基础上，发展出股权和贷款等金融工具，为社会企业部门提供更多的资助选择。2009 年，社会及家庭发展部设立了商业担保公司—社会企业联盟为社会企业提供种子基金。④税收优惠。如果社会企业是以慈善机构的形式设立（向慈善委员会注册的慈善机构），将免征所得税；如果社会企业注册为独资企业，则需缴纳个人所得税；如果是合作社，则须按合伙人的业务收入分摊税收；如果是以公司的形式设立，则按公司法缴纳税收。⑤宣传推广。政府发起一项长期活动计划，包括对话、工作坊、会议、研讨和圆桌论坛，还有网络会议。新加坡管理大学与新加坡国会议员佩妮·劳发起设立的社会创新公园合作举办全球社会创新者论坛，致力于扩大新加坡社会企业的国际影响力。政府每年进行一次调研，测评公众对社会企业的认知程度变化情况。⑥能力建设。政府以促进就业为核心发展社会企业，并发挥社会创新精神，连接年轻人的就业与训练，在支持型组织的协助下创立社会企业。在学校之外，政府支持了 SCAPE 青年中心、青年领导中心、DBS 青年银行创业及社会企业贷款服务站、青年广播电台及青少年自杀防治中心。在 2013 年发起的社会企业指导计划基础上，政府宣布成立一站式社会企业中心，它集合了支持社会企业的各方资源。（李健，2016）在政府政策的有力助推下，新加坡社会企业部门成长迅速，成为亚洲最有利于社会创业和社会企业发展的国家。随着社会企业的商业模式逐渐完善，组织形态日趋多元，社会功能门类齐全，新加坡正在成为社会各界影响力投资的中心。目前新加坡有400—500家社会企业，社会企业的规模正在迅速增加。

（二）国内社会企业政策

目前，国际上已有22个国家具备较完整的社企认证体系，部分欧洲北美国家则有多个认证模式。我国香港的社会企业是在2000年后逐渐发展起来的，多数社会企业依然是以非营利组织的注册形式运营的，剩下的注册为企业或合作社。近十几年香港特区政府设立了多个社会企业相关的基金项目与支持政策，包括制定社会企业专门发展战略、税收优惠政策、协调与企业关系的政策、社会企业家培训政策等，还针对社会企业制定了相应的监督法规。2011年12月，台湾地区“劳动部”以临时任务编组方式成立“社会经济推动办公室”，2012年更确切提出有助于发展社会企业的行动计划——培力就业计划。然而局限于“劳动部”内的劳动力发展创新中心，面临无法统合资源与政策能量之困境。除“劳动部”之外，“经济部中小企业处”也于2014年办理“社企型公司环境建构与发展推动计划”致力于建平台、倡育成及调法规等方案策略，除遴选标杆型社会企业进行案例研究外，还研议民间建立社企型公司登录机制。2014年，广东顺德社会创新中心发起了全国首个地方性的社会企业认证。截至2017年底，顺德通过两次认定认证社会企业共14家，观察和意向社会企业10多家，服务领域涵盖助残、环保、公共安全、文化教育、社区营造、国际交流等。社会企业认证在中国变成全国性的认证，始于深圳。2015年，第四届中国慈展会期间，7家社会企业在深圳获得主办方颁出的“民间执照”，其中包括来自大连、上海、兰州和深圳本土的企业。2015、2016年两年的认证过程中，中国慈展会总共收到221家机构的申请（2015年67家机构申请，2016年154家机构申请认证），最终85家机构进入最终的专家评审环节。经过两届的认证，总共有23家机构获得认证（2015年有7家机构获得认证，2016年有16家机构通过认证）。社会企业认证在政府层面的重大突破开始于成都，2018年4月，成都市出台《成都市人民政府办公厅关于培育社会企业促进社区发展治理的意见》，成都市工商局又陆续出台了《成都市社会企业评审认定管理工作试行办法》等系列配套文件。出台关于社会企业的专项评审认定办法在省会城市中尚属首例。具体的认证服务由中国慈展会社会企业认证办公室提供。

2018年8月11日在北京举行的“新时代新事业新发展——中国社会企业论坛北京峰会北京社会企业联盟成立仪式”上，北京社会企业发展促进会发布了《北京社会企业联盟章程（试行）》《北京市社会企业认证办法（试行）》（以下简称《办法》）。社会企业认证工作坚持政府引导、社会参与、择优扶持等基本原则，从使命任务、注册信息、信用状况、经营管理、社会参与、社会效益、可持续发展能力、创新性、行业影响9个方面确立了基本标准。《办法》第一条即规定，要“引导社会资本参与社会问题的解决”。《办法》的一大创新是规定了认证分级的内容。将社会企业分为3个星级，依据商业来源在收入来源中的占比是重要的衡量因素——要达到一星级社会企业标准，收入来源的30%应来自商业收入；要达到二星与三星社会企业，收入来源的50%应来自商业收入。2019年5月17日，北京发布首批社会企业认证分级名单。通过北京社会企业认证的社会企业能够享受一定的资金支持、专业导师咨询服务、社会企业标识使用、品牌推广、协调提供优质办公空间等权益。①资金支持。获得社会企业促进会对接平台会员资格，享受一定的资金支持或优先得到投资机构的资金扶持。②人才支持。开展社会企业人才培训，系统性提升社会企业经营者和业务骨干的管理能力；优先参加社会企业国内外考察活动，行业年会或研讨活动；根据社会企业不同需求，推选评审委员会委员库中的导师一名，建立专业导师工作机制，提供政策讲解、党建工作、财务管理、风险评估、社会创业、营销等咨询和服务；星级以上的社会企业优先加入北京社会企业促进会理事会。③社会企业标识使用。获得认证的各类社会企业被授予相应级别的社会企业证书和专用标识，可将标识用于其办公场地、经营服务场所等，供客户及公众识别。④品牌推广。积极在新闻媒介以及北京公益汇等活动中展示社会企业的服务或产品，扩大社会企业影响力。⑤对接社会企业空间。为获得认证的优秀社会企业协调提供优惠且优质的创业、办公空间。空间提供多种使用功能，承接、举办和组织相关主题交流和学习活动，对接资源等其他支持，积极向社会推荐认证社会企业的产品和服务。

浙江省内杭州在 2013 年 1 月成立了杭州市社会企业家联盟，主要组成人员包括杭州市社会企业的经营管理者，希望从事社会企业的企业家，以及关注社会企业发展的媒体人士和学者等。杭州市社会企业家联盟是一个典型的草根组织，还没有获得合适的法人地位，联盟内部也是一种松散的、扁平的结构。省内尚无城市政府组织对社会企业开展认证，杭州曾有省人大代表提出过关于出台社会企业政策，但没有被政府采纳。

二、温州大学生社会企业政策议程

现有研究表明，世界主要国家和国内先进城市都已经认可社会企业在实现社会治理、补充公共服务当中的作用，也正日益意识到政府作为社会企业部门的重要伙伴不能忽视。在深化“大众创业、万众创新”新时代，大学生公益创业若只停留在传统志愿服务和公益实践层面，而不积极向孵化社会企业转型，将错失这一轮社会创新机遇。地方政府从促进就业、解决社会问题的高度，采取措施来促进本土社会企业的孵化，激发大学生群体的社会创新创业潜力，将是城市治理的战略转型之举。参考其他先进地区的做法，政策出台只是“时间窗口”的问题。

（一）大学生社会企业政策工具分析

杜林格（Doeringer）提出有效的公共政策需要刺激对社会企业的资本投入，并提高公众对该行业潜在收益的了解（Doeringer，2010）。诺亚（Noya）研究了社会企业发展所需要的条件，强调以下几个政策举措：促进社会企业家精神，建立法律、规制和财务框架，提供可持续的金融服务，提供商业发展服务和支持结构，支持市场通路和进一步的科学研究（Noya，2013）。博扎卡（Borzaga）总结了社会企业所面对的诸多挑战，指出政府需要在以下领域为社会企业提供支持：保证产品和服务的质量、提高技能和工作、专家管理、建立适当的治理结构。桑切斯（Belen Sanchez）综合了多种观点，将政府促进社会企业的政策工具划分为十种类型：法律形式、财务刺激、公共采购系统、资助、公共创投基金、担保基金、社会影响债券、宣传活动、孵化器和加速器、教育培训和能力建设（Sanchez，2016）。这一政策工具分类已经基本囊括了世界上大部分国家和地区支持社会企业的主要内容。我国政府（成都、深圳等）则主要通过民间或政府认证工具来支持社会企业发展，手段还比较单一。李健将32个国家和地区的160项政策或措施按照这一分类进行了梳理（李健，2018）。从支持措施的数量上看，财政支持24项，社会投资24项，立法支持12项，公共采购12项，宣传推广8项，能力建设25项，网络支持15项，战略规划10项，税收优惠21项，认证支持9项。统计数据显示，能力建设是大多数国家和地区支持社会企业的通常做法，财政支持和社会投资排第二位，税收优惠排第三位。这表明社会企业的资金短缺和能力不足问题是当前世界各国社会企业发展面临的普遍问题。英国支持社会企业发展的政策工具最为全面，新加坡也采取了六种以上的政策支持措施。更多学者认为社会企业发展需要建立一个完整的生态系统，并建议政府为社会企业提供一揽子方案。基于我国特有的国情，社会企业发展政策的成功与否更多取决于供给型政策，而非需求型政策或环境塑造型政策。供给型政策工具表现为政府对社会企业发展的推动力，是政府通过财政支持、能力建设、宣传推广等工具，从多个方面直接助推社会企业的可持续发展。但在目前连社会企业定义尚未能达成一致的社会现实情况下，政府可以采取需求型政策工具来实施支持政策，即政策支持的“供给侧改革”，通过采取购买服务、认证体制、网络支持等工具来降低社会企业发展的市场障碍，减少外部因素对社会企业的影响。环境塑造型政策工具指政府通过战略规划、立法支持、税收优惠以及社会投资等为社会企业发展提供有利发展环境。具体到温州层面，三种类型政策是一个整体政策体系，只是“使能”的着力点不同，可以根据实际情况在不同的时间段采取不同的政策工具策略。

（二）大学生社会企业政策多源流分析

学界和实务界一直在推动社会企业的国家层面立法，但至今还处在“内热外冷”的境地，未能在更大范围、更高层面达成共识。政府应该如何支持社会企业发展，尚未出台支持社会企业政策的原因究竟是什么？本文认为以大学生就业为切入口，政府实施大学生社会企业支持政策有其可操作性，并运用约翰·W·金登的政策多源流模型来分析这一问题。

1. 问题流

据教育部统计数据显示，2001年高校毕业生人数仅为114万，2013年达到699万，2018年高校毕业生人数则突破了820万，2021年高校毕业生总规模预计909万人，再创历史新高，这也是我国高校毕业生人数首次突破900万大关。这20年间高校毕业生人数增加了8倍，社会对大学生岗位需求却没有相应的增长，大学生的就业问题成为当前社会关注的热点和焦点。特别是随着中美贸易摩擦加剧，新冠肺炎疫情导致的经济增长放缓和产业结构调整等原因，社会可提供给大学生的就业岗位并没有随着毕业人数增加而增加，毕业生就业形势严峻，大学生就业危机不仅是一个教育问题，而且变成了一个经济问题、政治问题和社会问题。由于就业问题无法仅由增加公共支出来加以解决，大学生创办社会企业比创办商业企业成功率更高，相关社会企业如果能形成一定规模，除了解决大学生自身就业之外，还可以提供各类以社区服务、养老服务、教育服务等民生领域的就业机会，吸纳就业困难群体就业，为农民工、留守儿童、老年人等弱势群体提供本应由政府来承担的服务，构筑一种更充满人文关怀的社会经济。

2. 政策流

针对当前社会企业的发展困境，全国和各地人大代表、政协委员纷纷提出了促成社会企业立法的提案。全国人大代表、北京市第十四届人大常委会原副主任梁伟将《慈善法》

草案延伸，建议应重视一种以商业运作形式来解决社会问题的“社会企业”培育，并与慈善事业的发展结合起来。全国政协委员王名教授提出《关于鼓励发展社会企业，推动公益创新的建议案》，指出应尽快将促进和规范社会企业发展纳入政策体系。民进中央在《关于培育和规范社会企业》的提案中表示，应在充分研究的基础上给予明确的法律地位，并制定相关绩效评估方法及配套扶植方案。杭州市人大代表曾也有过关于给予社会企业立法的提案。地方政府也纷纷开始了社会企业的试点尝试。2015 年 6 月，广东省佛山市顺德区有 3 家准社会企业被社创中心认定为社会企业。2015 年 9 月的第四届中国慈展会上，我国出台了首个民间认证社会企业标准。2016 年，北京市委市政府发布《北京市“十三五”时期社会治理规划》明确提出要发展社会企业。2018 年 8 月北京出台了《北京市社会企业认证办法（试行）》。浙江省走在前列的杭州、宁波等城市均尚未对社会企业有明确的政策规划。

3. 政治流

大量研究证明，平均雇员少于 100 人的小企业创造了美国经济中大多数新就业机会。各国的经验也都说明，公益创业对增加就业有重大作用，非营利组织的就业速度较经济部门的就业速度要快得多。我国每年有大量农村剩余劳动力要转移，大量下岗职工要安置，有几百万大学毕业生要就业，政府无法全部解决这一问题。出路之一是改变就业观念，以创业促进就业，以公益创业创造就业，这也符合“双创”的时代要求。特别是对于中小企业占多数，民营经济活跃的温州，大学生公益创业和当下温州从“商行天下”到“善行天下”的城市转型有天然的契合度，温州又有国家民政综合改革试验区、温州金融综合改革试验区、温州“两个健康”先行区等“国字号”改革试点政策的加持，支持大学生公益创业和鼓励社会企业，培养更多社会企业家是高水平推进市域治理现代化的应有之义。

（三）多流交汇与社会企业政策变迁

诚如约翰·W·金登（John W. Kingdon）认为，问题流、政策流和政治流之间是彼此独立的，它们的发生、发展和运作都不依赖于其他源流，但都对政策议程起来促进或约束的作用。待“政策之窗”（Policy Windows），即某个关键时间点汇合的时候，政策议程才会被启动（John W. Kingdon，1984）。

社会企业作为新生事物，在当今社会缺乏普遍的认知基础，往往只有公益界和学术界专业人士才比较了解，有关社会企业的专门研究机构往往成立时间不长，并且大多数是地方性的试点，没有具有普遍性的社会企业政策咨询主体。就全国高校来看，针对社会企业的研究也远未形成气候，学者们对社会企业的认识还不尽一致，导致难以进入政策议程。实践层面的大学生公益创业目前还处在“墙内开花墙外香”的状态，以温州大学和温州医科大学为主体的温州高校大学生公益创业在全国都小有名气，但仍局限在校内关注，离参与市场竞争的社会企业还有不少距离。若不出台有利于孵化社会企业的专项政策，以助其实现从大学生志愿服务项目到大学生社会企业的转型，未来几年在省内将有可能丧失有利先发优势。但现阶段在温州地区社会企业的需求一直在增加，公益创业竞赛十分活跃，社会组织和公益机构活动频繁，都显示问题流与政治流已开始汇集，政府在政策流的引导上完全可以因势利导，促进“政策之窗”的开启。参考台湾地区的社会企业政策进程，政府先期可以汇集各利益相关方意见，出台“社会企业行动方案”来改进温州地区社会企业发展环境。

因此，本文也由衷希望有更多温商企业家、社会有识之士关注大学生公益创业议题，加入社会企业家阵营，进一步推动社会企业纳入政府政策议程。温州高校要发挥人才培养优势，在深化“双创”的浪潮中培育更多的社会企业家苗子，为即将到来的社会企业和社会经济时代做好人才储备，我们相信这一“政策之窗”的时间不会太远。

三、构建大学生社会企业政策支持系统

（一）温州社会企业生态系统模型构建

在借鉴文献资料以及考虑我国社会企业的特殊制度背景，本文加入温州元素并对克里斯蒂娜（Cristina）三层九因素模型进行了本土化改造（Cristina，2016）。新的三层九因素模型构成为：第一层为基础元素，包括清晰的愿景和使命、优秀的大学生公益创业者、核心产品或服务、充沛的资金流；第二层为增长杠杆，包括元素为互联网技术、社会企业联盟、共享信息；第三层是市场创造者，包括元素有改变态度和行为、利益相关者以及影响。其中第三层的因素包含着政府、温商企业、基金会和捐赠团体。政府在该系统中扮演着引导性和支持性角色，必须实施有效的政策引导，促进多部门联动，整合利益相关方价值主张，营造有利于社会企业发展的外部环境，并与高校公益创业教育体系相衔接，从而达到政策目标和社会目标。

（二）建立大学生社会企业政策支持体系

1. 面向基础元素的政策建议

（1）适时启动社会企业立法。社会企业在组织目标、收入来源、利润分配以及治理结构方面都与公司、民办非企业、合作社等传统法律形式有所不同，但国内始终缺乏权威的社会企业官方定义和认定标准。“两光之争”之后，似乎业界不再关注此类问题，然而不解决这一根本问题，社会企业的发展始终存在阻碍，尤其对社会大众的认知会造成混淆和模糊。通过一个合法的法律结构来对大学生社会企业进行认定和保护，长远来看对于大学生公益创业的支持是最根本的。经验研究显示，立足温州实际，参考先进地区经验，采取先开展认证，“成熟一步，发展一步”的渐进式立法会更为适合。温州作为较大的市，可以制定地方性法规与规章，目前已经制定过《温州市市容和环境卫生管理条例》《温州市物业管理条例》《温州市城市绿化条例》等地方法规，作为未来立法的一个方向，建议将社会企业立法纳入选题。在具体操作路径上，要改变长期以来业界面向民政部门寻求立法支持的做法，因为立法所依赖的资源不是由单一部门所能实现的，大学生公益创业本质上是一个创业行为，不是一个公益行为。可在专家学者、社会企业家、人大代表和政协委员等有识之士的倡导推动下，推动发改委等综合性业务部门牵头，成立联席会机制来规划整合社会企业立法。

（2）鼓励大学生创办社会企业。强政府、弱社会是我国的社会基本模式，公民社会长期发育不足，第三部门缺乏生长空间，社会企业和社会企业家缺乏成长土壤。但是作为全国民政改革综合试验区的温州，民间社会组织异常活跃，民营经济十分发达，先富起来的温州人在永嘉事功学派“经世理论”的滋养下，“以利和义，不以义抑利”强调“义利并举”，温州的经济、社会和人文环境都非常有利于社会企业的萌发。政府要像重视民营

企业家一样重视社会企业家。鼓励大学生社会创新。大学生是创新思维最活跃，创业理念最新颖，同时最富有创新创业激情的群体，但也是最需要保护积极性的群体。政府有关部门可以发起以解决社会问题为主题的创新创业竞赛，鼓励大学生以及社会人员广泛参与，带动各种创新资源向解决社会问题集聚，对大学生在解决社会问题上的知识产权进行保护，对符合条件的大学生社会企业给予税收优惠政策。营造优良营商环境。温州是“两个健康”先行区，优化营商环境本来就是政策重点，因此只需将社会企业纳入其中即可。更为重要的是政府要认识到社会企业这一新生事物的发展潜力，为其建立完善的法规保障，多听取社会企业家的声音，加大社会正向舆论宣传，弘扬社会企业家精神。建立完善培训机制。建立专门的社会企业家人才库，将大学生公益创业领袖也纳入其中，像“中青班”“青蓝工程”等后备干部和企业家培养一样由政府出资实施定期培训，内容涵盖领导能力、社会动员能力、企业管理能力、优秀社企交流、案例学习等，还可以选派高校优秀学者、社会企业家到国内外进修培训，建好温州本土的社会企业“人才蓄水池”。培养青年社会企业家。新加坡社会青年体育部 2012 年 1 月开始执行青年社会企业精神培育计划（YSEP），主要通过赞助资金来鼓励各级学校教育学生关于社会创新与社会企业家精神，以培养学生成为社会企业家的能力。温州政府有关部门完全可以效仿新加坡政府做法，指定有一定公益创业教育基础的高校实施类似计划。还可以在现有的关于大学生学科竞赛、创新创业等奖项中增设专项社会企业奖项、奖金和荣誉，在官方层面肯定社会企业的价值，传递社会企业家精神。

（3）确立温州社会企业比较优势。党的十九届四中全会对推进国家治理体系和治理能力现代化作了部署，社会企业正是地方政府加强社会治理的潜力领域，对于温州这样一个市场经济高度发达，公民社会发育相对充分的城市，政府有关部门可以好好对社会企业政策予以研究论证。掌握全市社会企业一手数据。可以按照社会企业最广泛的定义，政府部门牵头全面整合政府、高校、民政系统、工商系统多层面社会企业数据，了解温州社会企业的组成结构、运行状况和实际贡献，建立本土社企数据库。优先采购社会企业服务。在同等竞争条件下，政府财政资金以公益创投、定向采购、社企专场招投标等形式采购社会企业产品或服务，提升社会企业服务的影响力和层次。力争通过多措施培育，在全省形成社会企业发展的“温州现象”，提升温州在全省社会治理领域“改革先锋”的美誉度。

（4）建立稳定的资金支持体系。社会企业不同于传统非营利机构和社会组织，大学生社会企业也不是传统的志愿服务组织，单纯的财政资金支持不能持久。可设立政府引导基金，由政府提供初期运营经费或由初创期社会企业申请政策补助资金，待孵化成熟后政府资金逐步退出，过渡到社会价值投资，使社会企业按照商业企业的融资规则来解决资金需求。因为尚无明确的社会企业法律形式，目前的社会企业无法享受税收优惠，但大学生民办非企业可以享受免税政策，建议根据社会企业光谱实行有区别的社会企业税收优惠政策。政策还可以利用温州民间资本雄厚的优势，引导鼓励影响力投资，通过提供适当的税收优惠等措施增加社会企业资本，引导温州民间投资人加大对优质大学生社会企业的“风险投资”，形成一定规模的社会投资市场。

2. 面向增长杠杆的政策建议

（1）成立温州社会企业联盟。当前大学生社会企业处于发展初期，普遍规模偏小，人员匮乏，发展后劲不足。类社会企业的合作社、公司又缺乏社会企业认同，校内外基本没有打通，更谈不上“抱团发展”。英国、韩国、新加坡等都在政府支持下建立社会企业联盟，政府授予联盟一些认证权力，给予财政、购买服务等多种支持。联盟也可以开展社会企业认证、评选社会企业奖项、发布社会企业报告等类似行业协会的工作，政府对社会企业联盟给予支持可以起到“四两拨千斤”的效用。杭州由携职旅行社和子墨集团两家社会企业发起的联盟成立已经有七年，承担了政府本应承担的社会职能，发挥了社企网络的重要作用。温州也可由政府牵头支持，指定本土龙头社企具体负责的形式来成立联盟，秘书处可设在高校，校政企协同推进温州社会企业的行业发展。

（2）支持高校开展学术研究。温州大学、温州医科大学的创业教育和创业研究都走在全国前列，可以成为政府的社会企业政策智库。同国外相比，国内对于社会企业价值、社会企业运营管理、社会企业绩效评估等社会企业的研究和实践都处于较低水平，构建中国特色的社会企业理论体系和实践体系是当务之急。温州有着“义利并举”的广泛思想基础，更有一大批敢为人先的温州商人群体，不但是社会创业的沃土，也是社会企业研究的热土。政府在市哲社课题、市科技局课题等科研经费上资助高校或研究机构基于各学科方法论开展社会企业的实证研究和交叉学科研究。

3. 面向市场创造的政策建议

（1）将社会企业嵌入温商网络。横跨市场部门和非营利部门的性质，使得社会企业所面临的外部社会网络更为复杂。整合多元利益主体资源是社会企业较商业企业或社会组织更需要考虑的问题，唯有如此才能让这一创新组织形式为更多人接受。即便是大学生公益创业行为，若不能与外部市场产生链接，仅停留在志愿服务层面，那么政府完全没必要以专门政策予以扶持，毕竟传统志愿服务已经有一套相当成熟的运作体系。温州发展社会企业最大的市场优势就在于温商网络，温州人本身就是巨大的网络资源。如温州大学开展的服务侨界留守儿童公益创业项目，就是为在外温州人服务的，这本身就是一个巨大且重要的市场，对政府而言是招商引资凝聚人心的需要，然而财力人力所限不可能服务到全球数量众多的温籍侨胞，如能以扶持社会企业形式开展涉侨服务，将开辟一条为侨服务新路径。温州商人多年积累的人脉、资源以及回报家乡的桑梓情怀，让温州的养老、助残、助困、助学等诸多社会领域的“痛点”问题都能变成他们的创业机会，这也是温州社会企业的使命和机遇。

（2）畅通社会企业跨界沟通机制。政府可由专门的行政机构来负责社会企业的战略与政策制定，比如由发改委负责中小企业的部门增加相关职能，或者新设置专门部门负责推动。政府主导建立跨界合作的平台和机制，促进社会企业、高校、非营利组织、合作社、温州商会等之间的常态化沟通协作机制，举行类似于社会企业温州高峰论坛、社会企业项目对接会、公益创业大赛路演等载体，促成多元化的跨界合作。

（3）积极开展社会企业绩效评估。政府成立社会企业联盟除了认证，还应该授予评估职能，使其成为有较大社会公信力的第三方评估机构，以防出现社会企业发展中经常会出现的“使命漂移”问题。对于大学生社会企业无须制定特殊的评价体系，社会企业的扶持政策可以分阶段，评价指标体系要一视同仁，最终以社会目标达成度为依据。用好评估结果，大力扶持一批具有创新商业模式、稳定经营收入、良好社会效益的社会企业，给予其“招商引资”待遇做大做强。及时发布温州社会企业社会影响力报告，引导社会各界形成对社会企业的正确认识和合理期待，通过3—5年将温州打造成社会企业发展高地，助力幸福温州城市建设。

从全球的实践来看，只有少数几个国家通过法律形式对社会企业做了规定，并且除掉对传统福利企业或合作社组织有税收激励规定外，对社会企业并无政策上的优惠。已有的研究表明，社会企业作为一种实验，仍旧处于早期阶段，从政府到社会，都在实践中探索社会企业这样一个实体在法律和政策框架内的可行性。这一点，在中国也毫不例外。处于社会和经济转型中的中国，社会企业的实验具有更加重要的意义。温州作为中国改革开放先行城市，面临市域治理体系和治理能力现代化的新要求，选择社会企业这一治理新形式具有前瞻性，大学生公益创业或许能够成为政策突破口和重要推动力。

（作者简介：唐华，温州大学商学院副教授；林爱菊，温州大学国际教育学院副研究员）

社会企业助力乡村振兴的价值效力与模式优化研究

徐淑芳

摘　要：本文将农村社会企业作为“中间人”，为整合各方力量推动乡村振兴提供了一种新思路，同时在这个过程中，农村社会企业也成了融入乡村振兴的另一股强大的力量。探讨三种模式，助力乡村振兴。

关键词：社会企业；乡村振兴；价值效力；模式优化

党的十九大报告提出实施乡村振兴战略，乡村振兴战略的实施，不仅关系着中国农村人口的脱贫减贫问题，更是关系着社会经济发展与包容性的社会问题。社会企业区别于传统商业组织的特征使其成为推动乡村振兴的有效手段，有研究认为社会创业在解决农村贫困问题上具有显著作用。

一、社会企业的内涵与性质

（一）社会企业的内涵

作为一种新型组织形式，社会企业的大量出现引起了政府、学术界以及基层工作者的广泛关注。世界各国和组织在社会发展情况和地域文化等方面存在一定的差异性，所以不同的组织与国家对社会企业的理解也存在一定的差异性。社会企业并不是一个纯粹的企业或公益组织，社会企业的运营方式以商业手段为主，将获取的利润用来帮助社会上的弱势群体或者其他需要扶持的领域。社会企业存在的目的主要是为了实现自己的社会价值，其本身对营利方面的需求相对较少。随着社会企业在国内的不断发展，其在解决社会问题方面的能力逐渐凸显出来。

（二）社会企业的性质

社会企业的发展源自二十世纪八十年代，随着第三部门在西方国家的兴起，一些具有明确的社会目标而又不属于公共部门的经济实体组织逐渐活跃起来，成为提供社会救济和福利待遇的重要主体，并且在学术脉络上形成了以欧洲为代表的“社会经济”和以美国为代表的“非营利部门”两种截然不同的概念解释。在“社会经济”框架下，社会企业最早是以合作社、互助社团和协会组织等形式出现，目的在于以互助形式为弱势群体提供相对匮乏的公共产品。在1994年，OECD组织首次使用了“社会企业”的概念，指的是综合利用市场资源和非市场资源帮助技术水平不高的工人重新获得工作机会的互助社团。而在美国，非营利部门之所以获得合法性地位，关键在于免交收入税，并且规定所有收益不得用于内部成员的分配。

而在中国发展过程中，社会企业表现出两类发展模式：一类是由非正式就业组织、民间社会组织或国有事业单位转型而来的社会企业，往往和政府具有千丝万缕的关系，虽然能够获得体制内资源的倾斜，却难以解决市场效率低下和竞争力不足的生存困境；另一类是通过社会企业家借助市场创新而产生的社会企业，这批在市场经济中成长起来的企业家因社会责任感而进入到特定的公益领域之中，利用市场机制为社会治理议题提供创新方案。尽管两者在动力机制和组织基础上有所不同，但总体而言呈现出如下特征：通过市场运作实现营利；以社会利益最大化而非企业利润最大化作为组织目标；寻求社会创新和整合型治理结构。换言之，社会企业被视为通过市场手段实现社会目的的具有混合价值导向的非营利性组织，是一种介于纯慈善组织和纯营利企业之间的动态连续体。

二、社会企业助力乡村振兴的价值效力

社会企业的出现为乡村振兴提供了新思路。以往的研究表明农村发展要依靠内外力量共同发力，仅从一方入手不能解决农村发展问题。如何有效地利用外部力量为乡村振兴注入持久动力、将外部推动力转化为乡村发展的内核动力是亟须解决的问题。在这种情况下，农村社会企业作为一种兼具社会性和经济性的企业，它将社会价值放在首位，通过商业模式创新等手段，提供满足农村、农业、农民需求的商品和服务，这种类型的业务旨在调动各种资源，从捐赠、政府补贴、社会组织、公共研究机构到农村社区团体，通过市场运作，实现社会价值和经济价值的有效结合。

（一）实现社会资本与农村资源的有效衔接

农村社区是各类资源聚集的地方，具有解决集体问题的传统，是社会企业发展的理想环境。Brunie 和 Kilpricketal 等通过考察当地农村发展实际认为，农村地区的社会资源关系复杂，具有较高的社会资本结合度，农村社会企业家要进行变革需要获得与企业发展有关的关键资源（政治支持、公共资金、商业投资、咨询服务等），这些外部力量协助有助于企业利用地区集体资源。对于我国农村来说，如何实现小农户和现代农业经营有效衔接，已经构成了中国农业现代化进程中的核心问题。一直以来，对处于生产弱势、组织弱势和市场弱势等多重弱势状态之中的小农经济进行改造都是中国农业发展的重要策略。在既有的政策脉络下，村集体或以村社为主体由农民自发联合成立的专业合作社是实现小农户与大市场相对接的两种重要路径，但囿于农民在组织规模、市场意识、政策转化能力以及获取外界信息等方面的局限性，仍然难以解决小农户如何参与现代农业产业的历史困境。农村社会企业通过创新商业模式解决乡村问题，具有创业的积极外部性，同时还可以平衡外来援助和内生动力的关系，是一种新型的助力乡村发展动力。此外，社会企业的公益性也可协调经济和社会发展的关系，解决乡村衰落问题，是促进乡村发展的有效手段之一。通过双向嵌入和共同改造的方式实现社会资本和乡土社会的良性互动，农村社会企业的发展可以避免历史困境在新的治理领域中再度发生。

（二）融合外部资源形成合力助推乡村振兴

虽然农村社会企业可以帮助当地村民解决部分问题，但是作为具有公益性质的社会企

业，他本身的力量不足以满足乡村振兴的巨大需求，需要从外部获取额外的补充资源。诸多学者研究探讨了有关农村社会企业发展的外部补充资源，如从社会网络视角入手，提出企业可以通过建立与私营企业、政府部门、其他社会企业、研究机构的合作关系，从而促进自身发展；从资金支持方式角度，有专家认为政府可以通过公益创投的方式给予企业资金支持，改善社会企业发展的政策环境为农村社会企业的发展营造良好的外部环境氛围，同时还可以为其带来增值服务，例如行业许可、技术支持、咨询服务、信息、土地和基础设施准入等。然而，一般来说，外部投资主要通过影响力投资与公益创投支持社会企业的发展，所以社会企业也必须满足其社会影响力评估要求并为其带来相应的财务回报，才能维持二者的合作关系。毕竟对于工商资本而言，追求利润最大化是其主要目标。

（三）解决农村地区大部分成员共同的需求

农村社会企业与农村地区本身就有密切联系，他本身就是为了解决乡村问题应运而生的。农村社会企业只有和农村团体建立联系，真正从他们的需求出发，才能得到广大农民的支持，他们的商业活动才能有效开展。农村社会企业的合法性与当地农民是否支持、是否为解决农民问题而生密切相关。相关研究表明，在不同程度上让农村居民参与到乡村建设中，从受益者转化为项目利益相关者，就能够实现乡村经济的可持续发展。社会企业可以与乡村地区的成员建立联系，了解他们的需求，然后通过商业模式解决农村地区大部分成员共同的需求，实现经济利益和社会利益。此外，基于情感依赖或者工具性依赖，农村社会企业还可以与农村社区团体或者个人建立社会关系网络，获得嵌入性资源，被纳入合法行为体之列。

三、助力乡村振兴农村社会企业的发展模式探讨

农村社会企业是解决政府失灵、市场失灵等问题的有效手段。乡村振兴在政府、社会等的帮助下取得了显著成效，但难以建立起乡村振兴的长效机制，单纯依靠政府手段、外界资助，乡村发展难以实现持续性。农村社会企业参与乡村振兴，以解决乡村问题为己任，帮助乡村建立长效发展机制，对乡村振兴的实现具有重要作用。当前，农村社会企业发展模式主要有以下几种。

（一）乡村共生模式

乡村共生模式主要指农村社会企业在发展中依托当地资源特色发展特色产业，以结构赋能、能力赋能为主，使当地的社会经济和生态保护同时得到发展，实现乡村振兴。通过结构赋能促进当地产业的发展，通过能力赋能帮助居民提高自身的“造血能力”，通过产业振兴和人才振兴的同步发展促进乡村振兴的实现。同时，产业发展过程中对原材料的需求又为当地居民提供了大量的就业机会，吸引当地农民返乡，并留住大量返乡农民，减轻乡村劳动力流失，乡村发展主体缺失的问题，实现返乡潮与乡村振兴之间的良性循环。一般来说，这种模式适用于当地具有特色产业以及企业规模较大，投入较大的地区。

（二）乡村寄生模式

乡村寄生模式以高能力赋能与低结构赋能为特点，其在帮助乡村发展时，主要通过人才输出，为乡村提供有知识、有技术的新农人，通过新技术促进当地现代农业的发展，乡村情况也主要以农业生产为主。通过倡导城市支持农业的经营理念，倡导健康、自然的生

活方式，重建农村与城市社区和谐发展、相互信任的关系。城市支持农业的发展理念，不仅加强了城乡之间的互动，促进城乡一体化的发展，而且实现了农民的增收。此外，在获取资源支持方面，这种模式下的企业与消费者能够共同建立乡村振兴的支持力量，共同支持乡村的有志青年和愿意改变生产方式的农人，将真正的食物的提供者—乡村和农人作为最根本的社会动员的对象，实现乡村赋能。同时社会企业的发展还能促新型职业农民队伍构建，并对其进行土壤、生产、技术、营销、管理等农业全产业链的培训学习，为乡村发展提供人才输出，引导现代农业的发展，并把人真正地留在农村、建设农村和发展农村。这种模式适用于缺乏特色产业，以农业生产为主的地区，通过人才与新技术发展现代农业。

（三）乡村内生模式

乡村内生模式以高结构赋能与低能力赋能为特点，这种模式的社会企业主要通过依托当地资源，由当地居民返乡建立农村合作社，以产业发展为主，为农户的发展提供平台，发展当地特色种植业，发展农村集体经济，为返乡人员提供外在条件。合作社可以将土地等资源从农户手中流转过来，进行规模化的产业发展，改变土地资源零散和管理不善的问题。当村民的社会资源、外部嵌入较少时，可以通过规模生产的方式，建立乡村发展的产业支柱，为乡村的发展提供内生动力。所以，一般来说乡村内生模式适合于拥有特色产业、社会资源不足的情况，以自身发展促进乡村发展。

通过对农村社会企业发展模式进行分析可知，乡村社会企业发展模式应根据其具体情况而定。乡村因其所处地理位置不同而所拥有的资源不同，不同的条件下社会企业应采取不同的发展模式。例如，若乡村含有特色产业，应依托于产业进行发展，若乡村仅以农业生产为主，则应主要发展新技术，培育新农人，运用新技术着力发展现代农业。此外，农村社会企业发展应坚持“社会、生态、经济”三重底线。在促进乡村经济发展的同时，保护生态环境，实现可持续发展，建立乡村发展的长效机制。

（作者简介：徐淑芳，湖南省社会科学院助理研究员）

合作社模式在残障人士就业服务供给中的借用与改造

叶 雷 杨 曼

摘　要： 残疾人就业服务面临着供给“不充分”的困境。理想状态下，社会企业被认为是既实现残疾人社会福利又实现经济效益的典范之一。实践中的社会企业面临双重紧张关系：或是由于商业化模式不足转而向政府寻求依附进而造成社会使命飘移；又或是难以保持其社会—商业双重身份的一致性。本文以C市的“百千汇”公益助残合作社为样本，梳理助残合作社的运行逻辑。研究发现，在将合作社模式应用于公益助残领域时，合作社的组织结构和管理制度优势、对社员权益的保护等特征在维持组织内部整体性运转的同时，既保证了助残合作社成员的经济利益，又使得弱势群体真正受益，实现了商业和公益的弥合。文章既丰富了残疾人就业服务供给中合作社模式的现实参与路径；同时，也为实践中合作社模式如何平衡组织内部利润—公益目标提供了新的思路。

关键词： 残疾人就业服务；合作社；合作供给

一、引言

改革开放以来，我国残疾人事业在医疗、康复、就业，教育等领域取得长足进步。2021年7月发布的《“十四五”残疾人保障和发展规划》中指出，当前，我国有1076.8万困难残疾人被纳入最低生活保障范围，1212.6万困难残疾人得到生活补贴，1473.8万重度残疾人得到护理补贴。残疾人基本康复服务覆盖率达到80%，辅助器适配率达到80%，残疾儿童少年接受义务教育的比例高达95%，残疾人事业和公共服务取得重要进展。即便如此，我国残疾人就业形势依然严峻，存在返贫致贫风险高、社会保障水平和就业水平低等问题，残疾人获得平等就业的权利依旧没有实现。

在福利多元化的背景下，残疾人就业服务由政府主导逐渐向“福利市场化”“福利社会化”转型，传统的集中就业模式趋于式微，被分散按比例就业和个人就业模式超越。传统的以福利企业为代表的集中就业模式被认为是政府重“输血”、轻“造血”的表现。在福利企业私营化改革的过程中，政府对残疾人就业服务由直接主导转变为监管协调，一定程度上提高了残疾人就业服务供给的效率，解决了部分残疾人就业问题，但残疾人就业仍然存在就业率低和收入水平低，失业人数连年增长，失业风险较大等问题。同时，各类残疾人服务机构在“去行政化”改革的过程中，处于在市场和社会间摇摆的态势。利用社会力量，培育社会组织为残疾人提供就业、康复、医疗、教育等公共服务近些年来逐渐兴起。在国务院出台的《关于政府向社会力量购买服务的指导意见》中，明确“残疾人服务”为政府购买的七大公共服务之一。要求各地政府通过补贴、购买服务等方式培育和扶持社会组织。助残社会组织在帮助残疾人提供均等化服务，多渠道配置资源等方面具有优势，能够帮助残障群体积极融入社会。即便如此，助残社会组织由于自身规模小，在实践中面临登记注册困难，社会支持网络缺失，资金筹措渠道有限等问题，对残疾人的就业保障起到的作用有限。

在残疾人就业保障服务可能存在政府失灵、市场失灵和志愿失灵的背景下，近些年来兴起的社会企业为残疾人公共服务供给提供了新思路。理想状态下，残疾人社会企业既能够保证残疾人的就业优势和社会效益，又能实现商业利润，被认为是实现公益—利润双重目标的典范。但在实践中，如何平衡社会企业内部市场和公益存在的张力，在“使命”和“活命”之间寻求平衡成为社会企业面临的核心问题。在多数助残社会企业采取企业+社会组织的多重法律主体形式，以平衡利润—公益目标的冲突。本文以C市B镇公益助残合作社的实践为样本，探讨将合作社这一经济领域成熟的组织形式应用于助残公益领域中，在保持助残合作社整体性的前提下，实现经济和社会双重效益的可能性。

二、文献回顾

（一）残疾人就业服务供给的不充分及其解决

平等就业机会的缺失是许多残疾人贫困和遭受社会排斥的根本原因。残疾人的就业问题不仅仅是经济收入问题，更是其获得自我认同、社会融入的体现，也是社会文明进步的标志。西方社会的残疾就业政策经历了从保障到融合的过程，“个人模式”和“社会模式”的融合带来残疾人的福利制度的去中心化和多元化，打破了“标准化”的福利依赖，形成了“去标准化”的残疾人综合发展模式。而我国国内由于地区经济发展水平差异过大，至今没有建立起相对统一的残疾人就业模式。

我国的残疾人就业保障政策经历了由单纯地依靠救济和社会规制手段，到兴办福利企业、分散按比例就业、个人就业等就业方式，体现出“居养型、庇护型、明权型”的发展阶段特征。其中，以社会福利企业（为安置残疾人员劳动就业而兴办的具有社会福利性质的特殊企业，是自主经营、独立核算、自负盈亏的经济实体）为主的集中就业模式在1990年《中华人民共和国残疾人保障法》颁布后获得法律上的合法身份。福利企业因其公有制性质在规模、资金、技术等方面都达到了顶峰，成为促进残疾人就业的主流模式。在这一过程中，政府完全掌握公共权力，排斥其他组织对公共事务的参与，重“输血”而轻“造血”，残障人士的就业缺乏市场和社会的参与。1994年以后，国家不再直接举办福利企业，由直接行政干预变为监管协调。受市场经济冲击和福利企业政策调整等因素影响，福利企业规模迅速萎缩。此后的20年间，残疾人就业政策的市场化趋势越来越浓厚，政府政策保护性越来越弱，更多依赖市场来解决残障人士的就业劳动问题。在此期间，分散按比例就业（用人单位应当按照不低于本单位在职职工总数1.5%的比例安排残疾人就业，并为其提供适当的工种、岗位）不断发展，并逐渐超过集中就业模式，解决了部分残疾人的就业问题。尽管福利企业的市场化运动一定程度上提高了效率，但由于政府忽视了公共属性，把福利企业推向市场的时候，也把需要保护性就业的残疾人也推向了市场，有国家将就业责任转移给具体用人单位之嫌。尤其是作为按比例安排残疾人就业制度代偿政策的残疾人就业保证金制度，在缴纳过程中出现了缴纳主体与政策目标相背离的现象，分散按比例就业也很容易异化成按比例“救济”。

面对残障人士就业的市场化改革可能会出现的损害残疾人利益的行为，各类残疾人就业机构在“去行政化”的过程中，处于在市场和社会间摇摆的态势。对此，有学者探讨了社会组织为残障人士提供就业岗位的可能性。相较于企业注重员工生产效益来说，助残社会组织更具公益性、安全性和社区性，可以充分打通为残疾人服务的“最后一公里”，在推动残疾人公共服务均等化、多渠道筹措配置资源等方面具有优势。即便如此，受制于登记注册困难、社会支持网络缺失、资金筹措困难、自身管理能力不足等内外部因素的影响，多数助残社会组织发展规模弱小，服务局限于就业政策咨询、就业单位信息沟通等内容，使其对残疾人就业助益有限。

为有效解决残疾人就业服务供给不充分的问题，已有研究从宏观视角给出了解决方案。在宏观视角下，残疾人服务体系构建的理念已由“问题视角”转化为“优势视角”，因此要重构残疾人就业支持体系，实现残疾人福利的共建共享。在“福利市场化”“福利社会化”的大背景下，残障人士往往会成为不完善市场的牺牲品。因此，有学者以福利混合理论作为分析工具，认为有关残障人士工作权实现的设施、规制和服务可以由不同的制度和单位——国家（政府部门）、第三部门和企业共同提供。其中，政府通过整合资源和政策供给加以引导，企业通过分散互补就业和转产专营实现就业吸纳，还有枢纽型社会组织和农村经济合作社给予支持，社区创业链和助残社会企业予以支撑，残联发挥枢纽型作用，最终实现多中心协同治理，实现社会组织与残联的整合、残疾人家庭与社会组织整合，企业与残疾人服务相关部门整合。但是，即便是“多中心理论”“协同视角”“福利混合理论”等观点层出不穷，多种制度在残疾人就业服务提供中既可能实现社会融合，也可能会出现社会排斥，具体实施情况如何，还需要在个案中验证。

（二）社会企业：跨越商业和公益的区隔

在公共部门提供社会服务能力不足和私人部门创造社会公益的“市场失灵”背景下，新兴的社会企业被认为是其有效弥补。在欧洲，社会企业的概念在20世纪90年代首次出现，成为第三部门的核心。根据欧洲的传统，第三部门包括合作社、协会、相互社会以及基金会，社会企业包含了部分非营利组织和部分合作社，是两者之间交集的部分。而在美国学术界则倾向于使用社会企业精神（social entrepreneurship），意指以收入为基础实现社会目标的手段。英国社会企业联盟为社会企业提供了一个简单的定义——运用商业手段，实现社会目的。

近些年来，公民社会、经济和政治环境的变化，尤其是新公共管理和新自由主义改革是推动社会企业出现的外部原因。立足于社员利益最大化的合作社，脱胎于企业进而追求社会使命最大化的商业型社会企业，由社会组织进行商业探索形成的公益型社会企业，以及“社会组织—企业”合作建构的社会企业被认为是社会企业的四种运行逻辑。这其中，商业型社会企业更具有市场导向性，源自非营利部门的社会企业更强调以商业手段保障组织持续服务于社会目标，而源于二者合作伙伴关系基础上的社会企业更易出现目标飘移性。相似的，有学者提出了“社会企业光谱”的概念，社会企业被认为是介于纯慈善组织和纯商业组织之间的混合组织，混合动机使其追求使命和市场的平衡，再投资于使命活动和运营费用，并用于业务的增长和发展。

社会企业出现初期，非营利组织采取商业化模式的合理性是学界讨论的重点，国外多数学者认为，非营利组织的发展若是没有一个可行的企业方案，该组织就无法生存下去，更不用说成长、繁荣和实现其使命了，创业领导力并不仅存在于私人部门或政府部门，这种特性也存在于非营利部门。从长远来看，社会企业应该摆脱以拨款依赖为前提的生存策略，具有创业精神，能够创造经济和社会价值。由此，社会企业对经济效益和社会效益的追求使其具备了多目标的特质。EMES 欧洲研究网络分析认为，多利益相关者特征和多目标性质被认为是社会企业的重要方面。社会企业至少追求三种不同的目标：经济目标、社会目标和经济—政治目标，以满足所谓的“双重甚至三重底线”。通过有意识地获得可剥夺的资源，并使用个人或人力“资本”，以实现他们所拥护的财富和社会价值创造的使命。但同时，社会企业面临最大的困境就是：社会企业应该表现得像一个企业还是一个慈善机构。尽管大多数非营利组织寻求慈善事业，但也应该实现收支平衡。否则，依赖政府拨款、非自我维持和雇佣非创业型员工的特征将会使社会企业面临危险，破坏自身的社会价值。

中国社会企业兴起伊始，在就业促进、社会照料、扶贫减贫、卫生医疗和教育方面发挥了重要作用。近年来，社会企业越来越多地介入以往由政府主导的公共服务领域，其发展面临两方面困境：其一，倘若社会企业牺牲一部分营利能力，就会面临入不敷出、融资渠道匮乏等困境，残疾人社会企业则会更加依赖于政府补助和社会捐赠，陷入“依附式自主”的境地。其二，在实践中，在社会使命中叠加营利机制，能否保证社会使命不被扭曲甚至牺牲亦令人担忧。尤其是在中国强大的、同质化的制度压力下，如何保持公益—商业双重身份的一致性并使其合法化成为社会企业面临的重要挑战。在此背景下，社会企业采取回避或操纵策略，或是屈从于制度压力转而寻求政府的资金支持以维持其继续关注社会使命的权利，或是采取回避策略，创造新的营利企业以隐藏其双重身份。这类“组织切割”的策略试图弥合公益机构“公益追求”与市场收费“谋利取向”间的张力，但也可能意味着社会企业这一组织形式的终结。

（三）社会合作社：公益领域的禀赋与运转

肩负双重使命的社会企业既要防止社会使命飘移，又要实现商业利润以保持自主性。然而在实践中，社会企业的公益使命和商业利润普遍存在张力，在既定环境制度影响下，双重法律身份注册是我国社会企业运作的典型结构与策略。

例如，在深圳残友集团的发展案例中，残友集团在实现经济效益的同时，通过基金会控股保持社会企业的公益性，形成了基金会、公益机构、企业三位一体的运作模式。在长三角流动儿童跨界教育服务供给中，一些社会组织在探讨长三角地区社会企业如何实现双重目标的平衡时，给出了“公司 + 民非”双重法律身份运作成为社会企业的选择。然而，从社会企业划分类型的角度来说，现有的研究多关注社会企业某一方面的特征，没有兼顾混合体的特征。如何在保持组织整体性的同时，实现公益—商业的平衡，成为实证资料亟须丰富的对象。

合作社被认为是“弱者的组织”，是弱者的联合。国际合作社联盟（ICA，International Cooperative Alliance）将合作社定义为：“一个自愿团结起来的自治协会，通过一个共同拥有和民主控制的企业来满足他们共同的经济、社会和文化的需求和愿望。”自 19 世纪后期合作社形式被引入到多个国家的多个行业形态后（例如制造业、农业、金融业等），农业与合作社的联结更为密切，有关于合作社的研究也多是集中在经济领域。然而，有关于社会部门的创业活动也根源于合作社，是19世纪中期作为资助社会经济议程的手段。根据欧洲的传统，第三部门包括合作社、协会、相互社会以及基金会，统称为“社会经济”。雅克·迪夫尼也指出社会企业包含了部分非营利组织和部分合作社，是两者之间交集的部分。属于第三部门的合作社更多的是指“社会合作社”（social cooperatives），作为20世纪90年代出现在意大利的一种制度化经济实践的具体形式，被认为是古典资本主义公司的替代品。

相比于传统的合作社更加关注成员间的相互关系和组织规则的“一人一票”制，社会合作社的目的是满足社会对人类福利和社会融合的普遍利益。社会合作社通过“非资本主义”实践，纳入弱势群体，提供有意义和可持续的就业机会，将更多的弱势公民融入社会，在资本主义体系边缘蓬勃发展。建立在“公民经济”理论基础之上的社会合作社，将社会和环境价值观处于使命的中心地位，其运作和繁荣发展的环境可以为新形式的所有权、资金、决策、领导和沟通提供重要的见解。当前，社会合作社主要由社会保健、社会护理类合作社和注重培训的社会合作社（例如引入边缘化或身体或精神残疾的弱势群体，他们无法获得“正常”劳动力市场提供的就业机会）组成，能够大幅提高“残疾工人”的生产力，以达到与传统企业相当的水平。然而，社会合作社要想对福利提供和创造就业机会产生影响，就必须要扩大规模和数量，也就意味着需要专业的管理实践、技能和企业的管理方法。同时，社会合作社忠于组织创始原则而成功地成长也并不能排除组织内商业和社会使命之间的紧张关系和冲突。当前，除意大利等少数国家采取社会合作社模式，更多国家采取更为激进的社会企业模式，总体来说，其规模较小并十分脆弱。

虽然社会企业在理论上能将公民、市场和国家有效地连接在一起，然而在微观案例中，社会企业在公共服务供给尤其是残障人士就业领域如何在政府的体制压力之下，既实现财务可持续性，同时防止社会使命飘移的具体运作机制仍需进一步研究。同时，追溯有关合作社既有的研究可以发现，尽管合作社是社会企业的根源之一，但其应用于公益领域中的作用被大大忽视了。在实践中，如何面对社会企业的商业模式不足或是使命飘移所带来的组织分割现象？合作社这一成熟的组织形式应用于社会公益领域会否规避这种悖论？这是既有研究可拓展的研究空间，有待实践的验证。

三、样本选取与案例简介

本案例以C市B镇“百千汇”公益助残合作社为研究对象，着重考察残疾人就业服务的跨部门供给以及助残合作社的内部运行逻辑。本文案例资料的获取主要来源于基层妇联、助残合作社内部社员、作为社会精英也是助残合作社的负责人J女士、民政部门工作人员等多方主体。

首先，就本案例的选取来说，C市B镇“百千汇”公益助残合作社的成立是C市新时代文明实践中心工作的典型成果之一。作为唯一一个由社会组织牵头，社会精英介入，政府支持，以残障群体为服务对象的实践项目，其特殊性就在于将合作社这一经济领域业已成熟的模式应用于公益领域之中，同时利用互联网直播平台拓宽了残疾人就业渠道，因此，助残合作社具有研究意义和推广价值。

其次，就访谈主体和内容来说，笔者于2021年5月对C市B镇公益助残合作社进行了调研，调研对象主要包括B镇妇联主席、助残合作社负责人及其成员、民政部门工作人员等。重点梳理了助残合作社的成长路径、与政府、企业、社会组织等的关系、组织定位和发展前景、合作社成员的吸纳与发展等，并通过访谈、座谈会等形式获取案例信息。

再次，就案例资料的获取来说，笔者通过对公益助残合作社实际走访，与访谈对象实际接触，对访谈场景的客观记录来获得案例资料。同时，通过查阅图书、论文期刊、与案例信息相关的政府文件、工作报告、工作记录及相关的数据资料等，获得相关的翔实信息。

据此，本文将以外部和内部两个维度出发，外部维度重点考察残障人士就业服务的跨部门供给是如何实现社会融合的，内部维度则从助残合作社的内部运行逻辑出发，探讨其是如何在保持合作社运行整体性的同时，实现公益效益与商业效益的平衡。

四、助残合作社：残疾人就业服务的跨部门供给

在残疾人福利供给去中心化和多元化的背景下，残疾人就业服务供给主体打破了庇护型就业的局面，开始向支持型就业转变，向多元供给主体方向发展。C市B镇公益助残合作社就是在此背景下跨部门公共服务供给的成果。

（一）作为政策初探者的基层妇联：搭建助残合作社模式的桥梁

改革开放以后，中央与地方间关系处于动态的调适之中，地方政府治理权能逐渐扩大，日益成为国家治理中最为活跃的主体。在财政分权、政治激励与行政发包等制度背景下，地方政府的角色不断由“代理者”向“经营者”的角色转变，行为选择更具自主性、竞争性和创新性。这在一定程度上激发了地方政府的政策创新潜力，各种“自选动作”使地方政府在事实上扮演着“第一行动集团”的角色。基层妇联组织既要接受同级党组织和上级妇联的双重指导，遵循政府的运作逻辑，同时也扮演联结多个公共服务供给主体，提供政策创新的角色。

在对C市B镇公益助残合作社的考察中发现，在B镇公益助残合作社成立之前，“助残”模式便已初具雏形。2020年，时值该镇Q村美丽乡村建设之际，基于和X区妇联的良好关系，村委会让渡两间空闲房屋给区妇联使用。这便是后来“百千汇”公益助残合作社的主要工作场地。区妇联考虑到Q村房屋所在地位于B镇，便将房屋的使用权交给B镇妇联，并要求镇妇联充分发挥自主性，作出创新性成果。面对上级妇联的“规定动作”，结合村镇赋予的房屋使用权的资源，镇妇联的第一套“自选动作”就是将镇上残疾人的手工艺品展示出来。据B镇妇联主席介绍：

一开始我有想过利用空房间办一个妇女议事会之类的项目，但是又觉得这些东西都是形式的，太空了，没有意义。我们镇上有几个残疾人妇女，精通剪纸，花艺制作。我就想展示我们女性的产品和特长，看看能不能带来一些商机。巧的是，民政部门组织了一个社会组织金点子大赛。我找到编制能手和其他几位残疾人妇女，把她们的作品都摆放起来展示。

B镇妇联的做法很快引起X区、C市两级妇联的注意，经过一番考察之后，镇妇联“为残疾人妇女谋生计”的想法得到上级妇联的肯定。为了共同促进这一政策落地，区镇两级妇联共同成立了“B镇妇联巧妈妈手工坊”，手工坊便是后来合作社的前身。但由于资源有限，残障人士制作出来的剪纸、编织工艺品并无销路，少数几个残疾人试图利用直

播的方式将自己的产品推销出去，但也收效甚微，非常辛苦。产品的销路问题成为手工坊面临的主要挑战。

初期的直播间尽管没能打造成功，但是区市两级妇联对B镇妇联为残疾人谋取生计的项目存在的意义非常肯定，成为手工坊后续推广的动力。为了将残疾人制作的产品推广出去，走市场化道路，X区妇联专门找到在枢纽型社会组织任职、热心公益的J女士。经过专业规划，手工坊在原有的基础上成立了“金奶奶的公益直播间”，残疾人群体开始系统的接受直播带货培训，扭转了颓势。手工坊的骨干成员道出自己的心路历程，也是大多数残疾妇女手工坊成员的普遍心态：

一开始，我们想通过互联网直播的方式进行卖货，效果并不明显。但是我们很高兴，因为面对镜头讲话这是以前从未接触过的。在镇妇联的帮助下，我们得到了更多接触社会的机会，三八节设摊销售、B镇3月28剧场的公园设摊、C村的党员活动等都请我们过去摆摊。一般来说这是不允许的，但是政府说我们是特殊的一群人，特意批准我们临时设摊。直播带货也有了成绩，前不久我们在线上直播时还接到了一万多个商品的外贸单子。

不难发现，在助残合作社萌芽时期，基层妇联不仅扮演者先期探索者的角色，而且是残障群体、社会精英和上下级妇联以及当地政府之间联系的纽带和桥梁。B镇妇联为残疾人妇女谋生计的想法正是得到了区市两级妇联的肯定、社会精英的带动、政府的政策支持以及残疾人群体自身的参与，才使得“妇联巧妈妈手工坊”初现雏形。

（二）社会精英推动——资源聚合与手工坊的持续发展

精英阶层是一个社会的主导阶层，人类的社会治理现象一直表现为一种精英治理的状况。“精英”最早在17世纪时的西方是用来表示特别优秀的物品，后来逐渐扩展到指优秀的、社会经济地位较高的社会群体。在西方国家，精英参与公共治理可以保证社会系统的持续性与稳定性，而中国的精英阶层在不同的历史时期，具有不同的内涵。不同于现代化以前以士绅为典型代表的社会精英，改革开放以后特别是社会主义市场经济体制确立以来，基层社会中的精英下沉并呈现出新模式，成为基层治理不可或缺的新动力。在B镇助残合作社建立的过程中，J女士实际上发挥了第三方精英催化的作用。在“巧妈妈手工坊”实现规模化生产和寻找销路的过程中，J女士作为C市社会救助联盟副理事长、众柴公益理事及Z健康管理公司董事长，多重身份使其拥有雄厚的社会资本。在推动公益助残合作社向前迈进的过程中，一方面，Z健康管理公司作为一家企业，拥有成熟的市场化管理模式，J女士作为主要负责人，在企业经营、技术推广、生产销售及人力资本等方面占有重要优势；另一方面，社会救助联盟副理事长、众柴公益理事的身份使得J女士不同于一般的企业家，热心于社会公益、为残障群体寻找生计以为她们提供持续性的帮助成为J女士加入手工坊的主要动机。据J女士介绍：

现在主要是采取“线上+线下”销售的模式，我们也在努力培训帮助提高她们在镜头面前表达自己的能力。我们现在面对的主要是供需不匹配的问题，市场上对于我们的产品肯定是有需要的，就是如何把它们推销出去的问题。线下我也在积极“带货”，向周围的爱心企业推广残疾人生产的手工艺品，目前还是有挺多订单的，后续要想持续性发展，我们每个人都要学会市场营销，把手工坊打造成一个品牌，她们（残障群体）每个人都是品牌代言人。

尽管使手工坊能够成为残障群体稳定的工作场所，为残疾人谋取稳定的收益成为J女士和区镇妇联当时的主要关注点，但保持手工坊这一项目的公益性，扩大其社会影响力更是工作的重中之重。在此基础之上，J 女士主动联系了 C 市枢纽型社会组织理事长 Y 教授，残疾人联合会、民政部门也相继参与进来，为合作社提供战略规划、项目设计、场地、政策帮助，共同了成立奔牛救助联盟，起名为“百千汇”公益助残合作社。合作社成员解释说：

“百千汇”就是“企业百千汇，人手百千汇”的意思，希望能汇聚更多的企业，更多的残疾人加入我们合作社，解决自身的生计问题。现在周边好几个乡镇都来向我们汲取经验。目前我们这个团队共有二十多个人，J 女士是主要负责人，民政、残联、妇联主要是尽可能为我们提供帮助。编制原材料是我们自己负责，J 女士补贴了第一批邮费，收益 J 女士会分四分之一用于合作社运作，其余的收益归我们自己。

在带动社会资本推动公益助残合作社成型的过程中，社会精英起到了聚合资源的作用。其商业化的经营模式和自身的人脉资源解决了残障群体的生计问题，在这一过程中，助残合作社志愿服务的本质并没有改变，其社会影响力在不断扩大，形成了商业和公益相辅相成的模式。

（三）B 镇政府的关切：织牢兜底网

在传统的福利企业就业模式中，政府在残疾人就业领域扮演着主导性角色，造成了市场和社会角色缺失的局面。政府的庇护性政策在解决一部分残疾人基本生活保障问题的同时，忽略了对残疾人工作能力和互动能力的培训，使得残疾人在就业市场上的竞争力大打折扣。近年来，残疾人就业政策的市场化趋势越来越浓厚，分散按比例就业、个人就业等模式成为解决残疾人就业的主流，各地政府通过税收优惠、经营场地补贴、小额贷款等优惠措施，对残障人士自主择业、自主创业给予直接支持。在此基础之上，有学者探讨性地提出建构一个以“民间”为基本立场的混合型的由非营利组织构成的残疾人社会服务体系，避免“绝对行政化”和“绝对市场化”，在政府和市场的边界处，这些非营利组织主动进入到由政府和市场主导的“传统领域”，政府则不再扮演主导性角色，更像是起到“兜底网”似的保障性角色。在 2020 年 C 市《X 区新时代文明实践中心建设方案》中，提出区、镇（街道）、村（社区）三级建设要以志愿服务为基本形式，系统整合全区各级各部门公共服务平台、志愿服务资源、公益组织和社会团体，实现全区志愿服务的常态化、规范化和制度化，政府则需对各类志愿服务组织进行扶持和规范管理。这一方案体现出 C 市基层文明实践中心以志愿服务为主，政府提供支持型服务的特点。

通过对案例的实际考察调研中发现，在公益助残合作社成立过程中，B 镇政府，行政审批局等多是在“妇联巧妈妈手工坊”成立的中后期加入。在先期探索时期，B 镇、X 区妇联，以 J 女士为代表的社会精英和爱心企业的汇聚，使得合作社模式初现雏形，民政部门在这一过程中主要负责场地提供、残障群体直播带货的器材供给以及为残障群体的出行提供方便。此后，为了扩大助残合作社的社会影响力，手工坊的残疾人主动联系残疾人联合会，B 镇妇联主动联系民政部门、行政审批局和新时代文明实践中心，在政府部门支持下，合作社成立的启动仪式召开，为“百千汇”公益助残合作社提供制度支持和资源帮扶的同时，也为公益助残合作社提供了合法性基础，这标志着由社会组织初创、社会精英介入的创新性成果获得了政府认可，为合作社的进一步发展注入了活力。正如参加了合作社启动仪式的民政部门工作人员所说：“我们政府就是尽可能地为她们（残疾人群体）提供支持和帮助，场地、一些便利条件和设施设备等。因为这件事情比较有意义，不光涉及残疾人的社会救助，更能为她们提供长期的生活来源，对于她们背后的家庭来说也是意义重大。”

可以看出，在公益助残合作社发展的各个阶段，B 镇残障人士就业服务模式主要是以社会组织、社会精英为主导，爱心企业等社会各方力量支持，在由手工坊转变为合作社的关键节点，基层政府则起到了兜底性的保障作用和推动作用。在这一过程中，体制化的策略帮助公益助残合作社获取了政治和行政合法性，市场化策略促使合作社以更加理性与专业的方式向政府展现社会问题，社会化策略贯穿助残合作社成立的始终。合作社这一经济领域的合作组织形式，被创造性地应用于社会公益领域，区镇级妇联、社会精英及基层政府的策略性支持、各类资源的汇聚，共同促成了公益助残合作社的成立。

五、判断与结论

（一）健全的内部治理结构是助残合作社运转的关键

合作社是劳动群众自愿联合起来进行合作生产、合作经营所建立的一种合作组织形式。作为合作经济组织，首先强调的是其“合作”，然后是经济组织。作为保护弱势群体的重要组织形式，合作社由全体成员所有、控制和受益。合作社作为一类自治组织，其股权与成员合作机制、监督与内部决策机制、激励与利益分配机制、信任与政府引导机制构成了一套完整的合作社治理机制，这是保证合作社提高治理效率、增进社员福利和满意度的制度安排。也即，合作社本身的性质决定了其为全体社员谋取利润，其完善的内部决策监督机制、成熟的利润分配机制和外部引导模式，使其不存在为了“利润最大化”来投资的股东。在这方面，合作社为全体社员谋取经济利润的目的和公益助残的公益性目的并行不悖，这成为合作社模式和公益助残相融合的基础。

按照合作社的组织结构，成熟的合作社的法人治理结构是建立在公司法人治理结构基础之上的，以实现社员的利益最大化为最终目标。其中，合作社将“决策、执行、监督”的职能对应设置为“三会”：即成员大会、理事会和监事会。成员大会是代表全体社员意志的最高权力机关、决策机关；理事会作为执行机关由全体社员选举产生，负责合作社的日常经营活动；监事会是合作社的监察机关，同样由成员大会选举产生，监督理事会成员的履职情况以及合作社内部的财务状况。结合助残合作社来看，社员大会是助残合作社的最高权力机关，合作社内部所有权归社员所有，在坚持所有社员“一人一票”原则的情况下，助残合作社生产产品的范围、线上＋线下的销售方向、合作社未来的发展方向以及成员的进入退出等，都由全体社员投票表决；J 女士作为助残合作社的理事，则是由全体社员选举产生，成为助残合作社的负责人，但由于助残合作社尚处于发展的初级阶段，其运营更依赖于社会精英提供稀缺性要素：物质资本、市场营销、社交网络等，J 女士作为助残合作社的理事，利用自己的多重身份，积极为助残合作社的产品寻找爱心企业和销售渠道，以使合作社走上市场化的道路。

在管理制度方面，财务公开、合理的分配制度是合作社管理制度的重要内容，产权结构则是合作社最本质的规定，合作社的产权结构包括所有权、决策权和剩余分配权，合作社的所有权归民有，决策权坚持“一人一票”的民主管理原则，剩余分配权坚持惠顾额原则，而非成员的投资比例。这方面，公益助残合作社建立社员议事制度，社员可以参与合作社内大小事务的“议”和“决”。同时，线上线下的手工编织品售卖取得的收入，除J理事扣除利润的四分之一用于合作社运营及生产的原材料以外，其余全部用于成员分配，这在页符合合作社的管理原则。由此，助残合作在坚持利益共享、风险共担的原则下，实现了商业利润，也从根本上解决了残障人士的生计问题，这也符合公益助残合作社的公益性目的。

（二）“百千汇”助残合作社的成功是多方协同的结果

本案例进一步验证了既有研究的“失灵论”，同时发现基于残疾人公益事业的合作生产存在（B镇）政府、（村委会）自治组织、（妇联）群团组织、（社会）企业、（商界与大学教授）精英多方协同的机制。残疾人就业领域内的“市场失灵”“政府失灵”以及“志愿失灵”等理论在中国同样存在，只是表现有所差异罢了。助残类社会企业的理想模式是既能保持残疾人就业的优势又能实现商业利润，但现实中，由于社会企业的社会目标和经济目标难以实现平衡，往往呈现出此消彼长的态势。对此，很多助残类社会企业或类似使命的社会组织为了保证其的公益属性不受损害，往往采取组织分割、商业—公益两个链条的方法，“两套班子，一套人马”。但也因此遭受质疑，认为这是社会企业模式的终结。本文以微观案例入手，通过对合作社这一在经济领域业已成熟的组织形式分析，发现了公益助残领域合作社内部运作的逻辑，以及助残合作社在保持整体性的同时，有效实现了商业利润和社会效应的弥合。

一定意义上，本案例结论也是对合作社研究结论的进一步验证，集中体现在合作社的经济效应方面。比如，国内关于“三农”领域的合作社研究成果发现了多重机制的作用空间，事实上在本案例的助残实践中也有体现。一是从政府与合作社之间的关系来看，在合作社发展初期，政府规制是合作社健康发展的根本，正式制度的设计和实施才能保证合作社长期健康发展。本案例之所以能够顺利推进，B镇政府的“兜底”机制是基础，比如首次直播带货的失败并没有在残疾妇女中产生严重的挫败感，而是因为得到在“镜头”前的展示，唤醒了她们的心理满足感。毋庸置疑，这是因为有了政府兜底的机制，才消除了残疾人妇女创业的风险。需要指出的是，目前合作社尚未发展到政府监管的地步。二是既有研究中的合作机制结论在本案例中得到支持。一般情况下，农村合作社在股权与成员、监督与内部决策、激励与利益分配、信任与政府引导等方面的治理机制决定着合作社的绩效。本案例是一种成员合作机制，但是并不乏基本的决策与监督、利益分配与连接机制等，在多重保障下合作社运转是顺畅的。三是可能的治理不确定性在本案例中亦有体现。比如，本案例并不存在一套权、责、利明晰的产权制度，再加上自由进出机制，稳定的制度激励机制尚未形成，精英带动的可持续性还有待进一步观察。

（三）治理边界上，体现出核心领域清晰而边缘领域模糊的特征

在各国普遍采用的国家—市场—社会的三维分析框架下，社会企业被认为是“政府失灵”“市场失灵”和“志愿失灵”的重要弥补。政府对经济发展的新举措、公共服务的私有化和市场化、民间社会对解决社会问题日益增长的兴趣、商界对企业社会责任和慈善事业的兴趣以及国际行为者的影响都成为国内社会企业增长的重要原因。同时，社会企业在从事弱势群体的职业和社会融合时，企业内部会同时存在不同的目标，因为这些企业存在结合弱势群体的培训和工作一体化、商品和服务的生产（公共利益）以及促进社会包容性和劳动密集型经济发展的目标。尤其是在残疾人就业服务领域，社会企业多目标冲突更加明显，那么相对明晰的组织边界是否能够解决如上问题呢？

本案例的合作社机制基本上是兼备了当前中国的残疾人社会企业的两大模式特征，即优势促进型就业（社会与市场双方的优势均得到了发挥，如残友）和责任担当型就业（为促进残疾人就业需要损失一部分市场利润）的基本样貌。公益助残合作社与社会企业追求公益—利益双目标的内在特征是一致的，都是用商业手段实现社会价值。国外有研究认为，社会企业是具有社会价值的合作社及志愿服务组织，是偏向劳动者合作社与生产型非营利组织的混合体，也有学者认为社会企业是在私人企业或非营利组织的基础上发展起来的多元混合的综合体。在实践中，这种认知表明合作社的组织边界并非泾渭分明。由此，无论是根植于合作社、私人企业，又或是社会组织，本案例的公益属性是显性特征。在前身“巧妈妈手工坊”期间，该组织是在 X 区 B 镇两级妇联的努力下促成的，这一时期的手工坊由于没有走向市场化道路，几乎没有营利能力。随着商界精英 J 女士的加入，手工坊获得了专业的战略规划和第一笔启动资金，才走向市场化道路。这一时期的合作社已经具备了营利 + 公益的双重属性，基本具备了社会企业的特质。尽管助残合作社涉及利润分红，但并没有违反“私人出资创办又没有申请任何政府资助的社企，理论上所有利润可由股东自行决定如何分配，但不少都自我设定一个上限（最普遍的是三分之一）”这一规定。

尽管公益助残合作社并非是对社会企业的超越，但弥合了公益目的和商业利润之间存在的张力，改变了社会企业普遍的“两套班子，一套人马”的格局，利用合作社的组织结构和制度优势，从组织内部解决了利润—公益之间的冲突，既解决了 B 镇残障人士的生计问题，又维持了其志愿服务的本质属性。换句话说，“核心属性”的公益取向是“百千汇”合作社运转的边界，而“边缘属性”的营利冲动则得到了合作社的制度默认。

（四）“开绿灯”：政策激励助推“百千汇”走向深入

随着社会共识的逐步达成，残疾人群体和残疾人组织往往能够得到更多的政策倾斜。在政府治理的关切中，残疾人事业符合政策倾斜的例外原则，特别是在国家开放“四类社会组织”登记政策之后，地方政府培育扶持的对象范围得以扩大，满足社会事业发展需要的残疾人合作社组织因而成为政府关注的对象。

必须说明的是，政府为合作社“开绿灯”是建立在其价值指向和规范运转的基础之上。比如，本案例的合作社注重社员权益保障，在 B 镇政府和妇联在核实助残合作社的“公益”与“规范”属性之后，遂被拉入扶持与培育对象清单之内。一方面，合作社的价值取向符合政策激励的方向。合作社坚持以为成员服务为宗旨，坚持入社自愿，退社自由，民主管理的原则，既注重维护社员的经济利益，又坚持保障民主权益。合作社成立的宗旨便是解决一群有手艺却无销路的残疾人的生计问题，因此，重视对经济利益的维护、实现规模化生产并走向市场化是合作社现阶段的发展道路，也是未来残障人士获得长久、稳定收入来源的根本。另一方面，关注成员权益同政策激励是吻合的。在对社员民主权益的保护方面，公益助残合作社坚持民主管理的原则，将“公益”“助残”放在重要位置，民政部门、行政审批局等为合作社成员在公共场所设摊、出行、场地等方面提供便捷，体现了为民服务的宗旨。在民主管理方面，助残合作社内部重大事项，例如产品的营销，成员的退出和进入等都坚持一人一票的原则，体现了合作社的民主性，避免因追逐经济利益而损害助残合作社的公益属性。

总之，“开绿灯”的政策激励并不等于放任，必要的监管仍然是政府治理的重要内容。在公益助残合作社发展的全阶段，尽管政府没有亲自参与到合作社的建设、运行中，但在合作社发展的前期，行政审批局、民政部门的监管措施为合作社提供了合法性支持和制度保证。同时，残联和妇联等准政府组织的外部监管，也使得合作社的“产品”质量获得了进一步的保证。

六、总结与讨论

残疾人事业是中国特色社会主义事业的重要组成部分，扶残助残也是社会文明进步的重要标志。“十三五”期间残疾人就业保障业已形成了政府、社会和企业多方供给的多中心协同治理局面。在基层实践中，一些地方出现的社会企业助残行动有效缓解了残障人士就业的困局，但如何形成更为有效的治理体系，如何平衡社会企业内部利润—公益的双重目标冲突，仍然有大量问题需要解决。

C 市 B 镇公益助残合作社是社会企业介入助残的成功案例。一方面，社会企业自身激活了合作社的潜力，稳定了该镇残疾人就业格局；另一方面，通过妇联和残联两个准政府组织，合作社有效连接了政府与残疾人个体，成功实现了政府和残疾人就业“双赢”；再一方面，合作社打造的“绿色通道”满足了合作社成员的经济利益追求，客观上使弱势群体真正受益，如果将这种商业成功称之为公益的“副产品”，倒比较符合合作社的禀赋和运转逻辑。

值得一提的是，本案例中的合作社模式最先应用于残疾人就业领域，尽管是妇联组织的推动，但基础则是以政府主导的集中就业模式。政府通过筹备公益平台、合作社等机制，动员商界精英和社会企业直接为残疾人提供工作岗位，几乎成为全国各地的“规定动作”。这在客观上对社会企业提出了新课题和新要求，比如在社会企业尚未成为助残主流力量的前提下，社会组织、合作社、社区服务中心等在不同程度上践行着社会企业的角色，一旦走向深入，这种政府为主导的庇护型就业政策则需要持续更新。作为一种自组织样式，合作社在经济领域拥有成熟的组织制度和发展模式，其自身能够产生经济效益和社会效益的特征还有待被社会所进一步接纳。

大多数社会企业扎根于第三部门，位于“连接领域”的模糊边界与紧张地带极容易造成社会企业的使命飘移。在残疾人就业的合作供给机制中，“百千汇”合作社仅在一个“乡镇级”的范围内是有效的，这个草根案例也存在一些问题。比如，合作社规模小，存在行政区划的约束，目前尚未在区级层面铺开，因而在动员更多企业（主要为社会企业）、精英和残疾人群体加入方面，合作社的溢出效应还没有体现出来。据调查，借助新时代文明实践中心平台，区级的残疾人公益合作社正在筹备，可望很快落地。另外，在内部治理方面，还存在“三会”制度实施、非营利财务制度落实、股权分红的非制度化等问题。妇联和 B 镇政府已经督促整改，一些模糊边界将逐步厘清，合作社在公益道路上制度化还需要更多耐心。

（作者简介：叶雷，常州工学院马克思主义学院副教授；杨曼，华东政法大学硕士研究生）

社会企业模式与城乡实践

社会企业参与农村水利工程管理研究

王立辉

摘　要： 农村水利工程是未来乡村振兴的主要保障和物质基础，但因历史原因，农村水利工程管理存在建后管护机制不健全、重建设轻管理等问题，必须对我国现行农村水利工程运行维护管理机制进一步改革创新。论文提出社会企业参与农村水利工程管理的有效途径，用市场竞争机制来提高农村水利工程运行维护管理效率，保障农村水利工程效能的正常发挥，助力国家乡村振兴战略的实施。

关键词： 社会企业；参与；农村水利工程管理；市场机制

农村水利工程是未来乡村振兴的主要保障和物质基础，多年来，国家在一号文件中明确提出加强农村水利建设和管理，经过几十年的发展，我国农村水利事业取得了可喜的成就，为改善农业生产条件、提高农民生活水平、保护农村生态环境做出了巨大的贡献，引进了“农民用水协会”“管养分离”和“物业化管理”等规范化管理理念和管理模式，同时制定了很多政策，推动我国农村水利建设和管理逐渐走向完善化。但是，从总体来看，农村水利工程建设和管理还面临一些突出的问题，存在投入机制不完善、建设管理不规范、建后管护机制不健全、“重建设轻管理”等问题，要想消除这些制约农村水利发展的短板，必须对我国现行农村水利工程建设与运行管理模式进一步改革创新，因地制宜地建立与完善农村水利工程良性运行长效机制。

基于上述情况，本文提出社会企业参与农村水利工程管理的有效途径，力图为各地的农村水利工程提供因地制宜的建后管理模式，保障农村水利工程效能的正常发挥。同时，社会企业参与管理农村水利工程的途径也可为社会企业参与农村公益项目管理和乡村治理，提供一种可借鉴的管理模式，助力国家乡村振兴战略的实施。

一、社会企业的特点

社会企业指的是由公民或机构自发成立的，具有明确解决社会问题或满足特定社会公益需求目标的，采取有效且具有创新性解决方案，在经营活动中其社会使命不漂移的社会经济组织。

社会企业不同于非营利组织和商业企业，其优势在于创造性的实现经济效益和社会责任协调发展局面。社会企业的经营不是靠政府救济、社会同情来维持生计，它同样投入市场，根据市场经济规律来竞争，给消费者提供更优质的产品，在优胜劣汰下通过自身优势占领市场，获得更加丰厚的经济效益；同时，社会企业为解决某种社会问题而建立，比一般商业企业更具社会责任。

但总体来讲，社会企业在我国还是一个新生事物，多数社会企业成立时间较短，尚处于起步阶段，普遍面临政策支持欠缺、资金不足、专业人才匮乏、组织经营和管理能力不足、政府和社会认知有限等困境。因此，如何克服现实的困境，充分发挥社会企业在提供社区公共服务方面的优势，成为当前我国社区公共服务供给侧改革的新内容。

二、农村水利工程管理现状

农村水利工程是乡村振兴不可或缺的基础与物质条件，能够有效支持农村社会经济发展，是农村生态环境系统中不可分割的部分。相对而言，农村水利工程主要具有分布范围广、区域特色鲜明和公益性强等特点。

（一）农村水利工程管理模式及特点

我国农村水利工程有点多、面广、工程规模较小的特点，目前工程运行主要管理模式有：

1. 乡镇村集体管理模式——水管员制度

村级水管员是农村公益性水利建后管护发展过程中发展起来的，其以农村水利基础设施良性运行和农村水资源的科学发展为目标。基层人民政府根据相关规定，指导和积极发展以受益群众为主的农村公益性水利管理队伍，给予水管员适当的经济补贴，并与村民委员会有机结合，从而提高农村公益性水利基础设施的寿命，降低重复建设的年限，确保农村公益性水利工程的建设和建后管护得到可持续发展。村级水管员主要负责向本村村民宣传相关水法律法规，对村级公益性水利工程，如渠道、山坪塘、石河堰等进行日常巡查，对破坏小型农田水利设施的活动及时制止并上报，辅助农民用水户协会解决辖区内的水事纠纷，及时处理水利突发事件并上报，同时负责本村农业用水的管理及水资源保护工作，充分发挥管护员、宣传员和信息员的作用。

这是一种原有乡镇或村集体管理农村水利工程管理权的延续，在集团经济年代，对农村的水利工程管理发挥了重要作用。但在市场经济下，这种管理模式存在“集体”概念含糊不清的问题，“集体”是谁，由谁来管理是个悬而未决的问题，在这种管理模式下，容易出现农村水利工程责、权、利相分离，建、管、用脱节的现象。

2. 农民参与式管理模式——用水者协会

农民用水者协会，以工程的受益农户为协会成员，每户为一个会员，把原来属乡镇或村集体管理的工程管理权转移给用水户协会，协会是具有法人地位的服务型社会团体。协会经营具有独立性，与水管单位之间的关系是水的买卖关系，且不属于村委会管辖，农民用水者协会是农村水利管理体制改革和水利工程产权改制的结果。

农民用水者协会在工程产权改制的基础上，吸引农民更多地参与到农村小型水利工程管理当中来，期望农民能够成为工程管理的主体。这种模式是通过把部分水利工程产权及管理权转移给受益农户，组建农民自主管理的群众组织，形成具有法人地位的一种服务型社会实体。

财政对水利工程的投资力度、协会管理效率、农民参与管理的报酬是农民参与式水利工程管理需要解决的主要问题。

3. “管养分离”理念和“物业化”运行管理模式

管养分离，全称“水利工程运行管理与维修养护分离”。将水利工程维修养护人员从传统的水利工程管理单位剥离出来，独立或联合组建专业化的养护企业，彻底改变传统的水利工程维修养护的自营方式。工程需要维修养护时，水利工程管理单位通过招标方式择优确定维修养护承包人，以全面实现水利工程维修养护的专业化、社会化和市场化。

水利工程物业化管理是指水利工程管理单位使用现代化经营管理手段和先进的维修养护技术，通过签订委托合同或协议，制定管理标准和规章制度等方式，对水利工程实施管理和维护，使工程保持最好的工程状态，发挥应有效益。

随着水利工程管理体制改革的不断深入，“管养分离”已逐渐成为各地水利工程维修养护管理的常态模式。通过几年来水利工程物业化管理的积极探索，稳步推进，在提高水利工程管理市场化、专业化、社会化水平等方面管理取得了显著成效。但在具体的物业化管理模式上，物业化管理存在的利益关系及冲突、管理主体错位、服务市场机制失灵、企业与政府划分范围不明确等问题。将物业化管理理念运用于小型水库的管理中，需不断完善各项方案措施。

（二）农村水利工程管理中存在的问题

农村水利工程存在工程点多、分散、线长等特点，大量散落在农村的小型水利工程往往因管理不到位而渐渐淤塞、衰败。对于农村小型水利工程而言，重建设、轻管理的情况普遍存在，水利设施“有人用、无人管”的局面依然紧张。在市场经济发展进程中、在整个社会高度重视大项目的形势下，农村小型水利工作因自身局限，发挥出的经济效益不尽如人意。

1. 项目建后运行管理机制不健全

管理机制是提升工程运行管理效益的基础，但是受技术、观念、资金等方面的影响，农村水利工程，特别是小型水利工程项目规模小、分布不均匀，建成后配套的良性运行机制明显不足；管理自然呈现无序、混乱的情况，甚至未设有专门的管理组织，没有专门的技术维护人员，难以发挥其应用的工程效益。管理机制不完善，都在很大程度上影响农村水利工程项目的良性运行。因此，完善的运行管理机制是改善农村水利工程管理现状的关键。

2. 运行管护主体责任不到位，权责不对称

要保障农村水利工程的良性运行，各责任方主体须要各负其责，做好项目建成后的检修、维护等管理工作，但农村小型水利工程管理体制没有理顺，产权归属不明确，国家、集体、受益户三者的职责和义务没有明确的界定，工程建、管、用三者脱节，大部分农村小型水利工程基本上是有人用、无人管；加之各地长期存在重建轻管、重大轻小、重骨干轻配套的意识，造成农村小型水利工程“国家管不到、集体管不好、农民管不了”。管理不善的另外一个原因是缺乏管护资金，工程损坏、失效时管理者往往无能力履行维修和更新责任。

3. 农户参与水利工程管理意识较低

农村水利工程一般由政府部门投资建造，因此村民认为后续水利工程管理工作也理应由政府主导，村民缺乏参与水利工程管理的意识。同时，政府方面在制定水利工程管理方

案的过程中，缺少引导村民参与管理的机制，这导致后续实施管理方案的过程中，村民对管理方案的配合度低；近年来，农村非农经济的快速发展，兼业农民的比重增加，居住在农村的农民逐渐减弱了对小型水利工程管理的重视，农村水利建设和管理越来越依赖国家投入。

4. 产权改制工作较难，尚未真正落实

近年来，农村小型水利工程产权改革主要是针对现有农村小型水利工程经营不善，维护不当而言的，通过工程承包、租赁、拍卖和股份制来改变水利设施由集体经济组织或政府统一管理不善的局面，部分地区虽然实施了产权改革，取得了一定的成效，但随着农村产业结构的调整，对水利工程需求强烈的农业产业在农村经济中所占比重逐年下降，造成产权改制后的工程无法实现效用最大化，经营得不到基本的经济补偿甚至亏损。影响了民众参与产权改制的积极性，这是农村小型水利工程产权改制工作的一个难点。

三、社会企业参与农村水利工程管理的动因分析

社会企业参与农村水利工程管理，从根本上说，源于社会企业的本质与农村水利工程管理公益性特点的契合。

第一，它把社会目标的实现作为自身的首要价值，保证了其承担的农村水利工程管理的公益属性；它以商业模式从事农村水利工程管理，把农村水利工程作为一种资源整合和开展管理服务的场所，使得管理更高效。

第二，社会企业追求公共管理创新，尤其是管理内容、模式、方式的创新，这不仅有助于满足辖区内不同人群、不同产业对水利工程的多样化和个性化需求，也有利于创造新的供水服务需求。社会企业所秉持的社会企业家精神，展现的是以创新性的活动解决农村水利工程管理问题，推动农村水利工程管理的变革与发展。

第三，基于“赋权”“授能”和“参与”的理念，农村水利工程管理社会企业通过对雇佣人员和用水客户的“赋权”与“授能”，塑造受益对象的人格。通过扎根于本地，实现服务的可接近性和便捷性；社会企业有助于克服农村水利工程管理与受益民众之间的信息不对称，也有助于挖掘和利用农村的地域特色和文化价值，这从根本上激发了农村发展的活力。

四、农村水利工程管理类社会企业的特点

根据社会企业的特点和农村水利工程管理的特殊性，农村水利工程管理类社会企业的特征可以概括为：

（一）社会性，即非营利性

这是社会企业与商业企业的本质区别。商业企业通过采取各种手段实现自身利益的最大化，而社会企业是为解决社会问题而创建的。

（二）市场性，即企业经营管理方式

这是社会企业与非营利组织的不同点。非营利组织依靠政府补贴、社会捐助或筹集作为组织运作的经济基础，而社会企业借鉴商业运作的技巧和营销策略达到社会目的。

（三）公益资源性，即企业的主要社会目标

这是农村水利工程管理类社会企业与其他类型社会企业的不同点。就业类社会企业的

主要社会目标是解决社会就业问题，教育类社会企业的主要社会目标是解决教育问题，环保类社会企业主要目标是解决环境问题，而农村水利工程管理类社会企业主要是解决农村水利工程建后运行维护管理问题，带有明显的公益资源性。

（四）政策导向性

农村水利工程管理类社会企业是一种国家政策导向型企业，从加强农村水利工程管理和乡村振兴战略角度考虑，都是国家政策推动着农村水利工程管理类社会企业的发展和完善。

五、社会企业参与农村水利工程管理有效途径探索

针对上述社会企业的特点、农村水利工程管理现状及存在的问题，社会企业参与农村水利工程管理，需从与基层政府、非营利组织的良性互动，强化企业运营管理、管理服务“本土化”等途径入手，发展与提升企业，形成良好的社会企业品牌效应。

（一）建立与基层政府的良性互动机制

农村水利工程管理类社会企业与基层政府间的良性互动有一定的动力机制。一方面，在农村水利工程管理类社会企业起步阶段，当前我国的农村水利工程管理类社会企业普遍规模较小，知名度较低，而其以企业策略，通过经营活动获利来从事农村公益事业的模式更加容易受到公众的质疑，处于弱势地位的社会企业亟须政府的支持；另一方面。社会转型期，政府直接提供的农村水利工程管理公共服务往往暴露出管理的低效和责任的逃避等问题，必须借助社会企业的力量，通过市场机制的运作，创造出更高效的农村水利工程管理服务，弥补政府的公益服务缺口。

就农村水利工程管理而言，社会企业与基层政府有着一致的目标，包括管理目标、效益目标以及社会政策目标，因此社会企业经常镶嵌于政策系统中，帮助基层政府以企业的形式洞悉农村水利工程实际需求，提供更广泛的农村水利工程管理公共服务产品；同时，社会企业在与基层政府的良性互动实践中快速成长起来。

（二）完善与水利会、用水协会等非营利组织的互助合作

农村用水协会是依托于政府扶持、企业捐助和有限收入（水费）的社会组织，由于本身造血功能不足，在农村水利工程管理方面明显暴露了资金短缺、依赖性强、服务范围窄等的问题。因为农村用水协会面临着资金短缺，第一、难吸引专业人员的加入，只能依靠有爱心的义工来提供业余服务，这种状况导致了人员不稳定流动性大，低效率以及农村水利工程管理水平低下等问题。非营利组织必须依赖政府或企业捐助，其自主发展受到政府或企业的影响，有一定局限性。

农村水利工程管理类社会企业是在市场经济的框架下参照企业运行模式、参考企业发展经验，实现市场资源和非市场资源、货币资源和非货币资源之间的优化整合，改变了单纯依靠捐赠和志愿参与的方式，从而获得了越来越多的发展机会和资源。农村水利工程管理类社会企业建立现代化企业管理制度，可吸引大量有志于社会事业的专业化人才，有效解决了非营利组织资金短缺和人才短缺的问题，为其可持续发展提供了新的方向。社会企业采取市场化、商业化、企业化的运行机制。有很强的独立性，可以独立选择服务对象、独立选择竞争策略、独立支配收入，不必受外部制约，能够保证组织自主健康发展。

在农村水利工程管理市场中，农村水利工程管理类社会企业应与农村水利工程管理非营利组织（用水协会或水利会）互助合作，促进农村水利工程管理公共服务竞争机制的形成。条件成熟时，可以对相关水利会和用水协会进行社会企业转型，促进整个农村水利工程管理体制的转变。

（三）强化农村水利工程管理类社会企业运营管理，化解经营风险

社会企业参与农村水利工程管理服务，需注重提高自我造血能力和实现企业的可持续发展。第一，采取利润分配限制、资产锁定、民主治理等组织原则和治理规范对企业加以约束，建立以农村水利工程良性运行维护为目标的经营整合性机制，确保不同利益相关者的积极影响能够协调一致。第二，农村水利工程管理类社会企业在运转过程中，必须对政府和投资机构资金支持、农村基层政府的支持和合作、农村经营场所等影响因素，提出恰当的回应策略，以确保企业独立、可持续性的运营。第三，农村水利工程管理类社会企业要结合农村水利工程的特点和自身的优势，找准经营定位，提出符合农村水利工程特点和需求的价值主张。第四，通过建构稳定的、成熟的、富有特色的企业运营管理模式，以整合不同资源，优化专业业务流程，构造有效的管理服务价值，形成自身的专业核心竞争力，灵活地采取不同的营销策略，以保证社会企业的财务平衡和可持续发展。

（四）借助农村水利工程资源和农村环境特点，实现社会企业“本土化”

社会企业参与农村水利工程管理服务，需要充分借助农村水利工程本身的资源和条件，降低农村水利工程管理类社会企业的运营成本，更有利于社会企业获得工程所在农村民众的信任和支持。作为一种赋权机制，社会企业在对农村水利工程管理服务过程中也需要吸引包括志愿者、社会工作者、科研院所专业技术人员以及服务对象在内的农村居民广泛参与，实现社会企业“本土化”。

农村水利工程管理社会企业“本土化”，进一步维护和管理当地的农村水利工程基础设施，改善农村生产和供水条件和环境，促进农村经济和生产活动的良性自循环系统，减轻基层政府完善当地基础设施建设的负担。鼓励吸纳当地工程受益民众积极参与经济活动，为当地民众提供了就业机会。社会企业通过创新管理的经济活动来创造经济效益，并将创造的经济利润直接回馈到所在的农村，有利于改善当地民众的生活水平，解决农村社会问题并促进农村经济发展，助力国家的乡村振兴战略。同时，社会企业本身也在发展中得到壮大和提升。

六、结语

水利工程建设是乡村振兴的基础，管理是高效运营的关键，社会企业参与农村水利工程的管理，用市场竞争机制来提高农村水利工程运行维护管理效率，符合新时代水利改革的要求，在社会企业参与农村水利工程的管理途径和模式方面进行改革和创新，让农村水利工程管理朝着市场化、专业化、社会化方向发展，实现现代水利、高效水利、效率水利的管理新要求。

（作者简介：王立辉，福州大学土木工程学院教授）

青年助力乡村振兴的路径研究

汪　忠　董精同

摘　要：民族要复兴，乡村必振兴。社会创业作为解决社会问题的重要途径，同时兼顾经济效益与社会效益，是推进乡村发展的“助力剂”，可以创造青年创业与乡村振兴的“双赢”结果。因此，本文通过对青年任旭平创办四川旭平兔业的案例分析，将青年社会创业的研究聚焦到乡村，为我国乡村振兴增加新的路径。研究发现：青年可以通过创办乡村社会企业形成良性循环，进而促进当地乡村社会创业生态系统的形成，助力乡村振兴。

关键词：青年社会创业；乡村社会企业；社会创业生态系统；乡村振兴

一、引言

近年来经过各方的努力，中国的创业减贫与农村发展都取得了巨大成就，2020 年也是中国全面脱贫的目标年。这些年来中国创业减贫很大比例是生存型创业，农民创业的目的是提高家庭收入以维持生计。如果说摆脱贫困是中国创业减贫第一步，那么农村振兴将是中国创业减贫的第二步。因此，从创业减贫到农村振兴，这是中国社会经济发展的一个大问题，无论是在实践层面还是问题导向性的理论层面都意义重大。

社会创业作为兼顾经济效益与社会效益的组织，注重社会问题的解决，致力于实现社会的持续发展。2021 年 8 月，党的十九届四中全会强调，“重视发挥第三次分配作用，发展慈善等社会公益事业”的号召更是将社会企业的地位提升到了新的高度。

相关研究表明，农村地区是具有高水平社会资本和集体解决问题的地方，这使它们成为社会创业的理想环境。而青年本应是新时代乡村振兴的主力军，但近年来农村青年流失严重，引导青年回归乡村、参与到乡村建设中来势在必行。习近平总书记指出，人才振兴是乡村振兴的基础，要充分激发农村现有人才活力，把更多城市人才引向乡村创新创业。2019 年 4 月共青团中央印发《关于深入开展乡村振兴青春建功行动的意见》明确以培育本土人才兴乡、服务在外人才返乡、动员社会人才下乡作为重要着力点，大力培养、凝聚、举荐一批在乡村大施所能、大展才华、大显身手的青年人才，组织动员广大青年接续奋斗、服务乡村振兴战略。

因此，本文试图通过对青年任旭平创办四川旭平兔业的案例分析，将青年社会创业的研究聚焦到乡村，对中国青年借助社会创业助力乡村振兴的路径进行分析。

二、文献评述与理论基础

社会创业起源于20世纪90年代，它是兼顾经济利益与社会效益的采用商业化方式解决社会问题的创业活动，在使组织得到发展的同时，实现社会福利的增加。虽然国内关于社会创业的研究起步较晚，但对其定义的界定已非常多样。社会创业的目标不仅限于获得最大的个人创业利益，而是具有经济利益与社会效益双重目的。Mair（2006）认为社会创业是催化社会变革和满足社会需要的过程，其更关注产生社会价值。Young（2013）指出，社会企业是由社会企业家创造的，并且同时追求市场化和非市场化的目标。刘志阳（2020）表示，社会企业作为社会价值优先并兼具市场化运营的社会组织，为破解乡村振兴难题提供了新思路。

社会企业是社会创业的重要载体，在解决社会问题的过程中发挥重要作用，Dees认为，社会企业是一种多元混合体，是介于非营利组织与商业企业之间的连续体，提出了著名的“社会企业光谱图”。

尽管对社会企业的定义不尽相同，但基本都认为社会企业具有如下特征：一是强调双重价值创造。社会企业通常采用市场或商业手段解决社会问题，并且将从商业活动中获得的收益用以支持社会项目，助推社会企业从传统的“输血式”向“造血式”的可持续发展转变。二是社会问题导向性。社会企业在兴起之初以解决失业和贫困问题为主，后来逐渐扩展到环境保护、社区营造等领域，但始终以解决社会问题为核心的价值取向。

尽管对于社会创业已有大量研究，但大都是对于社会创业的宏观研究，聚焦于乡村社会创业的研究还较少。由于乡村具有贫困群体较多、教育落后、资金缺乏活力和村民间联系较为密切等特点，针对乡村社会创业的研究势在必行，近几年来少数研究者开始关注社会创业如何促进乡村地区的发展，但研究主题比较分散。本文将乡村社会创业定义为以农民为主体的个人或组织，在“社会使命”激发下，通过与政府、市场部门以及非营利组织的协作，面向农业农村农民需要，创办采用商业手段解决乡村发展的社会问题，主张经济和社会效益的均衡，以增进社会整体福利为价值导向，以创新为发展动力的企业，目前主要表现为家庭农场、农民合作社等形式。

社会企业被认为是与传统农村生活的特征相一致的。与农村相关的集体劳动，对于社区发起和运作的社会企业具有重要意义。与城市环境相比，农村地区更倾向于更有关系的运作，因此有一种观念认为，村民拥有并因此能够部署社会资本，从而更容易将集体倡议聚集在一起。尽管社会企业部门和政府内部发出了各种言论，但大多数社会企业仅靠销售商品和服务是不可能持续下去的。这在一定程度上可能归因于对更侧重于商业的方法的传统敌意，特别是在更自愿的部门型组织和人们中，他们通常抵制风险。因此，在农村地区维持社会企业是复杂的，需要大量的培育和支持。

创业生态系统是指由创业者将人力、财力、专业资源和政府政策环境组成的网络。社会创业生态系统从创业生态系统演化而来，由主导社会企业、政府部门、非营利组织等机构，以“社会责任”为纽带，形成的彼此依存而相互影响的动态平衡系统，在全社会范围内形成的基于共同使命和价值导向、共存共生、协同配套的产学研相结合的社会创新体系，具有类似自然生态系统的一般生态关系特征。该系统具有“以解决社会问题，增进社会整体福利为价值导向，以履行社会责任为连接纽带，以创新为发展动力”等区别于传统创业系统集群等研究对象的显著特征。社会创业生态系统一旦形成，就会形成一个良性循环：社会企业利润越多，其解决的社会问题也越多，对于实施乡村振兴战略是一种创新且有效的理念与方法。

三、研究设计

（一）研究方法

案例研究是一种普遍被采用的研究分析方法，是针对管理实践中新现象分析和理论验证的有效方法。案例研究具有现象的丰富性，对现象进行详细描述，用于回答“怎么办”及“为什么”的问题。本文要研究的问题是青年如何通过乡村社会创业如何助力乡村振兴，是研究“怎么办”的问题，因此，本文的研究适合使用案例研究。本文采用利于全面深入研究的单个案例研究方法进行探索性研究分析。

（二）研究样本

孙海法等（2004）认为案例研究的主要聚焦对象可以是个体、组织乃至社区，研究对象的选取主要取决于所研究的问题及案例是否具有针对性。本文以任旭平创办的旭平兔业作为案例，主要基于以下几点考虑：第一，任旭平出生于四川省大邑县晋原镇鸳鸯村的一个农户家庭，初中毕业开始在四川省大邑县创办旭平兔业，是典型的农村青年乡村社会创业。第二，旭平兔业从起步至今已有三十多年历史，以旭平兔业为主导的社会创业生态系统已基本成型，便于深入分析研究。第三，考虑到相关数据搜集的有效性与便利性，旭平兔业已初具规模，且具有一定名气，相关资料较多且便于收集。

（三）数据收集

本研究主要采用二手数据。与一手数据（如访谈）相比，二手数据具有可复制性和客观性的优势。本文研究乡村社会企业对乡村振兴的影响方式，通过网络、报刊等途径搜集样本的相关信息，进而对信息进行整合分析，研究所需的数据可以通过公司官网、公开的媒体和相关文献检索得到。

四、案例分析

（一）案例描述

任旭平于1967年出生于四川省大邑县晋原镇鸳鸯村的一个普通农户家庭。13岁初中毕业，因为家庭经济困难，他辍学回家，苦苦找寻人生道路。这时，爸爸买了两只母兔让他喂养。在他的悉心喂养下，一只母兔产下了8只小兔，他把8只小兔提到市场上卖了12元钱，从此开始创业之路。

任旭平钻研养兔科学技术，先后到大邑县科委县科协县畜牧局、温江农校、四川农业大学、四川畜牧兽医研究所等学术科研单位进修和请教老师，并到上海、江苏等地考察学习。任旭平通过对比分析、不断总结，探索优化出一套独特的养兔方法，找到了切实可行的现代科学的养兔模式。

与此同时，他与美国国际小母牛组织合作，该组织向贫困家庭提供牛、绵羊、兔、猪、蜜蜂等家畜，希望每一次捐赠都能使受助者能够自给自足，参与国际小母牛组织的家庭被要求“传递捐赠”，将家畜幼崽赠送给其他需要帮助的贫困家庭。美国国际小母牛组织向旭平兔业赠送了优质种兔，加上任旭平过硬的养兔技术，他的兔场生产规模迅速扩大，获得了良好收益。到1985年，18岁的任旭平纯收入达到10万元，拥有了一个占地6亩，1600个笼位的兔场，成了远近闻名的“养兔状元”。

任旭平致富后开始思考，如何使家乡的贫困乡亲脱贫。在四川省畜牧食品局、大邑县委、县政府等政府机关和事业团体的支持下，年仅18岁的任旭平正式成立“四川省大邑县旭平养兔技术学校”（简称旭平兔校）。旭平兔校在二十多年间已培训30多万名学员，这些学员来自全国各地，有工人、农民、退休职工、解放军战士和小学生等，年龄最小的12岁，最大的75岁。在旭平兔校的30万养兔学员中，80%以上的学员靠养兔实现了脱贫致富，20%以上的学员成了专业大户，部分学员靠养兔成了百万富翁。许多学员还荣获了省、市、县“劳动模范”“三八红旗手”和“致富能手”等称号。川、渝两地的养兔大户几乎都是旭平兔校的学员。在任旭平及他的学员的带动下，四川省的养兔业规模荣登全国第一。此外，任旭平先后到部队驻军学校、贫困地区开展养兔技术义务培训活动1000多次，义务培训学员6万多人。在二十多年间，他先后在《中国养兔杂志》等报纸杂志上发表养兔技术文章上百篇，并自编《乡土养兔》《怎样养兔》等多本教材。

我国农村普遍存在的问题是农民不懂科学技术、缺少文化、打工无组织。任旭平夫妇基于25年农村社区工作经验，于2006年在民政局注册成立了民间公益组织——“兔王扶贫研究中心”，其宗旨是“关注人、自然、经济、社会的和谐发展，承担社会责任和爱护社会环境”。他借鉴国际HPI礼品传递模式，设计出“爬地草”运动科技扶贫工程，他向贫困户家庭提供4组（1只公兔、4只母兔为一组）良种兔并传授养兔技术，帮助贫困户家庭通过养兔致富，该户再以同样的方式再传递给下一个家庭，并由研究中心、旭平兔校负责技术指导。任旭平无偿解决农民生产所需的技术、启动资金、市场等问题，帮助农户树立科学养兔的信念，仅大邑县就带动1.7万养兔农户，户均年增收4000元以上。他倡导和践行“养殖与环保协调发展”的“生态循环种养模式”，在全国1000多个县推广和应用，被联合国粮农组织官员和环保专家称为“另类扶贫”。

多年来，任旭平和工作人员根据实地调查发现，现在许多无法富裕的农村家庭不是缺资金和劳动力，而是缺对未来的规划。他们脑子里依旧是“今天吃饱不管明天”的观念，一遇到孩子上大学，或者家里人生病等突发情况，钱就不够用。对这部分人，兔王扶贫研究中心不投入资金，而是给他们做小农户发展计划的培训，教农民细分时间，规划未来，这样的理念培训，并没有直接提供资金、种子和设备，却让一个农村家庭有了未来三年的目标，有了动力。其中，村民李玉梅是小农户发展计划的学员之一。

2008年汶川地震，李玉梅家的兔子都被砸死，为了帮她渡过难关，任旭平再一次赠送了兔子，一切从零开始。当李玉梅家的生计恢复后，她便将自己的兔子借给村民们养，生下的小兔子归村民所有。没有人要求她这样做，只是她通过培训明白，只有让大家都发展起来，形成一个市场，来收购兔子的人才会越来越多。在不知不觉中，李玉梅传递着兔王扶贫研究中心的宗旨。

可持续生计是任旭平渴望最终实现的目标。旭平兔业逐步发展成为集“科工贸、产学研”为一体的兔业龙头企业，先后创办了养兔学校、良种兔场、食品公司、兔业科技园、成都兔业工程技术研究中心、皮草公司、兔王扶贫研究中心等机构。他教农户养兔技术，帮他们打开市场，对增加收入来说这是可持续的；肉兔基地的建设增加草场面积4万多亩，兔子粪便可以生产沼气，带来清洁能源和优质有机肥，有机肥可以改良土壤，这样种植的果蔬产量也会提高，同时还可以防止农民燃烧秸秆，净化空气，防止水土流失，有力地改善当地生态环境，对环境来说也是一种可持续。即使兔王扶贫研究中心不再帮扶，农户也能继续生产。

（二）案例分析

纵观旭平兔业的发展过程，任旭平仅凭几只兔子便开启社会创业之路，说明乡村社会创业门槛低、机会多，适合青年在乡村创业，实现自己的抱负与理想。此外，任旭平在取得了巨大收益的同时，积极开展义务培训、免费提供优良种兔和技术支持、创办养兔学校、创立兔王扶贫研究中心，兼顾经济效益和社会效益，完美诠释了社会企业的内涵。单从旭平兔业内部来看，旭平兔业靠着科学养兔，实现创收，兔子粪便用于生产沼气，带来清洁能源，并生产优质有机肥。有机肥除了帮助村民提高果蔬的产量和质量，还间接阻止了村民燃烧秸秆，改善了当地的生态环境。同时，靠着养兔的收益保证了养兔学校及扶贫中心的正常运行，在企业内部形成循环经济，保证了乡村社会企业的可持续发展。

在旭平兔业的发展过程中，该社会企业吸引了大量的社会资源。在外在推动方面，任旭平在创业的过程中得到了政府的大力支持，国家领导和当地领导都曾多次与他谈话，鼓励他带着乡亲一起富裕起来。在重点支撑方面，得到了非营利组织——美国国际小母牛组织的帮助，获得了创业所必需的优良种兔，迈出了创业的第一步。在辅助方面，任旭平的创业之路受到了各方媒体的关注，扩大了企业知名度，吸引了越来越多的村民加入养兔的队伍中来，此外，任旭平多次到温江农校、四川农业大学等学术科研单位进修和请教老师，理论指导实践，用科学的方法提高兔的产量与质量。在协同方面，在旭平兔业的帮助下，孵化出了许多养兔企业，他们仍然依照社会企业的准则，帮助其他村民，同时反哺旭平兔业，使四川省的养兔业规模荣登全国第一。随着旭平兔业的不断壮大，社会创业各主体频繁的互动，促使乡村社会创业生态系统逐渐成形。

在乡村社会创业生态系统的作用下，乡村农产品质量不断提升，农民适应生产力发展和市场竞争的能力稳步上升，村民的收入不断提高，同时，农村环境和生态问题有所改善，乡村发展整体水平稳步上升，真正实现了乡村振兴。

五、结论与启示

乡村振兴是中国特色社会主义进入新时代后“三农”工作的重大战略任务，青年本应是新时代乡村振兴的主力军，参与乡村振兴是当代青年必须承担的责任和使命，但近年来农村青年流失严重，如何引导青年回归乡村、参与到乡村建设中来，借助青年力量推进乡村振兴进程成为当前亟待解决的重要问题。在这种背景下，青年社会创业的优势日渐突出。本文通过对社会创业概念的研究，提出了乡村社会创业的定义，基于对四川旭平兔业案例的研究，认为青年可以在乡村创办社会企业，并在社会企业内形成循环经济，促进当地社会创业生态系统的形成，形成良性循环，助力乡村振兴。通过深入分析发现，乡村社会创业有利于加强村民间的联系，营造村民间互帮互助的良好氛围，而乡村社会创业生态系统的形成，有助于扩大社会企业的影响力，进而影响乡村社会创业的外部环境。本研究在一定程度上回答了乡村青年如何通过社会创业助力乡村振兴的问题，同时也拓展了青年社会创业理论在乡村情境的发展。

（作者简介：汪忠，湖南大学教授；董精同，湖南大学硕士研究生）

社会企业力量与助推乡村振兴

李 莹

摘 要： 本文分析了如何运用辩证思维深悟社会企业参与乡村振兴，运用党建工作引领社会企业参与乡村振兴，运用慈善力量赋能社会企业参与乡村振兴，运用法律武器保障社会企业参与乡村振兴。

关键词： 社会企业；乡村振兴；共同富裕

在高质量发展中促进共同富裕，离不开大力发展社会企业，也离不开全面推进乡村振兴。社会企业是指以有效追求社会效益为根本目标，持续用商业手段提供产品或服务，解决社会问题，创新公共服务供给，助力乡村振兴，并取得可测量的社会成果的企业或社会组织。党的十九大提出实施乡村振兴战略，最重要的政策内涵是统筹城乡融合发展，实现农业农村现代化。乡村振兴战略从指导思想上打破了“城乡二元”发展思维，赋予农村发展和城市化同等重要的地位，更赋予了社会企业参与乡村振兴工作广袤的空间。笔者认为，汇聚社会企业力量、全面助推乡村振兴，要从四个方面着力。

一、运用辩证思维深悟社会企业参与乡村振兴

辩证思维是唯物辩证法在思维中的运用，以变化发展的视角分析社会企业的社会价值，认识社会企业参与乡村振兴的辩证关系及其重要意义，在当前和今后一个时期显得尤为必要。

首先认识社会企业的公平价值与迈向共同富裕的辩证统一。社会企业的本质是企业家将部分甚至是全部个人资本让渡出来转化为社会公共资本，将资本收益用于服务特定的社会弱势群体或特殊群体，在解决社会问题、实现社会公平方面具有独特价值。共同富裕是社会主义的本质要求，是人民群众的共同期盼，也是实施乡村振兴战略的题中应有之义。广大社会企业扎根各行各业，应当在迈向共同富裕的伟大旗帜下实实在在地为解决“三农”问题、全面推动乡村振兴增砖添瓦、贡献力量。

其次认识社会企业的效率价值与高质量发展的辩证统一。社会企业能够提供比传统非营利性组织和政府组织更具效率的解决社会问题的方案，创造出更便捷的产品和服务，并且致力于开发主流商业企业不能或不愿介入的市场领域。社会企业在乡村振兴中的效率价值则在于它代表了一个社会对乡村弱势群体和农村自治组织的赋权，能褒奖自强不息奋发有为的集体和个人，并且增加了社会中雇佣群体的多样性。社会企业的效率价值完全符合

以“建立健全绿色低碳循环发展的经济体系”为重点的高质量发展的要求。高质量发展的根本在于农业农村经济的活力、创造力和竞争力，而农业经济的活力、创造力和竞争力都与绿色发展紧密联系在一起。离开绿色发展，农业经济便丧失活水源头而失去了活力；离开绿色发展，农业经济发展的创造力和竞争力也就失去了根基和依托。绿色发展是乡村振兴中速度经济转向高质量发展的重要标志。为此我们要学好用好辩证法，审时度势，科学设计，以辩证思维来把握社会企业具有的效率价值优势，推动社会企业参与新时代农村经济绿色发展高质量发展，动员社会企业为解决乡村振兴的社会问题加大力度加快步伐。

再是认识社会企业创新价值与光彩事业发展的辩证统一。与其他企业比较而言，社会企业往往能较早地发现农村社会发展和变迁中产生的真正问题和真正的需求，能针对这些问题用创新性的方式对农村社会资源进行整合，并寻求解决特定问题和满足社会需求的有效方案。进而通过技术创新和服务创新为全面实施乡村振兴战略增光添彩。中共中央统一战线工作部印发《关于深入推进新时代光彩事业创新发展的意见》，明确指出“推动公益模式创新。探索实现商业思维、科技力量与公益慈善实践的有机结合，在促进解决社会问题中更好地发挥企业家智慧和才能。支持探索发展慈善信托、社会企业、公益创投、影响力投资等新模式，总结推广典型案例和成功经验。加强民营企业参与公益慈善理论研究和创新，推动中国特色公益慈善理论实践的丰富和发展”。由此可见，社会企业既是推动公益模式创新的重要方阵，更是参与乡村全面振兴的有生力量。我们应强化社会企业的创新价值，强化光彩事业的价值导向，强化乡村振兴的价值观念。大力弘扬“义利兼顾、以义为先”的社会企业精神，牢固树立积极进步的新财富观，正确领悟和处理企业与国家、企业与乡村、先富与后富、物质财富与精神财富的关系，为新时代社会企业家精神注入更多昂扬向上的思想内涵，营造“当乡村振兴人、立乡村振兴业、干乡村振兴事”的浓厚社会氛围。

二、运用党建工作引领社会企业参与乡村振兴

办好中国的事情，关键在党。无论是大力发展社会企业，还是全面推进乡村振兴、加快农业农村现代化，都必须切实加强党的领导，发挥党建引领作用。社会企业通过商业运作解决农村社会问题，它利用商业运作的方式创造利润，但创造利润不是用来为企业的投资者进行资本积累和分配，而是为实现既定的社会目的，如用于乡村的环境改善或帮助那些处于困境的农民群众。社会企业的这种公益模式创新均来源于社会企业党组织的坚强领导和党员干部的示范带动。

2017 年 10 月 18 日，习近平总书记在党的十九大报告中提出实施乡村振兴战略时强调，“农业农村农民问题是关系国计民生的根本性问题，必须始终把解决好‘三农’问题作为全党工作的重中之重”。乡村是具有自然、社会、经济特征的地域综合体，兼具生产、生活、生态、文化等多重功能，与城镇互促互进、共生共存、共同构成人类活动的主要空间。乡村兴则国家兴，乡村衰则国家衰。乡村振兴战略的主要内容是“七个坚持”，而第一个重要内容就是要“坚持党管农村工作”。

社会企业参与乡村振兴，必须坚持以党建为引领。党建引领作为主题主线，一头连着社会企业，一头连着乡村振兴。它们之间的关系犹如“车之两轮、鸟之双翼”缺一不可，“须臾不可游离”。党建引领社会企业参与乡村振兴，党组织起着核心和领导作用，承担

着更大的社会责任，扮演着“超越者、引导者、联结者、整合者”的角色。要坚持以人民为中心的思想，让“人民就是江山、江山就是人民”的理念在头脑中扎根，让党的建设走在社会企业参与乡村振兴的最前面，并引导它与党的全心全意为人民服务的宗旨相吻合，关注乡村社会发展和民生福祉。

一是加强政治建设。切实增强“四个意识”、坚定“四个自信”、做到“两个维护”、牢记“国之大者”。坚持用习近平总书记“七一”重要讲话精神武装头脑、指导实践、推动工作，发挥党的科学理论的实践伟力。持续深入开展党史学习教育，切实增强矢志爱农为农的使命担当，为乡民立命，向村野求真。

二是加强组织建设。按照政治过硬、本领过硬、作风过硬的要求，着力建强县乡领导班子和社会企业驻村工作队，激励广大干部和社会企业人才在乡村振兴中建功立业。持续加强村党组织带头人和驻村社会企业工作队建设，派强用好驻村第一书记和驻村党员干部，充分发挥基层党组织战斗堡垒作用和党员先锋模范作用。

三是加强能力建设。深化习近平新时代中国特色社会主义思想学习教育，大力开展乡村振兴主题培训，提升党员干部群众和社会企业家的思想认识和实践本领。加大政府购买服务力度，吸引社会企业、社会组织、社会工作人才投身乡村振兴。加大本土社会工作专业人才培养力度，鼓励村干部、年轻党员等参加社会工作职业资格评价和各类教育培训。加快构建党组织领导的乡村治理体系，把党的政治优势、组织优势转化为乡村振兴的综合能力。

四是加强自身建设。“打铁还需自身硬，无须扬鞭自奋蹄”。社会企业参与乡村振兴，加强党的建设是重点，加强社会企业自身党的建设尤为重要和紧迫。加强社会企业的党建工作是强化基层党建工作的重要组成部分。要将加强党建工作贯穿于持续推进社会企业发展和推动乡村振兴战略的全过程，把党建工作的相关要求写入社会企业的发展规划与企业章程，写入社会企业驻村工作队工作规划和帮扶方案，推动符合基本条件的社会企业和驻村工作队尽快建立党组织，做到“应建尽建”。积极开展社会企业党员教育活动，用先进理论武装党员，用党章党纪约束党员，加强党员的日常管理。要推动在社会企业中发展党员，将有入党意愿、思想先进、工作勤奋、努力为社会服务为乡村振兴出力、符合条件的社会企业员工吸纳到党员队伍中来，不断为党组织输入“新鲜血液”，实行党组织和党员在社会企业中的“全覆盖”。要建立社会企业党建工作的专项考核激励机制，提高党员队伍和党务工作者投身党建工作的积极性、主动性和创造性。社会企业还应成为社会企业学术理论思想的宣传阵地，主动开展学术交流和智慧碰撞，积极构建和谐向上的组织氛围。以高水平的党建工作确保社会企业发展的先进性，保证社会企业始终以服务群众、服务社会、解决社会问题为目标，既实现社会企业的高质量发展，又为汇聚社会企业力量、全面推动乡村振兴提供全面的党建引领和有力的组织保证。

三、运用慈善力量赋能社会企业参与乡村振兴

社会企业兼具社会属性和经济属性，是社会企业家承担社会责任更高级更彻底的创新形式，是调动新社会阶层投身第三次分配与慈善事业的有效形式。根据 2018 年中国慈善项目交流展示会的社会企业认证结果表明，在我国约 40% 的社会企业关注消除贫困领域。就是说，大力发展社会企业可以有效巩固拓展脱贫攻坚成果，实现同乡村振兴的有效衔

接，是全面实施乡村振兴战略的重要手段。

随着《中华人民共和国慈善法》（简称“慈善法”）的颁布和中国慈展会社会企业认证工作的进行，社会企业参与乡村振兴的影响力正在不断扩大，社会企业自身也得到长足发展。《慈善法》出台的五年也是社会企业成长壮大的五年。慈善力量的赋权赋能使得社会企业在长城内外犹如“雨后春笋层出不穷”，也使得社会企业参与乡村振兴在大江南北好比“芝麻开花节节高”。

一方面，社会企业成为助推乡村振兴的“善经济”的载体。慈善组织是依法设立并以慈善活动为唯一目的的非营利性社会组织。社会企业同样是以社会公益目的为存在宗旨，而且社会企业可以创办慈善组织，慈善组织同样可以设立社会企业。国内外一些“用投资方式来帮助解决贫困问题”的基金会专注于社会企业投资，投资领域包括发展保障性住房、创造就业机会和保护环境等。例如，残友集团是中国知名的社会企业。作为一家由残疾人自己创建、管理，员工也基本都是残疾人的机构，残友已经成为软件外包领域颇具规模和知名度的社会企业。残友名下现有 1 家慈善基金会、8 家非营利性机构、32 家高科技社会企业，为数千名受过教育且能生活自理的残障人士提供了集中稳定的就业机会。长沙市上善助残服务中心在岳麓区坪塘街道办事处长塘村村民谢向前的带领下，践行“上善于心、厚德于人”的理念，通过助残善学堂、助残善农场、助残善家园、助残善工坊等一系列品牌公益项目，积极推进农村残障人士自主就业增收，满足自身生存需求。他们已成长为社会企业善经济助力乡村振兴大发展的“百花园中的鲜艳奇葩”。

另一方面，社会企业成为助推乡村振兴的“善文化”的标杆。与初次分配关注市场经济效率、再分配以强制性行政手段促进社会公平正义不同，社会企业发挥了重要作用的第三次分配则主要依靠“精神力量”，奉行“慈善文化”，通过人性的温暖和善念的化人促进社会资源在城乡之间和不同群体之间的微观均衡流动，能够有效弥补市场失灵与政府失灵之处，是对初次分配和再分配的有益补充，是对巩固拓展脱贫攻坚成果、统筹推进实施乡村振兴战略的有力帮助。社会企业助推乡村振兴的“善文化”主要体现在处处彰显了善利兼顾、以善为先的“善观念”，能自觉把企业发展融入实现农业强、农村美、农民富和民族复兴、人民幸福的时代伟业，做到富而有德、富而有爱、富而有责。还体现在采取了自强不息、止于至善的“善行动”，激发创业创新创造的内在动力，引导资本向善、商业向善、科技向善、文化向善、财富向善，促进乡村社会和谐、稳定、进步。湖南省慈善总会副会长、富基实业集团董事长、党委书记魏朝阳坚持把服务社会、造福乡村作为社会企业的目标宗旨，培育出社会企业特有的企业文化：铸魂育人守初心，乡村振兴担使命。2011 年 4 月 25 日魏朝阳充满激情地成立了首家中国特色社会主义社会企业——湖南温馨置业有限公司，公司注册资金 800 万元，落户长沙市望城区。望城是雷锋的故乡，一个充满奉献友爱和慈善文化的地方。魏朝阳创办的社会企业一心向善行善、善行乡村，将雷锋精神发扬光大，特别是在打造“善文化”的标杆方面，魏朝阳和他的社会企业为实现“持续造血、持续公益”的理想，注册登记了湖南省朝阳公益基金会，组建了 13 个“富基 · 温馨爱心”公益团队，在农村开设 21 个“富基 · 春晖班”持续性资助农村贫困的高中生或大学生 1200 多人，加上参与“大爱平江”扶贫助困慈善协会和“十八洞村”所在的花垣县乡村振兴等活动，累计捐款 3000 多万元，荣获全国“最具爱心捐赠个人”称号，受到李克强总理的亲切接见。魏朝阳还矢志不渝地探索和实践中国特色社会企业的文化体系建设，把慈善力量与公益文化紧密结合，让社会企业的文明之花开遍乡村振兴的康庄大道。

从善经济、善文化的经典案例中可以看到“小慈善”已扩大为“大慈善”，传统慈善已转型为现代慈善。在这种扩大和转型中社会企业功不可没。当然汇聚社会企业力量、全面推动乡村振兴仍然任务艰巨、任重道远，仍然需要我们不忘初心、牢记使命，大力弘扬共同富裕下的社会企业精神和慈善公益文化，真正做到发展为了人民、发展依靠人民、发展成果由人民共享，积极投身到乡村振兴的火热实践中去，为搞好第三次分配和慈善事业发展营造阳光友好、积极向上、人人向善、人人行善的良好社会氛围。

四、运用法律武器保障社会企业参与乡村振兴

社会企业既是非营利组织发展到一定阶段的产物，同时亦是市场经济发展到一定程度的必然结果。社会企业在乡村振兴发展中便有助于提升农村社会的生产力和竞争力，能够为农村公共服务的提供和改革引入新方法，还可以通过可持续的农业经济活动创造农村财富。社会企业在全面实施乡村振兴战略的发展大势面前，已初步显现出“叫好”又“叫座”的光明前景。但由于社会企业发展存在“先天不足”与“后天失调”的错位现象，以致“我国社会企业在行政合法性、社会认知合法性和法律合法性等方面都遭遇困境”。然而，2021 年 4 月 29 日第十三届全国人大常委会通过并颁布的《中华人民共和国乡村振兴促进法》恰逢其时地给汇聚社会企业力量、全面推动乡村振兴注入了“清醒剂”和“强心针”。

（一）要充分认识其重要意义

习近平总书记指出，从中华民族伟大复兴战略全局看，民族要复兴，乡村必振兴。脱贫攻坚取得胜利后，要全面推进乡村振兴，这是“三农”工作重心的历史性转移。乡村振兴促进法包括乡村产业振兴、乡村人才振兴、乡村文化振兴、乡村生态振兴、乡村组织振兴这五个方面的相关法律规定。乡村振兴促进法是实施乡村振兴战略的法治基石、法治保障、法治利器。它既是落实习近平总书记的重要讲话精神和社会主义法制的基本要求，做到有法可依、有法必依、执法必严、违法必究，又为社会企业推动乡村振兴破难题、开新局、聚合力提供了法律遵循和有力抓手。必须充分认识乡村振兴促进法颁布的重大现实意义和深远历史影响，把认真学习、深刻领会、贯彻落实《中华人民共和国乡村振兴促进法》贯穿于社会企业参与乡村振兴工作的全过程。

（二）要学深悟透其条文本义

乡村振兴促进法将中共中央、国务院关于乡村振兴的重大决策部署和各地行之有效的实践经验法定化、制度化，对产业发展、人才支撑、文化繁荣、生态保护、组织建设等乡村振兴重点任务作出了全方位规定，既指明了鼓励倡导的方向路径，又划出了禁止限制的底线红线，为尊重农民主体、坚持因地制宜、保持历史耐心、确保乡村振兴不走偏不走样提供了重要依据，有利于保持政策的连续性和稳定性，举全党全社会之力推进乡村振兴，为新时代促进农业高质高效、乡村宜居宜业、农民富裕富足提供有力法律武器。就社会企业而言，积极寻求与县乡政府和村（社区）自治组织合作，开展社会企业助推乡村振兴的“领跑工程”已有了“尚方宝剑”。

为共筑乡村振兴梦，必须依法创新商业模式。商业模式是企业价值创造的基本逻辑。乡村振兴战略是一个系统解决乡村问题的方案。理解乡村振兴促进法，实现“产业兴旺、生态宜居、乡风文明、治理有效、生活富裕”的目标，关键要以项目振兴、产业兴旺为支撑。为此社会企业应在一定的农业产业链农产品供应链中通过提升产品和服务水平，加快农村供给侧改革，提升以市场化手段实现社会企业赢利增值的目标，提升价值链。通过抓社会企业的核心竞争力，利用比较竞争优势资源，并大胆将非优势环节外包出去，创新商业模式，从而提升服务农村社会和乡村振兴的能力。

为共筑乡村振兴梦，必须依法进行道德消费。道德消费是人们在日常消费行为中所体现出来的一种对人类自身及整个世界的关怀意识，该意识会引导消费者在进行消费时更倾向于选择那些包含更高道德因素的产品或服务。消费者会选择以同样的价格甚至更高的价格购买革命老区、边疆地区、民族地区、贫困地区出产的农产品以增加“四区”农民的收入。随着消费者乡村振兴意识的增强，城乡居民乐于通过消费那些积极承担社会责任的公司的产品和服务来支持社会企业的道德行为，并将这种消费观视作理性的、负责任的、有品位和时尚的消费行为。这也是完全符合乡村振兴促进法条文本义的行为。依法创新商业模式、依法开展道德消费，这对于社会企业和乡村振兴而言均是一件好事。

（三）要践行力行其实际要义

马克思曾经说过：“一步实际的行动比一打纲领更重要”。这句话告诫我们应当将伟大的社会企业目标转化为全面推动乡村振兴的实际行动。没有实干，最好的思路只是“纸上谈兵”；没有成效，最好的路径也是“空中楼阁”。社会企业参与乡村振兴应围绕农业强而激发农业领域活力当好“联络员”，围绕农村美而努力改善人居环境当好“宣传员”，围绕农民富而广辟增产增收门路当好“服务员”。

践行乡村振兴促进法的实际要义，要围绕实施乡村振兴战略，聚焦乡村振兴重点帮扶县，以“万企兴万村”行动为主要抓手，引导社会企业将资本、技术、人才、管理、数据等生产要素注入农业农村，助力提升农业农村现代化水平。引导社会企业深度开发乡村特色资源，促进农村一、二、三产业融合发展，培育新产业、新业态、新模式。引导大型电商社会企业和平台社会企业加强城乡市场对接，帮助特色农产品稳定销路。引导文旅、环保类社会企业参与乡村文化建设和乡村生态保护。引导社会企业中的农业产业化龙头企业以教育培训、技术支持、创业指导等方式，帮助培育新型农业经营主体，培养乡村本土创业人才。鼓励大中型社会企业设立乡村振兴基金，更多的搭建全面推动实施乡村振兴战略的公益平台。

力行乡村振兴促进法的实际要义，社会企业还应注重介入乡村精神文明建设，通过乡村组织和能力建设的过程，把农耕文明的优秀遗产和现代文明要素有机结合起来，并赋予其新的时代内涵，让优秀传统文化生生不息，让历史悠久的农耕文明在新时代展现其独特的魅力与风采，让既“塑形”又“铸魂”的社会主义新农村成为充满希望的广阔天地。

（作者简介：李莹，复旦大学党委办公室副主任）

社会企业与湖南养老服务发展的新思路

李敏芳

摘　要： 社会企业是一种兼具公益性和市场性的新型组织形态，强调通过市场运作实现社会公益目标，其在社会领域特别是养老服务中发挥着独特的作用。然而，湖南养老服务类社会企业尚处于探索阶段，面临着价值认知、制度支持、能力建设等方面的困境。如何解决社会企业在参与养老服务过程中遇到的问题，激发社会企业的活力，提升其创造力成为当前要义。

关键词： 社会企业；养老服务；新思路

湖南自1996年进入老龄化社会以来，老年人口数量和占总人口比重持续增长，带给政府管理和社会治理不少压力，如何更好地解决养老问题，为广大老年人提供优质的养老服务，成为当前亟待解决的问题。长期以来，由于受传统文化与照顾观念的影响，不少老年人的照护服务仍由家庭供给，养老成本和负担主要由居民家庭承受。尽管也有政府机构的养老选项，但财政投入压力大，且养老服务个性化程度不高。近年来，更多民间机构广泛地参与到养老服务中来，不仅丰富了养老服务的内容，提高了养老服务供给的质量，也减轻了政府财政的不少压力。其中，社会企业就是民间机构的主要代表。

一、当前湖南人口老龄化的特征

在2020年度湖南省第七次全国人口普查中，全省常住人口6644.4864万人。其中，60岁及以上老年人口1321.1281万人，占全省常住人口总数19.88%；65岁及以上老年人口984.2067万人，占全省常住人口总数14.81%。与2010年湖南省第六次全国人口普查相比，60岁及以上人口的比重上升5.34个百分点，65岁及以上人口的比重上升5.04个百分点。按照联合国关于老龄化划分标准，65岁以上人口超14%，即是深度老龄化社会。内地31个省市自治区中，已经有辽宁、重庆、四川、上海、江苏、黑龙江、吉林、山东、安徽、湖南、天津、湖北12个省市步入深度老龄化社会，其中湖南位列10。

“未备先老”问题突出。老年抚养比也称人口负担系数，指非劳动年龄人口数与劳动年龄人口数之比。根据区域内“65岁以上、15—64岁”两个年龄段计算抚养比，可以反映出劳动人口“上养老”的负担情况。根据第七次全国人口普查数据可知，湖南的老年抚养比为22.55%，居重庆、四川、辽宁、江苏、山东、安徽之后，位列第七，相当于4个劳动年龄人口要负担1名65岁及以上的老年人。随着湖南进入深度老龄社会，60后的婴儿潮将进入70—80岁，且多为独生子女家庭，赡养老人的负担陡然增加。虽然湖南建立了基本覆盖全民的社会保障制度，但社保体系尚不完善，政府养老投入能力有限，持续低生育率导致人力资本补偿不足，赡养成本增高，负担加重，湖南为养老经济所做的准备还远远不够。

老龄化区域发展不平衡。湖南14市州老龄化水平分布不均。60岁及以上占比：常德市25.02%，全省第1；益阳市22.65%，全省第2；长沙市15.33%，全省最低。按照联合国标准，常德、益阳、湘潭、张家界、怀化、邵阳、岳阳、衡阳8市60岁及以上老年人口比重超过20%，进入中度老龄化阶段；有长沙、株洲、郴州、永州、娄底、湘西自治州6市州60岁及以上老年人口比处于10%—20%之间，处于轻度老龄化阶段。究其原因，大城市对于青壮年人才有着绝对的吸引力，像长沙市的人口比较年轻，距离长沙较近的常德、益阳、湘潭城市老龄化比较严重。同时，人口流动跟经济有着相当紧密的关系，张家界产业少的人口外流则比较严重。

以上不难看出，随着国内外经济社会发展环境的深刻变化，湖南的养老问题变得极具挑战性，而养老服务作为一项准公共产品，其仅依靠政府供给是无法满足广大老年人对美好生活需求的，因此调动全社会力量参与养老事业是一条必由之路，社会企业就是其中一支重要的力量。

二、湖南社会企业参与养老服务的典型案例

社会企业是社会化服务体系的重要构成部分，提供包括居家养老服务等系列现代服务项目。目前，湖南省参与养老服务领域的社会企业数量不多，但不乏一些做得很成功很出色的典型。以湖南康乃馨养老产业投资置业有限公司为例来了解社会企业的基本运营方式。该公司成立于2009年，其成立之初是一家民办非营利性养老服务组织，致力于提供居家养老和社区养老。借着国家对社区养老政策的红利，“康乃馨”开始运用商业运营模式实现社会性目标，成功转型为社会企业，现已构建了涵盖生活照料、康复保健、医疗服务、心理支持、文化娱乐、老年教育等多层次、全方位的综合养老服务体系，基本形成了康乃馨医养结合、文化养老、全龄全护三大核心运营特色，为老龄化中国提供全新养老示范蓝本。

规模状况。湖南康乃馨老年健康产业投资（控股）集团，简称康乃馨集团，包括长沙市康乃馨老年呵护中心、长沙康乃馨护理院、长沙康乃馨老年病医院、康乃馨养老社区综合运营公司等八大组织机构，其中成立于2010年的长沙市康乃馨老年呵护中心以“医养融合”为特色，总床位规模超过1000张，提供机构照料、居家养老、老年营养餐配送、日间照料等养老服务。与此同时，康乃馨集团积极拓展社区服务，目前运营白芙塘社区老年呵护中心、康乃馨韶山路社区老年人日间照料中心等30多家社区复合民营机构，总床位规模达到500张，并受委托运营邵阳市绥宁县社会福利院等多家公建民营机构。

运营模式。康乃馨集团运营采用“1+N”养老运营体系，“1”即指运营一座配套有一家二级以上康乃馨医院的高端示范养老社区；“N”是指在社区布局分支机构、社区养护中心，提供就近养老、社区养老服务。这种体系有利于满足多样化、多层次的养老服务需求。

成功经验。康乃馨集团在全国率先提出“医养结合”的理念并付诸实施。2019年康

乃馨集团医养结合经验入选全国典型。在十多年“医养结合”的探索和实践中，康乃馨集团以养老支撑医疗，医疗服务养老，护理满足刚需，实现了“养—医—护”“总部养老—分支机构（含日照）养老—社会（含居家）养老”两个三位一体、无缝对接。通过打造“六大特色中心”，即：认知症照护中心、失能老年人养护中心、脑卒中治疗中心、疼痛康复治疗中心、退役军人优抚照护中心、宜老化用品销售中心，实现为不同年龄阶段、不同身体状况、不同养老类型老人提供全方位的服务，特别是能够为失能失智、长期卧床、一体多病老年群体提供独具特色的医养服务。

三、社会企业参与养老服务的困境

日益老龄化的今天，社会企业发挥着兼具社会和市场双重属性的独特优势，为更多老年人提供优质的为老服务。但是，不难看出，湖南乃至整个中国的养老服务类社会企业尚处于探索阶段，面临着价值认知、制度支持、能力建设等方面的困境。

公众的认同感和信任度不高。目前，一方面，公众对于社会企业的认识不足。社会企业是舶来品，公众对于社会企业的认知相当匮乏，甚至很多从事社会组织工作、社会服务等相关职业的人员对社会企业的运营理念和服务优势也缺乏到位的理解，更遑论向老年群体进行宣传解释。另一方面，公众对社会企业的信任不足。社会企业运用的是商业化的运营模式，但老百姓一般难以接受“用市场谋公益”的命题，会将公益组织从事经营活动划归为商业机构的经营行为而不加关注。并且受传统文化的影响，人们在找寻养老产品和服务的时候，也多选择相信政府等传统机构，以致公办养老机构出现一床难求现象，而社会养老机构空置床位现象突出。对于多数老年人来说，他们对社会养老服务存在本能的抵触和不信任，且社会企业参与养老服务普遍收费较高，使老年群体的实际支付能力减弱，使得他们入住的意愿低，进而阻碍了社会企业参与的养老服务的健康运行。

社会企业法律地位不明确。近些年来社会企业发展态势良好，但直至现在，我国的法律仍未明确社会企业的范畴以及管理的法规条文，导致社会企业的合法性受到质疑，其地位尴尬。目前仅可以用工商企业或者民办非企单位的身份注册。如果企业工商注册，则无法享有税收优惠，也没有筹集捐款的权利。如果民办非企单位注册，则资产和融资等上有严格规定；缺乏法律政策支持的合法身份，社会企业进入养老服务领域处处受限，即便得以进入养老市场，其优势难以发挥，业务难以壮大。

社会企业缺乏必要的监督评估机制。社会企业的外部监督机制不成熟，一方面，社会企业的相关法律法规并不健全，对于社会企业的约束和评估机制也没有建立，这些组织的行为可能会损害社会目标，影响社会企业的发展。另一方面，监督主体难。目前在监督组织缺失的情况下，社会企业养老产品与服务的购买者成为直接的监督者，而他们多属老龄群体，受限于自身身体和精力，缺乏监督的能力和渠道。其次，社会企业缺乏有效的自律。缺乏自律机制，个别社会企业在进入养老市场后，很容易在实践运营中忽略追求公益的初心使命，谋取个人利益，造成资源浪费，损害社会企业在养老服务领域内的公信力。

社会企业自身能力建设不足。首先，资金短缺。政府鼓励社会力量参与养老服务，加强了养老机构建设和运营补贴制度。而总体来看，当下湖南财政支出的各项款项中对各养老机构的补贴金额相对较少。在益阳市，养老机构床位运营补贴每张床位100元，新建、改扩建可相应获得3000元、1500元建设补贴。养老服务机构投资对象是老龄群体，前期投资大，回报周期长，投资回报率低，财政资金投入总量偏少。在政府支持有限的情况下，我国对民办非企业资产的锁定原则不利于企业资金筹集，降低了投资人的积极性，使得社会企业面临财务困难。其次，用人难的问题变得突出，专业人才严重匮乏。基于现有的收费模式和财务情况，很多社会企业无法用高薪吸引到匹配岗位需求的优秀人才，只能依靠志愿者来充实服务队伍，这在很大程度上限制了社会企业的发展。尤其养老服务领域的专业人才，年轻人成为“稀缺资源”，脏、苦、累，报酬低，是很多人不愿从事养老服务工作的重要原因。

四、推进社会企业参与养老服务的建议

社会企业参与养老服务对推动养老服务多元化发展意义重大，因此，解决社会企业在参与养老服务过程中遇到的问题，激发社会企业的活力，提升其创造力成为当前要义。

推广普及社会企业参与养老服务理念。首先，加强宣传引导，增强公众认知。充分利用电视、网络、报刊等主流媒体宣传社会企业的公益理念。同时借助网络信息技术，运用微信、微博等平台，推广养老服务领域社会企业的成功案例，提高养老服务型社会企业形象，扫除老百姓对于社会企业参与养老服务的认知障碍。其次，社会企业要树立品牌意识，打造提供优质服务的企业形象。社会企业应该通过提供高质量，高水平的养老服务，打造自己的口碑，成为信誉好，公信力强的组织。

建立健全社会企业参与养老服务的法规和制度。首先，加强对社会企业政策规划的顶层设计，推进相关法律制度建设。社会企业是近些年来在养老领域兴起的创新型社会组织，目前尚无专项法律，明确划分社会企业的组织类型并进行资格认证，导致其地位尴尬，管理过程中容易出现混乱。研究制定社会企业方面的法规政策，给社会企业以合法地位，形成有利于社会企业创立、运行和发展的一系列规章条例办法。其次，因地制宜地制定符合本省社会企业在养老服务领域能够健康发展的规划，根据湖南老龄人口的特点及其需求为社会企业谋划优惠方案和政策。采取税收优惠、专项资金补贴等方式，加大对于社会企业的扶持力度。

构建社会企业参与养老服务的监督体系。首先，完善外部监督机制。探索养老服务第三方监督，鼓励老人、志愿者、媒体以及社会其他群体监督组织的日常监督。同时成立专业评估机构，建立社会企业养老服务质量标准和评价体系，对企业的服务质量、诚信守法等内容进行评估，评估结果要在企业及民政等相关部门网站公开，接受社会公众监督。重视监督评估结果，认真整改每次考核的不足，逐步提高群众对社会企业参与养老服务业的认可度。其次，建立以章程自律为主的内部管理机制，通过提升企业的自律能力和整体素质，实现社会企业自我教育、自我管理的目的。

提高社会企业参与养老服务的能力。首先，加强专业和创新能力建设。一方面养老服务社会企业可以通过加强专业能力建设，稳固传统优势养老服务的市场份额，尽力减轻对政府的资金依赖。另一方面，有条件的社会企业可以在兼顾传统的护理照料服务外，从旅居养老等方向进行创新，既能满足高层次养老需求，又能为组织发展赢得更多资源。其次，加强专业人才队伍建设。加强养老护理人员的专业化培训，这是提高社会企业参与养老服务的质量和水平的关键。充分整合和利用各类资源，依托省内各高等职业院校，培养更多老年服务管理、医疗保健、康复护理、心理咨询等健康养老所需专业人才。同时，引

进省内外相关企业、独资或合作举办老年服务培训机构，开展健康养老方面的专业性培训。提高为老服务专业人才待遇，通过设置绩效工资、提升社会地位、拓展发展空间等方式，吸引更多人投身健康为老服务。

（作者简介：李敏芳，湖南省社会科学院助理研究员）

助力社会企业高质量发展的中国特色新途径

林杰辉

摘　要：社会企业通过商业手段承担社会责任、解决社会问题，兼具市场和公益双重特征，其概念框架的包容性随着时间变化日益增强。社会企业高质量发展有利于缓解我国现阶段经济发展不平衡不充分这一主要矛盾，促进改善民生、建设和谐社会。基于社会企业概念内涵，结合我国社会企业实践和国有企业改革目标，国有企业改革为社会企业高质量发展提供了创新思路。社会企业可以作为国有企业改革的可选路径之一，公益类国有企业尤其适合以社会企业模式进行深入改革和创新发展。可以尝试在公共服务领域大力发展混合所有制社会企业；通过国有企业改革促进社会企业高质量发展，加快构建"国民共进"格局。

关键词：社会企业；国有企业；企业社会责任；国企改革

一、引言

随着经济的发展，各类社会问题也在不断累积，传统的政府、市场与非营利组织三大部门越来越难以高效应对和完美解决，由社会使命驱动、旨在解决社会问题、主要追求社会价值的社会企业正在全球不断兴起。作为一种新型经济组织形式，社会企业概念逐渐引起我国学者关注。学界普遍认为社会企业在促进我国教育养老事业、特定群体就业、发展绿色经济、开展环境保护、消除贫困和创新社区治理等领域可以创造越来越多的经济价值与社会价值。

我国现阶段社会主要矛盾是人民日益增长的美好生活需要和发展不平衡不充分的矛盾，社会企业的高质量发展可以在矛盾的解决过程中发挥巨大作用，对于改善民生、提高公共服务效率、促进第三次分配、实现共同富裕建设和谐社会具有积极意义。因此，对社会企业的本质内涵进行梳理，借鉴国外理论和实践经验，结合我国国情，深入思考如何做大做优社会企业，探寻助力我国社会企业高质量发展的中国特色新途径，有利于解决我国经济发展不平衡不充分这一主要矛盾，更好更快的满足人民群众对美好生活的向往和需求。

就已有研究来看，我国社会企业研究成果体量不大，研究层次上以描述为主，理论创新较为贫乏（时立荣、王安岩，2019）。尽管近些年社会企业在我国的发展及研究呈现出加速之势，但是关于促进社会企业创新发展与国有企业改革深化、这两者之间的关系及功能互补，似乎并未得到学界的广泛认识和普遍重视，鲜少有文献对社会企业发展与国有企业改革之间的关系进行思考研究。因此，本文尝试就此进行探讨，基于当前形势，结合我国国情，更新发展理念，借鉴国际经验，展开相关的研究分析和深入思考，以期为促进社会企业高质量发展与国有企业改革提供有价值的参考启示。

本文通过对社会企业内涵及概念进行厘定，结合我国国有企业性质和改革目标及要求，进行分析研究后提出：国有企业天然特性可以促进社会企业高质量发展；国有企业改革为社会企业发展提供创新思路，社会企业是国有企业改革的可选模式之一，尤其可以作为公益类国有企业改革的重要路径；可以尝试在公共服务领域大力发展混合所有制社会企业；通过社会企业高质量发展加快构建"国民共进"格局。后文结构安排如下：第一部分厘定国外社会企业概念，第二部分概述我国社会企业内涵与国有企业改革，最后提出思考和启示。

二、国外社会企业概念厘定

（一）社会企业概念定义

社会企业这一概念在20世纪50年代时出现于欧美，近些年逐渐成为重要的研究前沿之一（Saebietal，2019）。20世纪70年代，受经济危机影响，西方国家希望通过社会力量缓解巨大的社会福利负担；与此同时，社会组织也在寻求解决资金来源问题的途径。基于此背景，社会企业开始进入欧美等国家的研究范畴并逐渐得以发展。1994年，欧洲经济合作与发展组织在其报告中提出社会企业这一概念，将使低技术工人重新就业且在此过程中同时利用市场与非市场资源的组织称之为社会企业。1998年，美国社会学家Dees提出社会企业是纯慈善与纯营利之间的连续体，并运用"社会企业光谱"（social enterprise－spectrum）对社会企业概念进行学理定义，这一定义被后来许多研究学者们采用。

为了更好地理解什么是社会企业，多年以来学界开发了不同的认识论工具，形成了包括光谱学派（Alter，2007）、动物园学派（Young、Lecy，2014）和EMES学派（Defourny、Nyssens，2017）等多个代表性学派。光谱学派认为：社会企业是使用私人部门运作逻辑来减少社会问题或市场失灵、以创造社会价值；社会问题永远是社会企业最核心的使命，商业运作只是社会企业为了实现解决社会问题这一目标而使用的手段。动物园学派以动物园为隐喻，将社会企业分为6种：部分营利企业，社会商业，社会合作社，商业化非营利组织，公私合营和混合型制度安排，进一步提升组织对商业属性的吸纳程度，增加了社会企业的弹性。EMES学派区分社会企业演进的6条制度轨迹，提出社会企业的4种模式：创业非营利，社会合作社，社会商业和公共部门型社会企业模式。

综上可以看出，随着时间的推移，学界对社会企业的内涵解释和认知在不断变化，社会企业概念框架的包容性对和商业性的吸纳也在不断增强。

（二）欧美国家社会企业界定及特征

法国学者蒂埃里·让泰（2009）的社会经济学文章对欧洲影响很大。该学说认为：社会企业是为成员或共同体服务，民主决策，独立管理，排斥经济利益至上，资本在收入分配中没有优先权。合作社模式是法国社会企业主要形式。

英国贸易与工业部（Department of Trade and Industry，UK）（2003）对社会企业进行了官方定义，并推荐了三条是否为社会企业的检验标准：社会企业具有明确的社会目标，社会企业是社会所有制，社会企业以企业为导向。

美国学者认为，社会企业包括满足社会目标的营利组织和以商业手段获得利润以实现其社会目标的非营利组织。美国社会企业主要特质在于“类商业”活动（Austin，2000），即将市场关系引入社会福利领域的“福利市场化”，其发展表现出企业的非营利化和非营利企业的商业化两种趋势。Dennis（2001）认为，社会企业处于纯慈善和纯营利之间，可以用两种方式进行界定，一种是非营利组织以商业运作的方式赚取利润，另一种是商业营利组织对于财政的贡献。Jacques 和 Marthe（2010）指出，社会企业要实现经济收益和社会发展，创造非营利和营利组织之间的价值融合和保持“双底线”原则，公共部门或私人部门都存在社会企业创新的可能性。美国社会企业早期主要采用非营利组织形式，但后来将具有社会目标的营利性组织也包括在其中。社会企业最为根本和首要的在于组织具有何种社会使命，采取哪一类组织形式主要取决于能否尽可能最大限度地实现组织的社会使命。

美国自 2008 年以来各州开始创设新的法律形式以适应社会企业发展，如：公益公司、低利润公司、社会目的公司、弹性目标公司等。这种立法模式表明，美国试图在营利组织中同时容纳非营利目标，营利组织与非营利组织二分法已开始动摇。

从欧美国家对社会企业的界定可以看出，尽管不同国家对社会企业的概念定义有所差别，但有一点共性特征毋庸置疑，即社会企业兼具市场和公益的双重特征，其核心本质是通过商业手段解决社会问题从而承担社会责任，同时具有非营利组织和营利组织的特性。这些特性表明，以承担社会责任为运营目标和以商业手段实现目标是界定社会企业的基本维度。

（三）国外社会企业认证及其法律形态

社会企业认证实质上是国家以法律形式确定什么样的组织可以被认定为社会企业，通过制定社会企业认证标准，明确社会企业的边界和范围。从已制定认证标准的国家和地区的认证体系以及国外社会企业的实践情况来看，对社会企业的认证主要围绕认证主体、社会使命、资金来源、利润分配和认证分级这些方面展开，如韩国的《社会企业培育法》、英国和美国的相关法律及认定标准等。制定统一的社会企业认证标准似乎已经成为国际发展趋势。

英国关于社会企业认定的新旧法律并存。英国政府认为判断一个组织是否为社会企业，要看这个组织目标是否受社会或环境目标所驱动，社会企业这一组织尽管是一个商业组织、但并非股东利益最大化，组织赚取的利润主要用于满足其对实现社会目标方面的投资需求。英国一方面为以公司形式存在的社会企业设定了专门的注册形式，另一方面原有法律形式同时运用，如合作社模式（瑾琇，2016）。在英国社会企业的认证标准中，除了对组织的社会使命和社会影响力评估这些方面进行了约定外，还对社会企业的资金来源和流向以及资产锁定等方面提出要求，如要求社会企业实现利润中的百分之五十以上要用于组织的社会目标实现、对组织的剩余资产流动要进行相应的控制等。2013 年，全球首家服务于社会企业的社会证券交易所在英国成立，社会企业需要通过公司目的、透明度和业务范围三方面社区利益测试方能达到准入门槛。

美国政府明确如果组织是基于社会使命而运作，则被认为是社会企业，如公共服务机构、非营利组织以及为了解决社会问题促进社会正义而设立运作的其他组织。在美国社会企业联盟对社会企业的认定标准中，如果企业通过市场力量、借助商业运作的方式最终为了达成组织的社会公益目标，则可以称之为社会企业。在美国，社会企业多采用公司形式，要求社会企业在认证的准入阶段必须选择公益公司类别，并详细说明公司经营目标，包括具体将推动实现哪些社会目标。公益公司正常情形下适用一般公司法律规范，如果一般公司法规与特别法有冲突，则适用特别法的规定。此外，非营利组织被承认为社会企业这部分存在独立的法律规定。

三、我国社会企业内涵与国有企业改革

（一）我国社会企业实践与认证

我国学者对社会企业概念界定在本质上汲取借鉴欧美理论及实践经验，体现了社会企业的混合体特征。社会企业介于公益和营利之间，是一种结合了市场经济与社会公益、非营利组织和企业双重属性的组织（王名、朱晓红，2010）。社会企业既包含企业社会责任展现的非营利化，也包括非营利组织的商业化，以及通过商业方式运作在创立初始以达成社会目标而成立的组织（李衍儒、江明修，2011）。

我国社会企业发展尚处于起步阶段。我国现有社会企业组织类型多样，包括了注册企业和非营利组织，2019 年 5.1% 的社会企业同时注册了企业和非企业性质机构（邓国胜等，2019）。目前为止我国已出台多套社会企业认证标准，这些标准一般由行业协会和研究机构等非官方组织发布。我国第一个行业自律和规范的社会企业认证标准由中国慈展会于 2015 年发布，这一认证标准对社会企业需要满足的基本条件进行了明确，目前实施的认证办法试行版主要对组织的注册信息、组织目标、人员结构、收入来源以及利润分配提出要求。从地方实践看，我国北京、成都、深圳和佛山地区对社会企业有明确支持，制定了相关的社会企业认证标准和认证流程。

根据中国慈展会认证数据，截至 2018 年末我国已认证的社会企业共 234 家，2020 年初这一数据为 283 家，一年左右时间新增社会企业认证数量未超过百家。已通过中国慈展会认证的 283 家社会企业，认证领域涵盖环保、社区发展、养老、教育、弱势群体就业、公共安全等 16 个社会领域，业务足迹遍布 27 个省市自治区的 47 个城市。《中国社会企业与社会投资行业扫描调研报告 2019（简版）》指出，认同自己社会企业身份且被行业内认可的具有“自觉意识”的社会企业共 1684 家，员工总数为 79148 人，2017 年总收入约为 93 亿元。报告数据显示，成立后的社会企业融资规模有限，一半以上融资规模在 100 万元以下，而绝大多数未成功融资或未申请融资的社会企业需要外部投资；此外，近半数受调查的社会企业成立时间不超过三年，多数社会企业处于组织初创期。

（二）我国社会企业发展面临的挑战

我国社会企业尽管取得一定发展，但也面临着一系列问题和挑战。随着日益增加的经济下行压力，叠加新冠肺炎疫情和国际复杂环境因素，不协调发展等社会问题日益凸显，需要通过快速提升社会企业的数量和质量进行更好地解决和应对。社会企业面临的挑战主要体现在：政府和公众对社会企业的认知度和认同度有限，导致社会企业竞争力和公信力不足；多数社会企业缺乏身份认同；行业生态建设有待完善，社会企业投资和支持机构起步晚且互相之间缺乏了解和高效对接；社会企业及其支持机构人才匮乏；国家相关政策支

持力度和法律法规完善程度不够。

我国对社会企业并没有十分清晰且统一的官方定义①，如何界定社会企业仍是一个亟待解决的理论和现实问题。尽管学界对于是否需要建立统一的社会企业认证标准没有一致意见，但从国外经验来看，没有数据反映对社会企业进行认证会影响其灵活性和创新性。相反，建立明确的社会企业认定标准可以解决组织的“我是谁”问题（罗文恩、黄英，2019），让公众对社会企业概念理解更深刻，有利于充分发挥其在社会发展中的积极作用。由于我国没有严格的全国统一的社会企业登记注册制度，因此缺乏官方的社会企业统计数据。民间关于社会企业全面调查的数据也不多，这种状况限制了投资者、受益群体、政府、媒体及社会大众对社会企业的了解，不利于行业发展。

由于社会企业双重使命共存，又常常处于社会问题较严重且资源稀缺的环境之中，我国社会企业同时面临制度性和结构性障碍及运营方面的困境，某种程度上比一般的工商企业面临着更严峻的财务及人力等资源约束。前期相关调研材料显示，社会企业投资主体主要有商业投资机构、基金会和政府类公益创投，获得早期融资机会对社会企业而言是一个挑战，多数商业投资者对具有双重目标的社会企业持谨慎态度，这种挑战在助残、养老、扶贫、环保等领域更加明显。主要原因之一是在这些公共服务领域，企业盈利之路往往脆弱而漫长，因而获得大量商业投资的机会也更加稀缺，资金短缺成为我国社会企业目前面临最为突出和典型的问题之一。除了资金困境，社会企业在其他方面也面临较大的资源约束，如：人力资源、技术创新、运营管理等。如何平衡社会企业的公益目标和营利目标，如何解决组织发展所需要的各项资源，是我国社会企业发展壮大过程中所面临的主要挑战。

（三）我国国有企业性质与改革

1. 我国国有企业性质与功能

我国国有企业是经济和社会发展的主导力量，也是社会责任的主要承担者。基于我国社会主义市场经济体制这一基本制度，相比西方国家经济体制而言，我国国有企业的经营活动范围更加宽泛，国有企业的使命目标和经营行为也更加复杂。一方面，部分国有企业经营行为和企业目标与市场中民营企业几近趋同，如竞争性商业一类国有企业。另一方面，我国部分国有企业承担着“难以由非国有企业来实现的重要社会目标”（金碚，1999），国有企业被赋予一定社会政策目标和以社会效益为首要目标（金碚，1999），必须将国家社会目标置于经济目标之上（高尚全，1999）。我国的社会经济体制，从根本上决定了国有企业的使命、意义和应尽的社会责任，与一般企业相比，国有企业的社会责任问题更加复杂，国有企业的经济目标和非经济目标常常相互交织。这意味着，我国国有企业的社会责任问题不可避免地比非国有企业更加复杂，难以简单运用一般企业社会责任标准对国有企业的社会责任履行情况进行衡量（黄速建、余菁，2006）。

在各国现实经济中，国有企业绩效评价除了“效益、增长、规模”等一般性评价之外，还有是否能比一般企业更有利于实现重要目标这一体现国家决策的重要内容。国有企业必须接受市场评价和所有者利益双重绩效评价（金碚，2010）。国有企业改革不能只满

① 我国香港地区的认证内容与韩国相似，此外还将社会企业划分为四个等级，根据等级的不同，认证标准和所需提供的认证材料也有所区别.

足于完成本企业的商业化和市场化，不断提高国有企业效率和经济效益，并实现国有企业目标定位的功能成效，是国有企业之所以为国家所有的依据，是国有企业改革要达到的基本要求（金碚，2015）。我国自确立了市场化改革方向后，如何解决市场经济与国有产权相兼容的问题一直广受关注，也是国有企业改革的重点难点问题。

2. 我国国有企业改革目标和要求

新时期国有企业改革目标不单是国有资产的保值增值发展壮大，还应围绕“国家使命导向”目标，解决国有经济的“公共性使命”和“盈利性使命”冲突（黄群慧、余菁，2013）。经历四十年改革创新，大部分国有企业的经济效益都有明显改善，基本建立起现代公司治理体系（陈福中，2021）。2015 年 8 月和 9 月，中央相继出台 2 个文件（中发〔2015〕22 号、国发〔2015〕54 号），要求进一步深化我国国有企业改革，大力发展混合所有制经济，文件明确提出了国有企业改革要分类推进的总体要求。同年底《关于国有企业功能界定与分类的指导意见》出台，提出新形势下要深化国有企业改革，对国有企业进行功能界定与分类，优化国有资本布局，推动和完善国有企业法人治理结构。

国有企业分类改革相关文件的出台和方案的实施，意味着以资本结构为标准的国有企业分类模式，将转变为以企业功能为标准的分类模式。根据国有资本的战略定位和发展目标，国有企业在我国经济发展中所处现状、所起作用以及社会发展需要，国有企业可以划分为商业一类、商业二类和公益类国有企业。通过对国有企业进行类别划分，界定企业不同功能，对不同类别的国有企业分类制定不同的改革方案，实施有差别的监管、定责和考核体系，推动和加强企业与市场经济的深度融合，进一步促进国有企业社会效益和经济效益的有机统一。从国家出台的文件可以看出，国有企业类别不同，其主要目标和监管考核也存在较大差别。商业类国有企业重点要实现良好的经济效益，国有资产保值增值是主要目标。公益类国有企业则要更多兼顾企业的社会目标，在引入市场机制提升企业运营效率、提高公共服务水平和企业综合能力的同时，要确保企业提供满足社会需求的公共产品和服务以保障民生。具备条件的公益类国有企业可以推行多元化投资主体，规范开展混合所有制改革，鼓励非国有企业参与公益类国有企业的生产经营，参与方式包括但不限于委托代理、特许经营和购买服务等，

混合所有制是一种主体多元化的财产制度。以公有制为主体、多种所有制经济共同发展的混合所有制奠定了中国特色社会主义基本经济制度的基础（方福前，2021）。混合所有制改革可以促进国有企业提升效率、优化结构，破解国有经济与市场经济结合的难题，是实现“国民共进”的重要手段。改革开放以来，我国国有企业混合所有制改革虽然整体取得了长足发展和显著成效，但仍然存在诸多深层次的不足与矛盾，其原因包括了机制障碍、体制约束、环境制约和文化差异等多方面现实问题（何瑛、杨琳，2021）。

2020 年，《国有企业改革三年行动方案（2020—2022 年）》发布，进一步明确国有企业改革重点是混合所制，混改核心是民营资本和国有资本混合，分层分类推进混改，通过混改实现完善治理、强化激励和提高效率的改革目标。分层是指在国有企业集团本部和所属企业之间分别实施不同的混改方案，而分类则是对公益类、自然垄断的商业二类和竞争性商业一类国有企业分类别实施不同程度的混改，国有资本控股或参股程度根据企业类别不同实施差异化混改方案。公益类国有企业可以采取投资主体尽可能多元化方案，商业二类企业中国有资本要保持控制地位，而竞争性商业一类国有企业宜改则改，国有资本参股

比例没有硬性要求。尽管2015年国务院已提出国有企业分类改革的指导思想，但由于国有企业的业务链条较长，商业类与公益类业务相互交织较难严格划分归类，相当一部分国有企业在较长时期内会保持多属性业务并行，导致分类混改难度增加，出现混改行业分布界限不清的横向结构问题（何瑛、杨琳，2021）。

四、思考和启示

（一）国有企业天然特性可以促进社会企业高质量发展

国有企业本性使得我国的国有企业改革必须要同时实现社会目标（或国家使命）和提高经营效益。从设立逻辑上而言，国有企业是国家作为特殊出资人设立，目的是实现国家特定的公共目标，因此“社会性”是国有企业的天然特性（金碚，2019）。国有企业从设立初始就具有“社会性”和“兼利性”的特点，天然具有社会企业的特征。在弱势产业和幼稚产业的发展领域，往往需要国有企业发挥“国家队”优势、建立和形成具有市场竞争力的现代企业（金碚，2020）。在我国经济发展的新常态时期，国有企业改革一方面要完成国家所赋予企业的重要使命和社会目标，另一方面又要提升企业盈利能力和运营效率。从这一角度而言，国有企业发展及其改革深化应当而且能够在社会企业高质量发展过程中发挥重要作用。

新时代新阶段，社会责任和社会目标越来越受到包括各类企业在内的全社会关注，为解决重大社会问题的各种解决方案也正处于积极探索的过程之中。作为关系着国计民生重要使命的国有企业，是我国经济的重要组成部分，是实现我国重要社会目标、具有重要目标使命的特殊企业。天然具有社会企业特征的国有企业理应承担起自己的使命，也应该能在解决社会问题、实现社会利益目标和承担社会责任方面发挥更大作用，在社会企业高质量发展这一领域成为开拓创新的组织者和领航者。

（二）国有企业改革为社会企业发展提供创新思路

社会企业为国有企业改革提供了可行模式及重要路径，同时国有企业混合所制及分类改革也为社会企业发展提供了创新思路。公益类国有企业尤其适合以社会企业模式进行深入改革和创新发展。

从社会企业内涵以及政府对公益类国有企业的功能定位和经营要求可以看出，社会企业的使命、特征和经营模式与公益类国有企业颇有相通之处。一方面，公益类国有企业的基本宗旨是实现其服务于社会的使命，主要追求的不单单是经济效益、还包括了社会效益；同时公益类国有企业按照市场化方式运营，以企业经营收入抵补运营成本支出，有助于提高服务效率和产品品质，保障业务可持续发展。另一方面，公益类国有企业在如何实现利益相关者共同参与管理方面进行积极探索，以体现企业资本全民所有的特征。此外，公益类国有企业普遍存在盈利能力较差的情况，对外部投资者的吸引力较弱，是国有企业改革的难点之一。但是，公益类国有企业在解决社会问题、促进改善民生以建设和谐社会方面有着政府和市场所不具备的潜力和优势。公益类国有企业的这些经营模式和企业特征，与社会企业非常相似。

我国国有企业改革的重点之一，是要对企业承担的商事主体职能和公益性职能进行严格划分，有针对性地实施分类改革。然而现实中，这两种职能并非泾渭分明，反倒经常是相互交错。对于纯营利性的竞争类国有企业，如果有兴趣致力解决某一社会问题，建议可以设立专门职能或投资兴办社会企业。对于非竞争类国有企业，则可比照社会企业模式进行投资运营。对于公益类国有企业，为了更好地可持续发展、扩展服务规模或提升服务品质，也可以鼓励其转型或投资兴办社会企业。社会企业通过创新思维和对资源的高效整合，将商业运营与社会使命进行结合，可以解决现实中公益领域存在的社会问题。借助市场对资源的配置整合，社会企业把传统的慈善公益组织对资助对象精神和物质上关怀依赖，转化为其自己奋斗劳动以获得产品与服务，是市场助力公益、解决社会问题的有力支撑和重要途径。

（三）在公共服务领域大力发展混合所有制社会企业

作为既追求社会目标又可持续发展的社会企业，为公共服务体制创新提供了新思路，其跨界模式在有效推动政府、非营利组织、企业和社会合作方面具有独特优势，在公共服务领域发展混合所有制经济则是这种优势的体现和实践落地。我国正致力于建设服务型政府，原有部分政府职能将转移给社会主体，以构建公共服务多元化治理格局。《中国社会价值投资的报告》（2016）[①] 指出，我国在养老、医疗、扶贫、保障性住房等多项公共服务领域存在巨大的供需差异，有着大量未被满足的民众需求，政府往往很难独自承担并满足这些领域的投资需求和生产经营，就这些方面的现实情况来说，社会企业可以作为的空间和前景十分广阔。从国际经验看，包括残疾人教育培训、就业服务等业务领域是社会企业最为活跃的领域之一。

我国虽然在某些行业产能严重过剩，但在教育、医疗、养老、病残照顾等行业却存在明显的供不应求或供需不匹配的情况。虽然我国已在扶贫方面取得巨大成就，但中低收入者占比仍然很高，相当体量的人群支付能力有限。自十九大报告明确提出“实施乡村振兴战略”以来，2018 年中央一号文件再次锁定“三农”问题，提出实施乡村振兴与精准扶贫相结合，这为农业社会企业发展提供了重要发展机遇。在这些有着庞大需求的领域和服务行业，社会企业面临着前所未有的发展机遇，可作为的空间非常广阔，社会企业可以提供更多中低收入者可负担得起的性价比高的社会性服务，缓解供需矛盾。

尽管发展空间广阔，但社会企业高质量发展受限于资源约束。在一般资本市场获取市场化资金渠道方面，无论在权益资本还是债务资本的获取途径和成本上，社会企业的非经济效益最大化性质决定了其不具备很强的资本市场竞争力。尤其在公共服务领域的初创时期，社会企业的启动资本收益与风险不成比例，市场化融资渠道很难行得通。即便发展进入正常轨道，基于国内目前的投资环境和资本市场现状，支持社会企业的投资体系远未成型，因而需要政策支持为社会企业开创多元资金渠道，包括财政投入、公益创投、非营利性组织投资、企业和个人投资等。公共服务领域社会企业要想做强做优、公益类国有企业要成功转型或兴办社会企业，都可以广泛吸收各渠道财务资本和人力资源，大力发展混合所有制，促进社会企业高质量发展，加快步伐缩减公共服务领域的供需差异。

（四）社会企业高质量发展加快构建“国民共进”格局

社会企业的混合价值目标很大程度上可以解决市场、政府和公益部门无法充分解决的

① 此报告由中国发展研究基金会与友成企业家扶贫基金会于 2016 年 8 月发布.

社会问题。从理论上溯源，社会企业是传统的政府、市场与非营利组织这三大部门的有机交叉融合，既兼具三部门的某些特点，又具备自己独有的特征，具有明显的综合优势。社会企业是对市场、政府和志愿失灵的理性回应，可以很好应对和有效解决日益增加的社会问题（尤努斯，2008），这正是我国当前经济高质量发展所迫切需要的。在我国独特情境中，社会企业生成是组织逐步演进的过程，是社会结构调整塑造和国家—社会—市场范式渐进变迁的合意性结果。我国社会企业的产生虽有西方启蒙的影响，但更多基于我国特殊土壤，往往更关注具体社会问题的解决（刘志阳、王陆峰，2019）。我国经济高质量发展对社会企业发展提出更高要求，也提供了更多机会。我国社会企业发展是积极响应党的号召、致力解决"满足人民日益增长的美好生活需要"的创新实践，是中国特色社会主义理论自信和制度自信的有力体现。

社会企业快速发展是一个涉及战略、政策、资金、人才和组织机构等各方面的系统工程。在开放变化的环境中，社会企业本身的组织属性、企业功能、公益功能以及内在结构等方面也相应具有不稳定性和多变性，我们应当以动态发展的眼光探索社会企业高质量发展模式和路径，消减和解决方发展过程中的障碍和问题。一方面要将社会企业理念广而告之，另一方面尽快从政策层面确定其合法地位，构建起社会企业发展所需的资本、人才、政策等多维度支撑体系。要营造宽松有序的宏观环境，支持具备条件的公益类国有企业加快转型为社会企业并促使其快速发展，鼓励多元主体对社会企业进行投资，大力发展混合所制社会企业。

我国国有企业的性质和政治需要使得国有企业可以更好地承担社会责任，从而克服过度逐利冲动产生的负面影响（黄速建、余菁，2006）。国有企业大多能更自觉履行其社会责任，在长期目标与短期收益之间的权衡方面可以具备更大回旋空间。相比于民营企业，国有企业一般具有更高的商业信誉、较好的融资条件和更强的资源聚焦能力，通常也有更多机会获得政府支持和特许。国有企业这种资源优势和民营企业的市场敏感性及经营灵活性结合在一起，可以产生巨大的发展潜力。

我国改革经验表明，通过优化国有经济布局和深化国有企业改革，促使民营经济与国有企业分别在各自适宜的领域充分发挥其作用，则民营企业与国有企业完全可以共同发展壮大，从而构建和我国社会主义市场经济体制相适应的"国民共进"的微观基础。国有部门和非国有部门平衡共生才能创造"中国奇迹"（綦好东等，2021），只有"国民共进"才能焕发各部门活力、确保我国经济发展目标的顺利实现。当前我国正处于重要战略机遇期和社会矛盾凸显期的新形势，我们应当在社会企业发展过程通过自主创新，将这一引进概念发展成为体现我国特色社会主义制度优势的创新品牌，更好地解决当下面临的发展困境和社会问题，通过社会企业高质量发展加快创建"国民共进"的发展格局。

（作者简介：林杰辉，湖南省社会科学院博士）

社会企业与基层社区的共生实践

胡　克

摘　要：城市文明与商业文明互为增益，个体生活也逐渐从村落向现代社区转换，传统乡土中国的生活范式已被现代社区生活逐渐取代，现代社区又具备完整的人、文、地、产、景等要素，个体很难不与社会多个因素交互而独立实现现代生活。特别是城市社区居住者，一方面脱离了传统的家族文化羁绊具备了核心家庭生活的诸多条件，另一方面又未能建立起城市生活的社群性属性，全然沉积在商业林立的社会关系之中。本文从社区实践的角度出发，探讨社会企业在城市社区维度的实践，探讨社区化商业的形态、困难、趋势和保障机制。

关键词：社会企业；社区实践；社区商业

一、社会企业的社区化

现代社会企业始于西方，以非纯商业回报的方式开展社会服务。近年社会企业在中国公益慈善行业被一再提及，谈论最广的一种解释为："以商业的方式公益的理念解决社会问题。"此类解释很难被实践界广泛接受，笔者认为公益慈善行业的发展尚未被大众接受，在中国的社会发展的语境中，商业更能促发大众的认知欲，把社会企业的公益性连带上商业方式的解释，并非是在普及社会企业理念，而依然是对公益慈善文化的一种倡导。

有的学者将社会企业译作社会化商业，社会化代表了其有广泛的社会需求不是凭空想象，商业代表其应具备一定的竞争性。笔者认为社会企业在我国的发展还有一个甚为重要的要素，那就是社区性，其需要有一个居民参与的场域，社区很好地融合了这两者。一方面社区场域必然具有一定社会需求，比如社区养老、社区教育、文化娱乐、弱势群体关爱等，另一方面社区场域的商业生态也极其丰富，但从长沙 F 社区的调研数据来看，辖区企事业单位个体户的数量都在 300 以上，几乎涵盖了所有的居住者需求品类，更为重要的是社区维度很好的建立公众参与度，是聚合服务与公益倡导最佳的实践场景。

长沙市本级有 200 家社会组织与基层社区开展服务共建，积累了精准的服务数据，是具备社会企业转型的群体之一。笔者通过对此类实践项目的观察，同时通过与居住者及社区商业、事业单位、社区居委会、社会志愿者的交互，认为社区化商业实践是践行中国特色社会企业的重要方式，同时也具备制度保障的诸多不足。

二、社会组织的社区化实践

我国社区建设在 20 世纪 90 年代开始萌芽，当时主要关注点在于空间环境建设；社区服务建设在2010年以后才得以发展，相关的理论和实践都还处在探索阶段。

据统计，截至2020年10月，共有210家市本级社会组织参与社区化服务，依据其业务范围，可以分为提供单一化社会服务（简称一类）和提供综合化社会服务的社会组织（以下简称二类）两大类别。一类是为解决如环境保护、弱势群体关爱、社会组织培育等单一方面问题而存在，以开展活动、宣传教育等形式为主；二类一般包含两个及以上单一社会组织的功能，同时少数社会组织还会担负起协助政府进行社区建设的功能。下文以长沙市共享家社区发展中心（简称“Home共享家”）的实践为蓝本。自2011年成立以来，Home共享家先后建立了36间房、中国银行·共享家咖啡厅、王府井Park共享家、24小时公益书房——丰泉书房等实体空间点，还组织了一系列的社区活动，激发社区活力、组织居民进行自我管理，对社区发展起到了较大的推动作用。这其中的实践既注重社区内政府公共资源的应用，又吸纳了商业资源及社会人士共建。

案例一：与基层社区的协作

长期以来，自上而下行政化的管理方式让社区居民对政府有着强烈依赖心理，如何调动居民参与公共事务和民主管理的热情和积极性成为基层社区治理的关键。为促进自身的发展，丰泉古井社区尝试建立庭院理事会、片区管委会等创新管理机构，加强社区与居民的联系；同时绘制社区漫画墙，改善公共空间环境等。2015年，Home共享家进驻丰泉古井社区，为社区建设提供得了新的思路。Home共享家与社区居委会合作，尝试“三体一互动”的社区发展模式，即政府是共建载体，居民、志愿者是共建主体，Home共享家为共建导体，联合互助、互动的社会资本进行社区服务体系搭建。

（一）硬件建设——丰泉书房

文化是社会变革的内燃机，也是凝聚社会的黏合剂。为营造良好的社区文化的氛围，吸引居民参与，挖掘、培育社区服务志愿者，建立可持续的志愿者体系，Home共享家率先在社区内建立了丰泉书房。

这间利用警务室闲置杂物间打造的24小时公益书房，总面积约80平方米，分为主阅读区、亲子阅读区、书法房、儿童馆等几个功能部分，也是全国首家融合政府、社会组织、企业、居民等多方参与，以居民共建为主体的公益性书房，其软硬件设备均由社区、社会共建而成。目前书房基础硬件设备已初步完善，成为社区各类活动的主要举办地，并入选长沙地铁圈最美书店榜单。

（二）社会融合——丰泉书房服务开展

既往社区服务实践表明，社区持续发展的核心在于“人”，吸引调动居民的参与，增强居民的社区归属感和责任感是社区化服务的重要目的。丰泉书房自建立以来，陆续开展了十几场常规活动，活动内容覆盖文化、手工创作、休闲娱乐等几个方面（表4-1），丰富社区居民的生活。

表 4-1 丰泉书房活动分类表

序号	活动类型	活动场数	参与人数（人）
1	亲子互动	4	238
2	文化教育	30	381
3	小候鸟活动筹备	6	8172
4	社区互动	3	653
5	志愿者互动	1	30

注：数据来源于 Home 共享家，小候鸟活动筹备、社区互动也有社区以外的人员参与，因此数量较大。

同时还针对社区流动人口众多，流动儿童融入城市生活困难等现实问题，提出了“小候鸟融入计划”，自 2016 年 5 月 30 日开始启动，通过端午节手工粽子义卖、筹划相关活动来帮助“小候鸟们”更快的通入城市生活。

（三）吸引高校目光，增加参与互动力量

丰泉书房建立后，也吸引了长沙市内一些高校的目光。2016 年 4 月，来自中南大学、湖南大学、湖南师范大学的志愿者在这里进行了为期一个月的周末公益课堂；更有学者将儿童参画工作营地点设在此处，采用共建模型/印象测试/手绘规划图等的形式，带领小朋友感受社区，设计自己的居住家园；同时也在书房进行城市社会学课堂现场教学，讲述长沙社会组织的故事。

现在，书房已经形成了社区党员值班制度，居民自发的组织、策划活动等，并在志愿者与居民的共同参与下，绘制了长沙首套社区明信片，在社区中产生了较大的影响。

案例二：与社会资本合作——Park 共享家

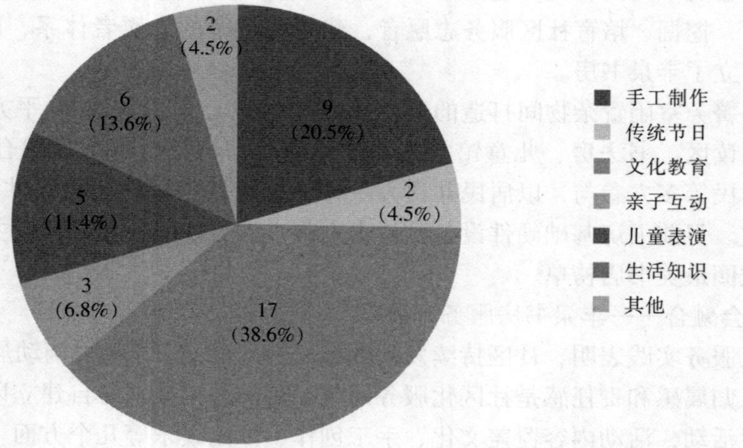

除开在社区辖区进行服务实践以外，Home 共享家也积极地尝试与商业组织进行合作。Park 共享家由王府井百货 Family Park 与 Home 共享家联合发起，采用理念加盟的模式，由王府井百货商场提供场地，家庭共建者与 Home 共享家志愿者联合运营，服务于 0—12 岁的儿童，旨在利用儿童为纽带，建立起家庭文化培育、亲子教育、家庭教育等的交流平台。自 2015 年 12 月 12 日开始，Park 共享家单季度共举办 44 场活动，共计 399 个家庭参与（其中有 82 个家庭反复参与活动），活动类型包括手工制作、文化教育、亲子互动等。

案例三：面向高校，培育社区化服务人才——HCD 大赛

社区设计不仅需要社区居民的参与，吸引更多的志愿者关注社区建设、参与社区建设也极为重要。因此，Home 共享家举办社区营造公益大赛（简称 HCD 大赛），开展厚木 9 + 青年公益人才训练营，让有志于公益事业的大学生自己策划项目，Home 共享家协助落地实施（每个项目至少需要在社区落地 3 个月）。据统计，在 2015 年第一次 HCD 大赛中，有来自长沙市 6 所高校共计 47 个社团的大学生参与，收到参赛项目 65 个（最终开展调研及实践的项目共有 40 个），项目种类多样、服务对象多样，辐射面广，其覆盖范围包括丰泉古井社区，富雅坪社区，潮宗街小学等累计 21 个社区、空间及学校，共有 1000 余名大学生，1500 余名社区居民参与到了社区实践。最终有 12 个项目进入决赛，其评选结果将在 11 月份揭晓。

其他案例相关实践：不仅仅是城市社区，Home 共享家也关注乡村社区的发展，在不流转农村土地的前提下，由农户提供土地，Home 共享家志愿者传授农户有机食物种植知识，帮助农户寻找产品营销途径，与农户共同建设有机农场。同时，利用现有的城市资源，带领城市儿童参与农业活动，进行自然教育，尝试建立城乡互动的新机制。

三、社区场景的社会企业发展

综上论述，社区场景中的资源、服务需求和公众参与意识都真实存在，这为组织化地去解决居民需求提供了可能。社区场域为社会企业发展提供了良好的土壤。社区场景的服务和商业有社会需求及市场竞争能力，具备基层民主的基础，并且能较为容易地营造出一个社区主题，更重要的是居住者彼此平等、彼此服务，是一种非单一消费关系。

从场景需求来看，现在比较合适的社会企业是民办非企业单位（相关文件也称作社会服务机构，是我国社会组织的一类注册形式），在民政机构注册，可以依托一定的社会公共空间资源开展服务及非营利项目，内部治理与决策机制又具备一定的公共利益性质。但阻力同样存在，民非企业的投资人没有财产权，不能参与分红，股权不能转让，不能贷款，也不能举办分支机构，严重阻碍了社会企业的社区化发展。不过，做社会企业如果用公司的方式，避免不了税收、投资等尴尬，甚至包括公众对股东分红的质疑，特别在社区服务端，其被公众接受的阻力更大。

眼下社会企业的社区化同样面临人才困境，尤其缺乏懂社区服务需求的参与者（包括管理、服务及投资者），要让他们对社会企业的社区场景感兴趣并投资培育行业发展，这需要公共政策的配套。政府应该通过免税等政策吸引企业家投资社会企业，也可以引导现有社区商业转型，积极参与公共服务体系建设；社会组织一方面要培育公众参与社区化实践，另一方面也要提升服务的产品化能力，为社会企业的社区化探索提供更多的现实案例。

（作者简介：胡克，长沙市共享家社区发展中心主任）